叙旧——叙旧文丛

狂者林庚白

林怡 陈碧 著

海峡出版发行集团 | 福建教育出版社

图书在版编目（CIP）数据

狂者林庚白/林怡，陈碧著. —福州：福建教育出版社，2025.1. —（叙旧文丛）. —ISBN 978-7-5758-0095-2

Ⅰ.K820.6

中国国家版本馆 CIP 数据核字第 2024Q7Y194 号

责任编辑：郭　佳
美术编辑：季凯闻

叙旧文丛
Kuangzhe Lin Gengbai

狂者林庚白

林怡　陈碧　著

出版发行	福建教育出版社
	（福州市梦山路 27 号　邮编：350025　网址：www.fep.com.cn）
	编辑部电话：0591-83781433　83716932
	发行部电话：0591-83721876　87115073　010-62024258）
出 版 人	江金辉
印　　刷	福州万达印刷有限公司
	（福州市闽侯县荆溪镇徐家村 166-1 号厂房第三层　邮编：350101）
开　　本	890 毫米×1240 毫米　1/32
印　　张	10.25
字　　数	279 千字
插　　页	2
版　　次	2025 年 1 月第 1 版　2025 年 1 月第 1 次印刷
书　　号	ISBN 978-7-5758-0095-2
定　　价	58.00 元

如发现本书印装质量问题，请向本社出版科（电话：0591-83726019）调换。

林怡，文学博士，教授。主要研究领域为中国古典文献学、中国古代文学、福建近现代名人研究等。已出版专著《庾信研究》《渐不惑文存》《榕城治学记》《闽学脉：从朱熹到严复》《陈季同》等，编纂《林徽因读本》《严复读本》《依然明月照高秋——福州近现代才女十二家诗词选》等，点校整理《薛绍徽集》《林雨化诗文集》《师竹庐随笔》等古籍多种。

陈碧，资深编辑。近年来致力地方人物的研究，出版专著《大时代的小爱情——近代闽都名媛》《林觉民——铁血柔情的黄花岗烈士》《好扶元气还天地——晚清医隐力钧传》等。

"叙旧文丛"出版弁言

叙，讲述，盼侧耳倾听；旧，过去，期一日相逢；叙旧，网罗旧闻，纪言叙之，以温故，以溯往，以述怀，以知新。

搜寻、稽索、钩沉、抉隐，一句话，一件事，一本书，一个人，那满满的闪着光芒的过去，在琐细字间，鲜活，绽放。

走进旧时光，来一场返程之旅，为那心中永不褪色的旧日情怀。我们相信，叙旧的过程，是唤醒记忆，省思历史，亦是安顿今者，启示未来。

目 录

寸心自有文章在　不废江河共此身（代序）
...... 001

上辑　本事

一　斯时斯地而有斯人 003

二　"神童"与"京城小名士"（1897—1911）......
...... 010

三　革命与算命（1912—1926）...... 035

四　幻灭、彷徨与奋起（1927—1936）...... 052

五　坚决主战（1937—1941）...... 079

六　殉国香江（1941）...... 111

七　身后事 128

下辑　世间缘

一　原配许今心：宣南婚姻附骨疽 …………… 139

二　错恋张璧：我爱何曾非磊落 ………………… 146

三　挚爱林北丽：姮娥为我作光明 ……………… 160

四　知己红颜：过眼琼瑶只化烟 ………………… 183

五　兄姐戚属：孤露相依骨肉情 ………………… 205

六　朋友圈名人：朋交尽贵显 …………………… 211

附录　"诗怪"与"诗狂"：文学名士林庚白
……………………………………………… 272

主要参考文献 …………………………… 307

后记 ………………………………………… 309

寸心自有文章在　不废江河共此身（代序）

林庚白（1897.4.21—1941.12.19），原名肇滋，又名学衡，字浚南，后更名庚白，又自号观瀑主人、众难、忏慧、摩登和尚等。一八九七年农历闰三月廿日，出生于福州螺洲"八世科甲"之家。林庚白六七岁能诗，在福州有"神童"之誉，林"神童"不负其名，宣统元年（1909）十三岁，<u>虚报年龄十八岁</u>，竟然以第一名成绩考进了京师大学堂预科。

林庚白像

林庚白少小便有做"超人"的英雄心志。1911年辛亥革命前后，十四五岁的林庚白以翩翩年少、书生意气，由同学孙炳文介绍，得以结识同盟会员赵铁桥。经赵介绍，纳交于其时正激进反清的汪精卫，并由汪介绍加入了中国同盟会，与汪精卫、孙炳文、梁漱溟等人在天津创设了京津同盟会，呼应南方的武昌起义。从此以后，林庚白成为孙中山等人的得力干将，甘为中国民主革命的马前卒。著名诗人陈衍在《石遗室诗话》中说："众难早慧逸才，十余岁即奔走国事。"此后三十余年，无论在北京、福州、广州、云南、武汉、上海、南京、杭州，还是在重庆、香港等地，都活跃着林庚白儒雅的身姿。

林庚白短暂的一生，以"狂者"形象闻名当世，从生到死，充满神奇、浪漫和壮烈。孔子说："不得中行而与之，必也狂狷乎！狂者进取，狷者有所不为也。"林庚白一生进取，他反对腐朽的清廷，反对袁世凯称帝，反对国民党反动派对共产党的"清剿"。他同情共产党，主张国共合作，盛赞延安毛泽东和共产党的坚韧不拔。他呼吁坚决抵抗日本入侵，为此不惜与郑孝胥、梁鸿志、黄秋岳、汪精卫等人绝交。他毕生为中国民主共和的革命事业进取、奋斗，直至太平洋战争爆发，被日寇宪兵射杀在香港九龙天文台道路口，壮烈殉国，年仅四十五岁。

林庚白一边革命，一边钟情于文学创作，他的革命激情洋溢在他飞扬的文采中。凭其"神童"的功力，他在京师大学堂内标榜古典诗词，十四岁就与名盖京华的同乡前辈陈衍、郑孝胥等人结诗社，敲诗钟，相唱和。1912年，林庚白十六岁，由陈子范和林之夏介绍，结识柳亚子，加入"南社"，成为"南社"的诗坛健将。他以擅长古典诗词而名噪一时，自称其反映现实的诗文创作已超越杜甫和郑孝胥。但他并不排斥白话文学，办刊办报，讲学著述，积极创作白话语体诗文，写下不少缠绵悱恻的白话诗歌、小说、时政评论等。他关注劳工阶层的生存状况，实践反映现实民生疾苦的文艺理念。他还是民国时期的法学家、政论家。在南北驱驰之际，他所著政论文与诗，被柳亚子先生谓为"双璧"。

林庚白还精于命理之学，有民国"第一神算"之称，1924年出版《人鉴》一书，一时洛阳纸贵，名噪北京上海。但他郑重撰文，否认自己有占卜算命的怪异之才，说不过是聊以此道排遣对国民革命失望的情绪，并希图借此煽动民气，反对袁世凯称帝，诅咒袁氏不得善终而已。

林庚白的婚恋，缠绕着幸与不幸，纠混着那个时代的无奈、彷徨、悲悯、豪迈与浪漫。原配许今心女士，是同乡进士许贞干之女。许家三代进士，许贞干是晚清民初的达官名士，任过袁世凯行营笺奏，其儿女分别与林家儿女互为婚姻，堪称门当户对。但林庚白受革命风潮影响，幻想能够找到革命伴侣，以性格志向迥异为由，不惜"净身出户"，与许今心离异。为追求"现代女性"张璧，林庚白投入浑身的热情。林庚白离婚后，张璧却拒绝与他结婚，这对一向以"超人"自诩的林庚白打击沉重，他以"忏慧""摩登和尚"等为号自嘲。形单影只数年后，林庚白邂逅林北丽，北丽小他近二十岁，是林徽因的堂妹。林北丽为林庚白的文字魅力和思想抱负所吸引，不顾一切爱上了这位她尊称为"白叔"的父执，他们俩在南京沦陷前日寇的炮火声中结婚，陈铭枢和陈公博共同为他们证婚。林庚白殉国后，对林庚白的崇敬和挚爱，激励着林北丽坚强度过此后漫长的生涯。

林北丽与她后来的终身伴侣，也是福州人的高澹如先生一起，千辛万苦守护住林庚白的手稿，于1987年、1988年两度将林庚白的诗文手稿捐赠给中国革命博物馆收藏。为纪念柳亚子、林庚白等"南社"先贤与英烈，在柳亚子的长子、美籍学者柳无忌的提议和资助下，经中国革命博物馆周永珍同志悉心整理编辑，1996年7月，中国人民大学出版社出版了《丽白楼遗集》上下卷，选择收录林庚白撰著的近百万字的各类作品，为今人深入研究林庚白提供了扎实的文献依据。本书所引林庚白诗词文都据《丽白楼遗集》。

林庚白一生短暂，却活跃于20世纪上半叶中国历史大舞台上，他亲历了几乎所有的重大历史事件，见证了清末民初风起云涌的时代剧变。作为孙中山的忠实信徒，他较早开始研究马克思主义和社会主义，擅长时政评论与研究，所著政论文视角敏锐独到，涉及中国近现代政党政治、宪政法治、国共关系、外交、女权、教育、民生以及国民性与民族复兴等，其文采见识享誉一时，影响广泛。梁启超与他政见不同，却也对他推崇备至，亲笔致函林庚白说："捧读大作，五体投地。"林庚白与中国近现代各党派和文艺界关系密切，与他交往共事者或是党政军各界要人显宦，或是文教新闻书画艺术界名流贤达。他对民国之党敝，有着深刻痛切的批评；对延安毛泽东领导的中国共产党，给予了深切的厚望。早在1938年，林庚白写给延安毛泽东的诗歌中，就预言"湖南人物能开国"，称赞陕北"夹道红旗照路隈"。

林庚白自道"身是中华废兴史"。他是著名诗人名士，更是享誉一时的革命家、政论家；是忠诚追随孙中山民主革命的先驱，又是以身殉国的抗日烈士。1936年，四十虚岁时，他题诗自道，"三十九年身是史，行藏何止限于诗。"他还自谓"身悬矛盾世"，"年少志四海，身经千艰危"，"朋交尽贵显，国命乃如丝"。他的一生是跌宕起伏的清末民国历史的剪影。1943年，林庚白殉国一年多后，在抗战后方桂林，中国各党派名流要人和文化界名士贤达三百多人，如萨镇冰、于右任、孙科、孔祥熙、何香凝、李济深、陈布雷、吴石、陈铭枢、蔡廷锴、柳亚子、陈寅恪、汪东、梁漱溟、张君劢、高士其、巴金、谢冰莹、史良、郭沫若、胡风、杨刚、彭子冈、王昆仑、沈钧儒、沈雁冰等，一起具名发起筹备举办林庚白追思会。

红尘滚滚，时过境迁，这个一生传奇的"超人"，在时空的流逝转换中渐行渐远。但愿这本小书能够吸引读者追寻历史的荣光，承续先烈的遗志，且读且奋进。

上辑　本事

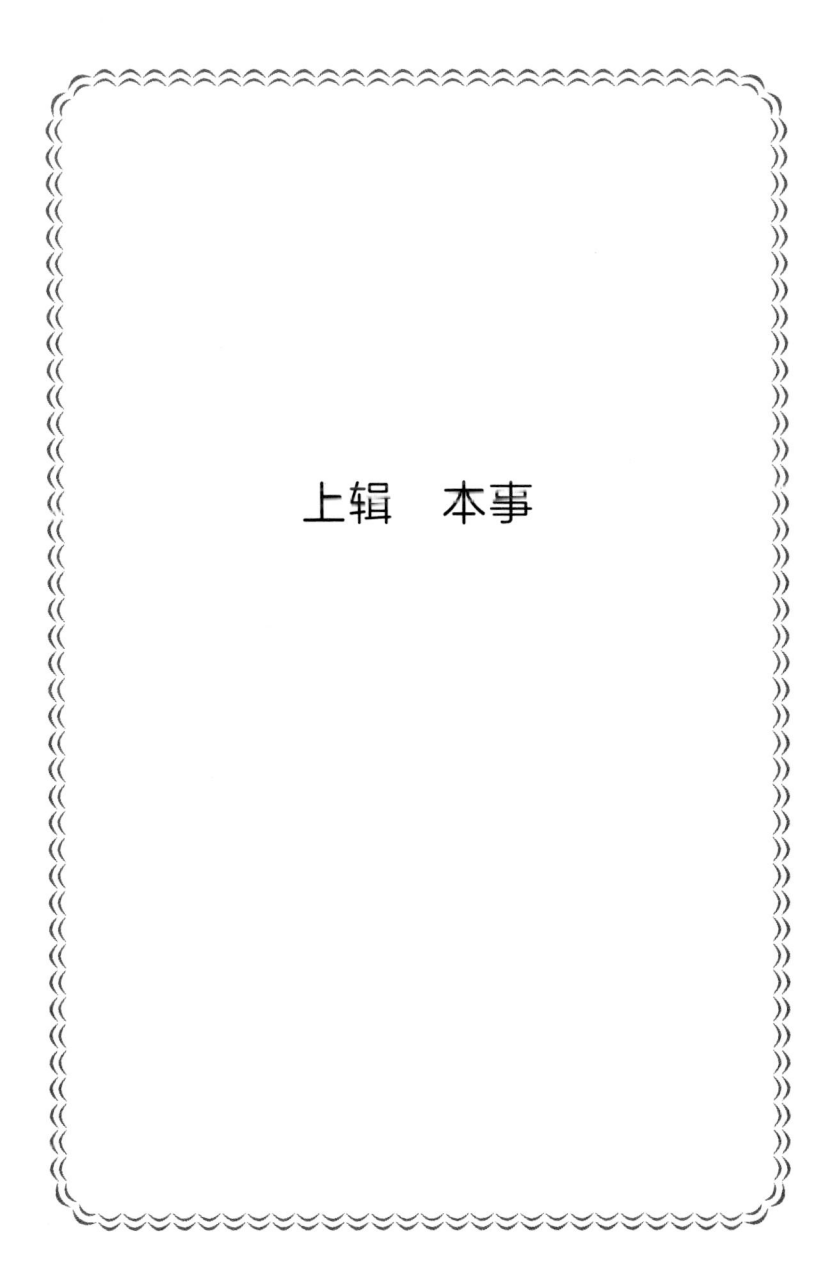

一　斯时斯地而有斯人

公元300年前后，晋朝时期，福州闽江口江畔，有少年谢端，失父丧母，为邻人所养。谢端每日早起，躬耕力作，下河打鱼，不舍昼夜。他有孝心孝行，并恭谨自守，长成十七八岁时，邻居们都悯怜他，规劝他该娶媳妇了。谢端总一笑置之。一日，在河川里打鱼，拉网起来，有一只三升壶那么大的苍螺。谢端觉得稀奇，便取回贮瓮中畜养。

此后，谢端每天依然早出晚归，回家每每见有现成的饭饮可吃。谢端向邻人道谢时，却知不是邻人所惠，默然心疑，不知其故。于是，谢端一日早早归家，在篱墙外窥视家中动静，果见一少女，从水瓮中出，至灶下燃火。谢端便入门，只见瓮中巨螺只剩下螺壳。谢端问姑娘从何所来，为何而来。姑娘试图跳回瓮中螺壳，但被谢端挡住，便急切回答说，我本天汉中白水素女也，天帝哀怜你少孤，又恭慎自守，故使我暂且为你守舍炊烹。本来有十年期约，帮助你富有且娶媳妇后，就回天上去，现在你无故偷偷窥探，"吾形已见，不宜复留，当相委去"。

谢端十分后悔自己窥探天机，请求螺女留下。但螺女终是不肯，伴着天上忽起的电闪雷鸣狂风骤雨，螺女交待谢端往后仍要勤于田作，渔采治生，并留下螺壳，用以贮米谷，常保不乏，随后飘然升天而去。谢端遇螺女事情传开后，这条闽江流经的一段从此便被称为螺女江，而他所居住的洲渚从此便叫螺洲。江面清川镜平，洲渚淡迤隐约，恰恰也正如一枚青螺。①

"白水素女"，又称"田螺姑娘"，福州人简称为"螺女"或"螺仙"。她所降临的螺洲，在福州南台岛，今属福州市仓山区，是镶嵌在闽江口的一颗明珠，现为省级历史文化名镇。江水萦纡而过，浩浩汤汤，奔腾入海。螺洲面积并不大，民国之前，其地仅二三平方里，但宋以来名士高人辈出。洲内从东南往西北，依次有洲尾村、吴厝村、店前村，分别为林、吴、陈三姓聚族而居，相互联姻。螺洲三姓曾拥有四座螺女庙，如今，只有与洲尾村林氏观澜书院相邻的螺女庙幸存。原洲尾村与吴厝村分界处的螺仙道，尚留有传为明王偁（明翰林院检讨、《永乐大典》副总裁）题写的"螺仙胜迹"石碑。

螺江渊涵浩瀚，洲内无山，但洲外隔江峰峦罗列，四周有旗、鼓、五虎等诸山，如屏如案，为辅为翼。山川清淑之气，往往郁为人文之邦。所谓地灵人杰，地因人重。唐宋以来，螺

---

① 据东晋陶潜撰《搜神后记》及明初福州十才子林敏文。

洲以英贤辈出著称。虽小为一镇，却在宋元明清之际便建有规模宏壮的文庙。盖因宋时，朝廷上有枢密院签判林文茂，明时有工部尚书吴复，清时有乾嘉名士林雨化和重臣名宦陈若霖、陈景亮、陈宝琛等，还有不少被朝廷嘉奖名列史志的知府、知县如林洪音等。

在这些背景下，除设社学、文庙外，林、吴、陈三姓还分别设有各姓书院的"文昌宫"。吴氏和陈氏文昌宫各一座，分别在吴氏宗祠之西、陈氏宗祠之东。林氏则有两个书院，一在大埕林氏支祠之东，名为"观文书院"；一在洲尾村最东头，即"观澜堂"，又称作"观澜书院"，其南紧邻螺女庙。

观澜堂，原为林氏文昌宫，内有"奎光阁"。明成祖永乐年间，螺江林氏七世祖林需有子三：林岊、林峦、林喦。岊、峦和喦子林頫，不满于朱棣篡权，拒绝出仕，归隐洲尾，伯侄三人在"奎光阁"中读书著述，后人将此"奎光阁"称为"三才子读书楼"。因在奎光阁中可凭栏眺望乌龙江澜滚波翻，林氏族人又将"三才子读书楼"题额为"观澜堂"或"观澜书院"。

观澜书院走出的林氏子孙名儒辈出，历代有退隐恬淡、读书著述的高士。至康雍时，有被誉为"海邦领袖"、教化生徒数百人的名士林振先。乾隆时有"禀刚严之性，骨格坚苍，音响洪亮，闻其謦欬，能令人久久不忘，门下士薰其德者，多成伟器"的林雨化，林雨化教化影响了陈若霖、林瑞春、梁章钜、林则徐、陈功等人，皆成一代名臣。嘉庆年间，又有林瑞春被钦点内阁中书、顺天乡试同考官、国史馆分校等职，后丁母忧回福州，无意仕途，教授乡里。闽海将军聘他出任龙光书院山长，教化八旗子弟；福州知府又礼聘他主讲越山书院，以教席终老于乡，时人称赞林瑞春"持身以道，介介然有淡台子羽风。盖其为教，不以言而以身矣！故游其门者，多经明行修，取重于世"。

洲尾林氏宗祠大厅正中，悬挂着匾额"双阙名宗"。林氏有早在西晋末从中原入闽者，有晚至唐中后叶中原板荡而入闽者。西晋末"衣冠南渡"，晋安郡守林禄是林氏的开闽始祖，他的后裔衍派统称"晋安林"。螺洲"阙下林"或称"双阙林"，亦是晋安林之后，由林禄之后第十八世林欑衍派而成，世居莆田一带。传至南宋时，有林文茂，性倜傥，好学能文，娶螺洲乡贡士陈应用的妹妹。林文茂因爱恋螺洲山水，迁居入螺洲，成为"螺江阙下林"的第一世祖。宋庆元元年（1195），林文茂被举荐出任广东惠州别驾，后升授枢密院佥判，是见于史载的宋朝螺洲唯一仕宦者。

从林文茂始，"螺江林"世代以文采风流著称。至明初，先有林密开启螺洲林科举大门，又有林峦、林嵒、林頫伯侄以"三才子"称世。进入清朝，洲尾林氏先贤近二十余人，分别见于"循吏传""儒林传""文苑传""儒行传""孝义传""高士传"等地方志书中。其中，有乾嘉年间林其茂、林澍蕃、林庆章祖父孙三代进士外，还有螺江林十八世林洪音一门以"八世科甲"而誉满福州。

林洪音玄孙林其寿，字有参，一字介卿，道光庚子（1840）

举人。少试童军，累拔前茅，年三十受知于吴伯升学使。性嗜酒，客至，呼酒与谈，拔尽金钗，不为辍也。其时鸦片战争已爆发，其寿慨时事之日非，又以家贫，五次进京考进士皆落榜，遂逃于醉乡，借酒狂歌，抒发其抑塞坎坷之情，因此伤身而早卒，士林惜之。

林其寿有子觐光，字光赞，号勋甫，又号尧羹，同治壬戌（1862）举人。大挑一等，分发直隶河工，曾任职顺天府解运科、候补知县、北河知县，钦加同知衔。林觐光娶妻长乐举人陈学澜的女儿。陈学澜另有一女适林天龄，林大龄中咸丰十年（1860）进士，是同治帝之师，也是一代名宦。林觐光与林天龄同为鳌峰书院学子，又为连襟。林觐光中举时，主考官在他的履历考卷之后加总批语道："精理为文，秀气成采。八十字清新俊逸，二三场博洽详明。揭晓后知生世居螺渚，誉重鳌峰。累试冠军，早知文中有价；频登优等，共征名下无虚。祖孙曾父子赴七度之鹿鸣，伯叔侄弟兄萃一门之鸿彦。此日秋风桂子黄绢题词，明年春雨杏花红绫赐宴。"可知其文采飞扬，履考优异；又可见林氏科甲世家为人瞩目，备寄厚望。

林觐光有四子：桂芳、鉴波、为楷、为桢。桂芳、鉴波也都中举。

长子林桂芳，字日襄，号琴荪，光绪廿年（1894）甲午科举人。四品衔，先补用知州，后随罗丰禄出使欧洲英、意、比等国，驻比利时参赞。妻螺洲陈氏，系乾隆时名臣螺洲陈若霖的曾孙女，陈景曾的孙女，陈承祖的第三女，陈宝琛的堂妹。

陈氏病卒，后续娶裴氏。有三子：肇沅（1903年末科中举）、肇汾、肇焕。

次子林鉴波，字日蒸，号叔衡，光绪十七年（1891）辛卯科举人。选用直隶州州同，后到四川任县令等职。妻董氏，是嫡堂兄林蔚华之妻的胞妹，亦即福州藏书家、出版家董执谊的二姐。育有二子：肇煌（绍衡）、肇滋（庚白）。

三子林为楷，早卒。子林肇烈，即林炎南。炎南因父亲早卒，和嫡堂弟林庚白一样，随伯父林桂芳生活。

四子林为桢，字仕周，船政学堂毕业，五品顶戴、福安练船三副，后任职江南造船所，为海军舰长，与海军名将陈兆锵将军结为儿女亲家。

本书传主林庚白是觐光公次子林鉴波的儿子，于1897年4月21日，农历闰三月廿日傍晚，诞生于这个林氏家族之中。

斯时，正是甲午战败后屈辱的时代，是戊戌变法的前夜。《马关条约》割让台澎，举国愤慨，中国社会求新变法呼声日高。不少历史学家认为，至少从1895年开始，中国大概很少有全然闭目塞听之人，因为此时迎来一个办报的高峰时期，报馆设立，《国闻报》《时务报》风靡天下。福州也出现了黄乃裳主办、力钧参与的福建第一家新闻报社《福报》，于1896年4月28日问世，以开通风气和开启民智为宗旨。又有经济、政治、文化各领域的译著翻译，如严复的政论文和译著、林纾的《茶花女遗事》等，无不深深影响了当代人。

此时福州，乡绅力量崛起，如被谪返乡十年的陈宝琛（清流领袖)、丁忧的陈璧(时为御史,后历任顺天府尹、户部侍郎、邮传部尚书等)、官二代孙葆瑨(咸同时期名御史孙翼谋子,陈宝琛连襟、林纾同年)、行医南洋归来的力钧(林庚白嫡堂伯父兼姨父林蔚华的同年举人,福建银元局副总办)等,他们在城中创办了苍霞精舍、东文学堂等新式学堂以及蚕学馆等职业学校,在螺洲和阳岐也办有新式女塾等,我们视之为维新实践。陈宝琛、严复、林纾、力钧等,这些维新事业的重要人物,与螺洲林家或是姻亲,或是师生,或有同年之情,交往密切,下列文中或多或少有所涉及,兹不赘述。

人类的星空浩瀚璀璨,林庚白曾是熠熠闪过的流星,而他出生的环境,那是一个求新求变的时代。1898年一个短命的百日维新过后,又将是一个剧烈动荡的时代。那是一个簪缨奕世的家族,一个以儒学为本,以诗书立门户,重视培养子孙后代的家族。那是一块地灵人杰的家园,一个有梦想有奇迹的洲沚,也留下了"吾形已见,不宜复留,当相委去"的命定无奈与飘渺玄幻……

二 "神童"与"京城小名士"（1897—1911）

（一）心慕超人的"神童"

林庚白出生时谱名肇滋，又名学衡，字浚南。文化世家为孩子命名自有其规矩和指向，"学衡""浚南"可以看出鉴波公对其子人生走向的期许。林学衡长大后读《新唐书》："（李）白之生，母梦长庚星因以命之。"他慕事诗仙李白，而给自己取名"庚白"。本书统以"林庚白"行文。

鉴波公在青少年时期也以文采风流而称誉八乡十里，加上有其姨父帝师林天龄、业师郑世恭和谢章铤（二人先后皆为致用书院山长）等当时福州一流硕儒的揄扬加持，颇为踌躇满志，和林纾（著名文学家、翻译家）、林述庵（辛亥革命家林之夏的父亲）一起被乡人目为"三狂生"。林鉴波还和同乡杨子恂（道光年间福州神童，1872年朝考第一名，时有李白杜牧之目）、林希村（父为状元林鸿年，子有黄花岗烈士之首林文）、张珍午（编修、御史，后以弹劾权臣载振闻名，隆裕太后退位诏书出自其手，为围棋大师"昭和棋圣"吴清源的外祖父）、林纾等合称"十才子"，也有人称他们为"十躁"。

十躁人物，以魏晋名士为榜样，不从流俗，对世事嬉笑怒骂。当然，这一切是要建立在他们"有才如许"的基础上。如林希村酒醉后归家，父亲林鸿年夜间听到他打门，仆人说是少爷回来了。林鸿年申斥令进，用"少爷酉卒"令林希村对句，对上就不处罚。希村随口应答极工巧的俏皮对"太子申生"，令老状元不得不暗自赞叹。又如杨子恂，曾朝考第一，入沈葆桢幕，曾经把沈委托他买军火的十万金拿到上海召开"裙钗会"，以致沈葆桢要杀他。他写了一骈俪长函，辞既诡辩，文又顽艳，使一向杀伐果断的沈葆桢奇其才而不杀，因而此文传抄甚广，中有句云"鲁囚越石，感大夫知己之恩；晚节李严，冀丞相他时之用"。"十躁"行径，大略若是。

林鉴波家门前有一个宽敞可容两三千人的大石壤，石壤外便是烟波浩渺的螺江水。林庚白早慧，四岁进家塾观澜堂。小时便见鉴波公的对子"开门见山，都如列笏；近水得月，浑欲举杯"，知是描摹家门口这片大壤前的江河和远处高高低低的群山，也懂得领略得月举杯的文人意趣。

此时，国事不堪，风雨飘摇，北方黄河大旱，义和团起事，八国联军侵华，慈禧太后下令宣战，仓皇西奔。波诡涛巨之际，各省督抚集中盛宣怀、余联沅、沈瑜庆、郑孝胥、陈季同等人的"智慧"，以"东南互保"之约，保全了华东华南免遭战火洗劫，这才使得清廷在两宫回銮之后，还能依靠东南半壁的太平继续统治十一年。林家往来的客人都是名士或重臣，他们的话题常常是时事国政，这些一一落在了林庚白似懂非懂的眼里。他知道沈瑜庆，那是他依姻亲行辈惯例，称作十二叔的长辈，好像是做了一件什么大事呀。

进观澜堂家塾后，早经开蒙的林庚白便能成文，六七岁开始作诗。鉴波公性倜傥，除了让庚白习经书之余，还允许他观看家中杂书。因林庚白小时便嗜爱听父亲讲述三国史，到自己能阅读后更是终日捧读《三国演义》以及义侠故事，内心对英雄人物充满了景仰与向往。尤其是诸葛亮，足智多谋，成了他幼年时心目中的英雄。因这种狂热的偏爱，林庚白内心恨不得飞刀杀了谯周这个人物——谯周先是阻劝北伐，在诸葛亮去世后，他又写了《仇国论》，力劝刘禅投降，在诸葛亮去世后毁了蜀国大计。

在观澜堂中，有一日先生讲《论语·公冶长》。嗣后，让孩子们"各言尔志"。林庚白答曰：做超人。长大要做孔明先生那样的人物，杀掉投降派谯周。先生不意有此答案，拈须赞他有志向，夸奖他的答案比几位兄长都要高明。而在其时，小庚白内心还有一些话没有说出来：虽然曾国藩、左宗棠都以文事武略建功于清廷，也因为他们有镇压太平天国的军功，而使清朝改变只有满人进入枢机的状况，但在庚白小小心灵中，始终觉得，他们奉异族为主并不高明，就是叛徒，何不趁机反清廷恢复汉室呢？

家中常常有父执辈舞文弄墨的聚会，其中尤以诗钟会引领他感受文字的韵味和雅趣。那些妙联，直到林庚白进入中年后犹可回味，时不时蓦然就从心里窜出那些句子。有一年诗钟会上，诗题是"未，丝"联。众人在搔首时，父亲的"停针笑答年犹未，揽镜惊看鬓已丝"，博得大家喝彩。然而，这竟像一句谶言，父亲早逝，庚白五岁时便成了孤儿。其时，父亲还不到知天命之年。

福建的文化世家有一个特点是宗族观念强，血缘色彩浓厚，宗族内部自有应对抚养孤儿成长的方式。鉴波公有兄弟四人，此时大兄任驻外使节，三弟早亡，四弟在船政任职，基于此情，小林庚白就跟着嫡堂伯父林蔚华夫妇生活。在林家上几辈，亦有此例。如"八世科甲"的第一世林洪音，幼年丧父，即由其伯父抚养成人。

林蔚华，字日上，号笏孙，是林其寿公的胞弟林尔康之孙。光绪十五年（1889）举人，拣选知县。蔚华曾居福州三坊七巷南后街大光里三官堂，其妻董氏，即福州三坊七巷南后街董执谊的胞长姐。

清末有诗人称南后街为"正阳门外琉璃厂"。此地除了居住许多达官贵人、缙绅名士和巨商富贾外，还有鼎盛的书肆书坊、笔墨砚庄。董家系书香门第，亦在此经营有书局。1862年，董执谊的父亲董炳章，与林鉴波的父亲林覾光同年中举，故二人结为儿女亲家。1897年，董执谊于林庚白出生这一年也中举。他颇有家资，又做了盐官，性爱藏书，他家的客厅缥缃满架，名士如林纾、王寿昌（福州马尾船政学堂毕业，后留法，翻译家）、陈衍（文学家、诗论家，同光体闽派代表人物）、何振岱（同光体著名诗人）等常集此吟诗作对。同时，他在南后街设有书店，名为"味芸庐"，主要用以购藏善本旧抄。1911年，董执谊出版了清乾隆年间的抄本《闽都别记》，这是福建乡土与都市文学的瑰宝，影响深远，兹不赘述。

董执谊大姐嫁林蔚华，二姐嫁林鉴波，是林庚白之母。这样，林蔚华的妻子既是林庚白的嫡堂伯母，又是林庚白的亲姨妈，所以，年幼的林庚白父母双亡后，一度随林蔚华夫妇生活。后来，林庚白有诗《梦董氏姨母》道：

母党凋零见亦稀，姨来入梦镇依依。南街一别情如昨，孤露相亲往已非。到眼临歧惟有泪，彻宵共话直无饥。两重血肉甥兼侄，生死沧桑万念违。①

1902年，虚六岁的林庚白来三坊七巷舅舅董执谊家省亲，遇见了何振岱。何振岱故居在大光里，与曾住在三官堂的林蔚华相邻。何振岱嫂子也是螺洲林氏，彼时何振岱、林纾等常到螺洲造访亲戚，与林庚白的内亲外戚皆熟稔。何振岱，又名何梅生，福州名儒，"同光体"闽派殿军人物，编撰《西湖志》《福建通志》之艺文与列传等。钱仲联《近百年诗坛点将录》评

---

① 林庚白著，周永珍编：《丽白楼遗集》（上卷），中国人民大学出版社，1996年，第488页。

其诗："读何梅生诗，如置身九溪十八涧间，隽永刻炬，虽无弘伟之观，无愧山泽之癯。"何是董执谊的举业同年。中举后，又拜名儒谢章铤为师，学问精进。何振岱早就听闻螺洲小神童的种种故事，此次见面，他观察幼年林庚白的举止言谈，很是爱怜这一灵童，遂在师门前赞誉不止。

其师谢章铤，福建硕儒，彼时已居福州四大书院之一致用书院山长的任上十六年了。谢章铤曾作一枚私印，题印文自嘲平生"二十秀才，三十副贡，五十举人，六十进士"，约略见其举业人生。谢章铤诗、词、文俱精，曾组织"聚红词榭"，重振闽词。二十岁中秀才后数年，与刘家谋（诗人，林则徐姻亲）、黄宗彝（严复蒙学师）、林天龄等相识相交。1866年，谢章铤受聘于山西学使林天龄，到山西校阅试卷。此后，陕西布政使林寿图请他主讲关西和同州书院。1876年，他挂名礼部时，时人评其文稿兼有韩愈、司马迁、班固之长，"天资笔力，皆近韩退之，而其嫖姚夭矫有意子长，详切浓至有意孟坚，此才殆非宋以后文家所能囿也"。可见其学问深厚。1884年，陈宝琛聘请谢章铤主讲江西白鹿洞书院。1887年，林寿图推荐谢章铤出任福州致用书院山长。[①]

[①] 1871年，时任福建巡抚王凯泰主持成立致用书院，该书院是闽省四大书院中最晚成立的（前有三大书院即鳌峰书院、正谊书院、凤池书院，课士皆以八股为主，五言试帖和词赋为辅，基本为科举服务，经世致用的"实学"罕有过问）。王凯泰设立致用书院，"集合全省优秀分子，专糈讲肄，使成为明体达用人才，以备国家之用"。致用书院在晚清福建学术界的影响，比前三书院来得更大。

谢章铤虽然一辈子没有做什么大官，且一生清寒，但因他多是教职生涯，且又长寿，门生故旧特别多。出任致用书院山长长达十六年，福州众多的名士高人都出自他的门下，因此社会影响特别大。谢章铤三岁时也遭受丧母之痛，年轻时也自称"仆本狂生"云云，在致用书院，回答门人"为学大旨"时，谢氏说：学择汉宋之要，人以狂狷为归。这大抵是他的学术思想和道德主张。因此，可以理解谢章铤在听到林庚白这个"神童"的灵通时，本着爱才之意，派家仆带了纸笔等礼物，直奔螺江林家赠送给六岁的小林庚白。不仅送礼物，老人还想接小庚白到他位于福州城内于山脚下的家里做客。

可以想见，六岁孩子受到学术大佬的这种礼遇在当时当地会引起怎样轰动。小庚白眼见诸父谈及谢师都由衷敬佩，他怎么会不产生仰慕和自豪之情呢？——那种感觉和印象太深了，以至到了1940年，林庚白仍在《自述一百零二韵》长诗中记下这一幕：

少孤乡里早成名，万口神童争相惊。螺女江头始攻读，松风山翠时绕楹。偶同师门各言志，师素称道逾诸兄。欲杀谁周慕诸葛，心非曾左忠于清。是时我才六七岁，省亲初识何梅生。何侯延誉动谢叟，遗我纸笔曾遣伻。①

---

① 《丽白楼遗集》（上卷），第623页。

但万分不巧,彼时神童正生病,待病好后,立即赶去福州拜谒谢老先生,但老先生却已在光绪二十九年正月二十五日即1903年2月22日病逝,时年八十四岁。与谢章铤缘悭一面,这成了林庚白的终生遗憾。1932年,章衣萍约林庚白写自传,他在文中深情怀念谢章铤,说在自己早年写的《四哀诗》中有一首就是感念谢章铤的,其末句是"病起寝门悭一面,春风无复侍河中"。既回味幼年的高光时刻,又沉痛于和谢老先生失之交臂。

神童之神,还神在拥有非凡的记忆力。林庚白八九岁时,读父亲遗留的手抄本《花月痕》,激赏出自乡前辈魏秀仁之手的《红楼梦后序》和《桃花扇后序》,当即强记至"不漏一字",三十五岁时仍能强记默写。谢章铤与魏秀仁交情深挚,对魏秀仁创作经历感同身受,魏氏去世时谢章铤为之书墓志铭。真可惜谢章铤未知神童强记此书这一幕。

林庚白少小孤露,在由嫡堂伯父母抚养时,长姐林端仪也如母亲般呵护他的成长。庚白自传中对其幼年性格养成有这样的认知:"我家不能算是地主,但的的确确是十足的士绅阶级,到了近一代,更含有些儿贵族阶级化的意味。这因为我家的历来,都是科举出身,由科甲而做官,我的祖父,又和满清同治皇帝的师傅林天龄先生,发生了联襟关系,而我的伯父和父亲,也因了和什么陈太傅、许臬台攀了郎舅和儿女亲家,那么贵族阶级的接近,使得我家的教养、习惯,也渐渐同化了。"[①]

---

① 林庚白著,周永珍编:《丽白楼遗集》(下卷),中国人民大学出版社,1996年,第1219页。

林庚白伯父林桂芳，是郭柏荫、谢章铤等人的门生，光绪二十年（1894）甲午科举人，官至四品衔，曾随罗丰禄出使英、法、比利时等国，以参赞衔创建比利时大使馆，代办比利时出使大臣事务，被比利时和意大利政府授予勋章，娶陈宝琛堂妹为妻（此即"与陈太傅攀了郎舅"）。陈氏病卒，续娶裴氏为妻。裴氏父亲裴榮，也是林觐光同年。

而与"许臬台结了儿女亲家"，乃是指庚白长姐林端仪嫁给许贞干之子许居廉，林庚白娶了许贞干的女儿许今心。许贞干，字豫生，号味青斋主人，侯官人，同样是叔侄父子三进士之家。① 许贞干善殿体书，擅画山水著，著有《八家四六文注》《淮阴吟草》等，李鸿章称赞他"豫生才识通敏，练习时务，其文章博丽，尤为当代所稀少"。

---

① 《福建通志·文苑传卷九》：贞干父许利宾，道光丁未（1847）进士，官河南知县，早逝，时贞干才六岁。其母陈氏携之归里，课读甚严。年十五六始出交友，陈宝琛待之若弟。出掌书记，以谨敏为主者所器。同治癸酉（1873）年贡优行，廷试得教职，领乡荐，年已三十。司训武平，僻远不获迎养，乃奉母橐笔燕齐间。光绪乙酉（1885）归，从事船政局。刘铭传巡抚台湾，富绅林维源以京卿帮办抚垦，亦辟贞干为从事，往来台海间，自是两处叠邀奖叙，积官至道员。光绪壬辰（1892）进士。贞干故善殿体书，既试，而名第不高，遂请归道员本班，分发浙江。一领书局，一督苏州盐局，再权运司，一摄臬事。……性情和平，而意得时颇自矜喜，忌之者遂致倾排，一再左迁。既而入北洋军幕，旋经江北提督王士珍等历辟掌书记，复原官。武昌难作，袁世凯当国督师，贞干典行营笺奏，兼会办王士珍后路粮台，然精力渐已销亡。不久病逝于京师。文字适于世用，著有《八家四六注》。许利宾兄许亨超也是进士。贞干子许居廉，体弱，留学德国，官外务部佥事，后贞干数月卒，无子。家有书数万卷，陈宝琛以价收之。

许贞干富藏书，是闽中著名藏书家，《福建通志》载其"家有藏书数万卷"。陈宝琛、林纾与许贞干都是好友。林纾在《春觉斋论画》中说："余友许豫生藏画至多。"许贞干所藏书画多珍品，甚至有敦煌秘籍佚卷（国家图书馆藏的孤本"敦煌唐写本"《尚书》长卷［编号BD14681］及22件敦煌遗书，曾经是"味青斋"收藏）和明嘉靖（1555）版陈珊刻本《欧阳文忠公集》等。许贞干父子病逝后，因许居廉与林端仪无子，陈宝琛出价买下了数万卷许贞干的"味青斋"藏书，这些许家故藏如今多保存于福建师范大学图书馆和福建省图书馆。①

作为世家子弟，林庚白奇的是，他士绅阶层的基因反令他自幼就不时反叛士绅传统。他随之生活的嫡堂伯父也是姨父林蔚华，早年受知于左宗棠，左宗棠在福州"观风蒙"，即考察青年才俊时，把林蔚华取为"超等"。林家还把左宗棠的战友曾国藩的《曾文正公家书》奉为金科玉律，要求林家子弟自幼熟读，但林庚白呢？他自己说："我自来就反对曾国藩、胡林翼一流的人物，我家里历来奉为'金科玉律'的《曾文正公家书》，我只读了一遍就十分厌恶，那时还只说他太矫情。因了同样的思想，我也厌恶宋儒，常常在'语录'的封面，写些'狗屁''胡说八道'这些字样，好在教我们几个弟兄的蒋幼士先生，倒不很迂旧，看了也不曾责备。"林庚白就是在这样既传统又包容的士绅家庭中成长。因为父母双亡，家族的家长兄姐们对这个年幼的

---

① 方挺：《许贞干与"味青斋"藏书》，《福建图书馆理论与实践》，2016年第2期，第53—54页。

神童小弟较为骄纵放任，这为日后他率真狂傲个性的形成伏下了因。"对于自己认为重要的问题，可绝不妥协，哪怕是全世界反对，我一个人也要坚持。"

《管子》有言：公修公族，家修家族，使相连以事，相及以禄，则民相亲矣。中国人家族必定是以婚姻和血缘关系结成的亲属集团，明朝以降，天地君亲师的崇拜，使师的地位大大上升，并因此"师生"成了当时重要的人际关系。林庚白也说自己"社会关系太复杂""的的确确是十足的士绅阶级"，故本文不厌其烦地条分缕析林庚白的内亲外戚，是因为不如此无法明了其自幼狂傲不羁的性格是如何生成养就的。就像他自己说的，虽然父母早亡，但他的生活从小还是优裕的，原因就是"我家的历来，由科甲而做官"，且父祖辈与王公名臣结为姻亲或互为师生，这使他从小自视甚高，恃才傲物，负气任性。林庚白《孑楼随笔》卷首云："写随笔本很容易的事……仅于凭着个人的见闻、理想，就可以写成若干字若干本，再便当也没有的。""为了我个人的社会关系和在政党的历史，写起来必定包罗万有，可以当作新闻或故事，也可以当作小说戏剧和诗词话……"可见，其庞大繁杂的"社会关系"，是林庚白之为林庚白的缘故。

（二）"叛逆"的学生领袖

林桂芳于1903年从欧洲回到国内转任地方官。回国后，林桂芳从堂兄等人手中接过家族抚孤的责任，林肇煌、林庚白、林肇烈（即林炎南）都跟随他一家生活。1904年春，林桂芳到河南候补知州。八岁的林庚白从此随同林桂芳一家生活，"到衙门做少爷去"了。林庚白大约在河南开封生活了三年，他对这段生活印象深刻。1937年底，他从南京撤离后，重过开封，有诗《过开封》道："渐空茶饭到开封，往事如烟渺万重。兄死姊哀身亦悴，读书犹记少年踪。"

1907年，林庚白十一岁，与兄长们一行四人，从河南到北京，入读顺天府中学堂，该学堂是顺天府尹陈璧创建的新式学堂。1902年借地开学，招收顺天府所辖州县十六岁至四十岁秀才水准（廪、增、附生）者四十名和南额生员（即外省籍士子）二十名，共六十名。学校出有洋教习二人，学习西方语言文学类和艺政算学等；汉教习二名，课经史和一切经世之学。陈璧此前任五城御史，曾创"五城中学"。两所中学所请的洋文总教习为王邵廉，汉文教习以福建人居多，如林纾等。1905年，科举废除后，新式学堂地位上升。1906年，陈璧在西什库后库筹建新式学堂，1906年8月1日举办入学考试，时任户部右侍郎兼署顺天府尹的陈璧亲拟国文及地理算学考题。其中，国文题目为《李吉甫志在进贤论》，由此可见他对年轻学子的期许。该学堂开风气之先，培养出一批活跃在20世纪上半段的各界风云人物，如梁漱溟、张申府、汤用彤、林庚白等。林庚白即与梁漱溟等人同学，虽然他仅在这个学堂半年，但开放的学风对他颇有影响，尽管此时他还没有表现出叛逆之行。

半年后，林庚白转学到天津译学馆。译学馆也是新式学堂。此时，福州人陈恩焘出任译学馆监督。陈毕业于福州船政学堂，曾在福建的英国使领馆任翻译。在译学馆，林庚白记忆犹新的反而是古典经书和诗词，让他难忘的是跟从名士王贡南先生学经书。① 王贡南擅长诗道，激赏林庚白的诗作。师生常常相聚，或论诗或作诗或对句。二十年后，林庚白忆及王师的相知之情，"深恨其不及见"自己在诗学上的成就。尽管在校得到王贡南这样资深名士的赏识，但他却作文诋毁孔子、周公等先圣先贤，并舌战叱责他的教师，结果天津译学馆断然把这个"红孩儿"开除了！

1908年秋季，十二岁的林庚白转学到天津北洋客籍学堂。林庚白说他的"新生活"是从这个学堂开始的。学堂是时任北洋大臣袁世凯在1905年创建的，校址在天津天维路，专为解决客籍官员子弟无法正常读书的问题，只收顺天、直隶两地客籍官员的子弟入学，袁克文也被送入该校读书，可知这是一所名副其实的"官二代"学校（1911年并入张伯苓主持的南开学校）。教学方面，按英文、法文分班，聘请法国人舒义等洋教习

---

① 王贡南即王毓菁，字贡南，又字梦周，号停生，福州人，也是致用书院的学生。王才学渊博，光绪十四年（1888）中举。1889年王到台北，和唐景崧、丘逢甲等人组织"牡丹诗社"、诗钟会等。他撰有《诗钟话》，最早分别诗钟流派，流传甚广。王毓菁尤擅嵌字，其诗富韵致，对台湾古典诗坛影响颇大。在台湾，王贡南与台湾首富林维源也有交往，并参与编纂《台湾通志》。日本占领台湾后，王贡南回到大陆，曾任山东知县，后到天津北洋谋职。

任教，侧重于西学，特别是外语。中文教习有严修、方地山等名士大家。林庚白人小鬼大，入学前就研究了一番该校的章程，发现校章规定，学生需满十八岁，才可担任"学长"或"班长"。"神童"为了满足自己的超人欲，一进该校就冒报年龄，把自己填成十八岁，一年之内，他居然真的当上了法文班班长和乙级（新生为甲级，老生为乙级）学长！真是过了一把小小的"官瘾"。

林庚白主修法文。曾任驻欧外交官的林桂芳，一心规划着把几个年少的子侄也培养成未来的外交人才。林庚白近水楼台，阅读了包括卢梭在内的不少法国思想家、文学家和革命家的著作，他也蠢蠢欲动，希冀革命一番。恰巧这时爆发了中日之间关于安奉铁路的纠纷。安奉铁路西起沈阳（奉天），东到丹东（安东），是1904至1905年日俄战争期间日本在中国土地上自行修建的铁路，中国为争取收回此铁路的主权反复与日本交涉。1909年9月4日，清廷与日本政府签订了不平等条约《中日东三省交涉五案条款》。这导致中国群情激愤，留日的中国学生联合向国内发回一道檄文，题为《为安奉铁道告同胞》，指出日本无视中国政府的交涉，"自由行动，恃强兴工，列强变色。不谋抵制，势必各国效尤，隐兆剖分之祸。是安奉一路去而东三省亡，东三省亡而中国之全局危"。号召国内各界起来抵制日本。天津积极响应，掀起了反日的浪潮。

十三岁的林庚白在这场反日运动中牛刀初试，崭露头角。他以北洋客籍学堂为名，召集天津各中学以上全体学校的代表开会。第一次在燕报馆，第二次在普育女学堂，连北洋大学、北洋法政学校都派代表来参加。到了成立天津学联大会那天，天津咨议局的同盟会会员孙洪伊、王法勤、温世霖等也都来参加，为学生们站台。在天津学联成立大会上，代表们连续三次选举，共推林庚白担任全体学生的总代表。

清廷立即对这些学生进行了打压，林庚白再次面临被学校开除的境地。他的史学老师方地山因为惜才，为他向学校斡旋。最后，学校让他按照要求，写份悔过书了事，以保全他继续在校读书，但林庚白拒绝悔过，拒绝回校。结果，毫无悬念，他再次遭到学校除名。可是，对于冒报年龄十八岁的"神童"林庚白而言，此处不留爷，自有留爷处。他跑到北京，竟然又以第一名的成绩考上了京师大学堂（后来的北京大学）预科。当时，他实际年龄才十三四岁间。在京师大学堂，叛逆的林庚白并未止步于作诗人、文人，他和同学孙炳文（周恩来义女孙维世的生父）、张竞生、陈和铁等志同道合，积极密谋排满革命。

1910年，经好友孙炳文介绍，十四岁的林庚白和同盟会员赵铁桥、田桐等纳交，赵铁桥同时介绍林庚白和汪精卫认识。1910年1月，汪精卫和黄复生等抵达北京，因策划刺杀摄政王载沣而被捕入狱，判处终身监禁，汪在狱中作诗"引刀成一快，不负少年头"，在京中广为传诵。此时，林庚白对年长他十四五岁、为推翻清廷而视死如归的汪精卫甚是钦佩。1911年8月，田桐、赵铁桥、吴稚晖等人创办了同盟会《国光新闻》报刊，林庚白为该报撰写了多篇小说。同年10月，武昌起义爆发，汪精卫出狱，林庚白随同汪精卫、李石曾、孙炳文、梁漱溟等人，一起在天津组建了京津同盟会，十五六岁的他出任京津同盟会文事部副部长，部长即他视如兄长的同学挚友孙炳文。他们秘密联络潜伏在河北清军中有影响力的革命家吴禄贞和白雅雨，试图在北京发动兵变，推翻清廷。但事情败露，吴、白先后惨遭杀害。南北双方经过调停谈判，在"议和"声中，隆裕太后宣布清廷退位，民国宣告成立。北京一时没有了"革命"的需求，林庚白顿觉无所事事，便于1912年初南下上海，寻找新生活。

（三）"京城小名士"

1929年，林庚白在南京秦淮河的船上，写了首新诗，感叹着对北平的怀念和人生的彷徨，他说："我蓦然想起，想起了北平——我的第二故乡。"[①] 他少年即在北京求学、成长、革命，1914年回家乡福州结婚，随后就北归，且安家在北平。他对北京怀有特殊的深厚情感。

1909年底到1911年底，林庚白一方面在京师大学堂读书，一方面密谋革命。他年纪小，长得白净，眉清目秀，性格风趣诙谐，脸上挂着小酒窝，给人一团柔和的喜感，所以，在清廷为官的长辈亲友们，怎么也想不到他私下里的革命举动，反而

---

① 《丽白楼遗集》（上卷），第79页。

都喜欢这个才气横溢的年轻人随侍身旁，一起吟诗填词，消遣良辰美景。在校外，林庚白混迹于巨公名士中，与陈宝琛、林开謩、王仁东、陈衍、郑孝胥、王贡南、沈太侔等往来唱和。三十年后，回忆起如此春风般的时光，他在自传中反省，那时自己"居然像煞'小名士'，天天在结诗社，敲诗钟，以'附庸风雅'为乐，当时我写的诗句有：'两岸鹧鸪双桨雨，落花如雪过江南。'一时以为渔洋复生，其实这只是和王渔洋一样肤浅的句调。而且我从小就长得很美，性格也很柔和，所以外间的人，更不会猜疑着我任何的行动"。[1]

沈太侔，即沈宗畸，字太侔，号南雅、孝耕、繁霜阁主，广东番禺人。父亲沈锡晋是同治十三年（1874）甲戌科翰林，入翰林院期满散馆后任吏部主事，不久升郎中，后出京任江苏扬州知府。沈宗畸少年时随父进京，师从著名学者郑杲学习《诗经》，才华称冠艺林，与其弟沈宗瀚同时考中举人，后任职于礼部。沈宗畸在京三十多年，早年以《落花诗》闻名京师，人称"沈落花"，与袁世凯的儿子袁克文等人并称为"京师四大才子"。就连沈太侔这样的老才子名士，也青睐于林庚白，让自己的儿女跟着林庚白读书。

林庚白少有诗才，流连风雅的名士作派正是他的本色一面。既然吟诗填词还能掩护他的革命举动，何乐而不为呢？他周旋在名公大腕之中，耳濡目染，加上超人的禀赋，文采不斐然都

---

[1] 《丽白楼遗集》（下卷），第1221页。

不行。他也从不悔少作，1914年十八岁时将自己此前所作的诗、词、文，结集为《急就集》和《急就外集》出版，其中第一篇文章是1907年他十一岁时写的《城南雅集记》，并把此骈丽的短文作为《急就集》的序。即便他热衷参与了辛亥革命，成为孙中山的马前卒，他与遗老们的诗文交往依然如故，我们不妨摘录一些他在1911至1914年间的诗文，且看他如何既革命又流连于传统之中。

1914年2月出版的《急就集》

清末民初，陈衍多次入都，林庚白时常参与陈衍、林纾、郑孝胥、陈宝琛、林开謩等名公的雅集，他有诗歌《秀野草堂小集呈石遗》写道：

春城生暮寒，渐渐赴雪意。石遗与畏庐，念余辄相致。草堂办小集，诗客纷俱至。拉杂作言笑，商量有文字。急景会稍延，觞咏亦能事。郑君坐耽诗，举念发清吹。四座咸倾听，语妙使心醉。并代论工力，此老合称帅。吾侪目朱颜，未便拔一帜。且覆掌中杯，起看玉龙戏。①

这首诗大约是写在1910年的秋天，据王真编撰的《侯官陈石遗先生年谱》卷五记载：这年秋天，陈衍招同郑孝胥、林纾、陈仁先等人"饮小秀野草堂。草堂巨木既多，夜色极可喜。陈仁先侍御屡言之。时当秋杪，得二绝句，有'下酒催诗无别物，满林黄叶最堪听'句，为一时传诵。是冬早寒，十月廿八日已大雪"。林庚白这时才十四岁，被陈衍、林纾等人喊去随侍左右，观看前辈斗酒斗诗，其乐融融，从中也可看出陈衍、林纾等前辈大佬有心提携栽培林庚白。

这一时期，林庚白和王旭庄较多往来。王旭庄即王仁东，他是状元王仁堪的弟弟，也是当代著名学者王世襄的祖父。某日，林庚白翻检书箱，看到王仁东前辈给他的题诗，就作诗《检箧得旭庄丈赠诗却寄》回赠王前辈，诗云：

丈人念我居夷意，青眼相看正自惊。微尚爱名宁失检，平情论事已难明。挈笺旧忆吴蚕薄，试酒新烦福橘清。难

---

① 《丽白楼遗集》（上卷），第9页。

忘烟鬟螺黛外,江村风物美归耕。①

在这首诗歌中,林庚白反省了自己因年少"爱名"想当"超人"而狂傲不羁,十四五岁就奔走"革命",自然引发在清廷为官的长辈名公对他的非议,但王仁东却颇为关爱赏识他。王仁东举人出身,历官江苏候补道。其胞兄、状元王仁堪病逝苏州知府任上后,胞姐王眉寿和姐夫陈宝琛将王仁堪的家眷接到螺洲,在陈氏五楼毗邻处一古厝安置,以便互相照应,此即螺洲状元府。所以,林庚白在诗中既回忆了江苏的"吴蚕",又回忆了家乡福州的"福橘"、故乡螺洲的"烟鬟螺黛""江村风物"。可见,少小离家的神童,在内心深处,对故乡充满了眷恋。

除了王仁东、陈衍、林纾、郑孝胥等,还有樊增祥、陈三立、沈瑜庆、林开謩等名士巨公一样青睐林庚白。他有诗歌《长堤寓楼即目因寄夷俶、完巢、樊山、散原诸丈》,诗云:

斜日长堤紫翠新,马龙车水黯生尘。破愁烟柳看枯倚,照影江花漾小春。远浦人归渔唱晚,高楼风送市声频。俊游更忆江南老,乞与鸥波自在身。②

夷俶,即林开謩,字益苏、夷俶,号贻书,又号放庵,福州人。

---

① 《丽白楼遗集》(上卷),第16页。
② 《丽白楼遗集》(上卷),第16页。

光绪乙未（1895）进士，钦点翰林院庶吉士，授翰林院编修，民国后为"旧京九老"之一，擅诗词、书法、围棋。林贻书的父亲林天龄，与林庚白的祖父林觐光是联襟，林庚白的父亲林鉴波与林贻书是姨表兄弟，即林贻书是林庚白的表叔。完巢，即王仁东的号。林开謩与王仁东是儿女亲家。樊山，即樊增祥的字，湖北人，清代著名官员文学家，署理两江总督，辛亥革命爆发，避居沪上。散原，即陈三立，字伯严，号散原，江西义宁（今修水）人，近代"同光体"诗派重要代表人物，当代著名史学家陈寅恪的父亲。辛亥革命后，陈散原从南京避居上海，1912年在上海和沈瑜庆、瞿鸿禨、樊增祥、沈曾植等遗老们"结超社，倡酬为乐"。

这首诗和上一首一样，应当作于1913年左右，此时林庚白十七岁，已经任职于民国政府，正在北京与国民党人汤漪共同主持《民国报》，并为该报撰写社论多篇。其中，《辟日人有贺长雄关于宪法》一文被国民党推重，因此被推举为众议院议员，并兼任宪法起草委员会秘书长。然而，此时国民党与袁世凯之间、国民党内部之间，矛盾纷争不断。1913年3月，宋教仁被暗杀；7月，国民党发动"二次革命"，袁世凯开始防备革命党人，在京的林庚白处境危险，只好开始研究命学，并出任中国大学和俄文专修馆法学教授。王仁东等前辈对他的处境颇为担心，林庚白深处危城中，感念硕老耆宿对他的关怀，也表达了自己对已在江南沪上"归耕"作"鸥波自在"游的众遗老们的羡慕。

林庚白还有一首诗《旧除夕呈贻丈兼柬散原、涛园》：

穷岁祭诗事可哀，却从沧海首重回。艰难时局棋千劫，寂寞流光酒一杯。野老犹行秦代腊，胡僧莫话汉宫灰。明年珍重东风好，草绿天涯春又来。①

贻丈，即林开謩。散原，即陈三立。涛园，即沈瑜庆，字志雨，号爱苍、涛园，福州人，沈葆桢第四子，林则徐的外孙，晚清显宦，"戊戌六君子"之一林旭即其女婿。林庚白家族与林开謩、陈宝琛、王仁堪、沈葆桢、郑孝胥、董执谊等家族互为姻亲，这些姻亲长辈们，都在清末体制内担任要职。对这个"自家子弟"的"革命"作为，前辈们也无可奈何，因为他们深知清廷已然落日般无法挽回地走向毁灭。1929年12月11日，林庚白在南京，有诗歌《与友人论清代遗老》道：

运尽光宣四十年，群公魂梦尚朝天。俸钱自是官家旧，赏赉常从帝座偏。胜国遗黎宽法网，故宫秘藏隐腰缠。沽名况饱商薇蕨，身后虞山较孰贤？②

这首诗算是他对亲聆謦欬的众遗老入民国后生存状况的总结和评骘。他把众遗老名公与钱谦益相较，事实上对众遗老名公在

---

① 《丽白楼遗集》（上卷），第37页。
② 《丽白楼遗集》（上卷），第114页。

民国的晚年生涯表达了批评之意。

1909年底到1914年前后，林庚白在京读书，并南北穿梭于革命之中，他除了有一干秘密闹革命的同学朋友外，还有不少以诗会友的同学。在京师大学堂，与林庚白交往密切的诗友同学主要如他自己所说："北大同学与余共负笈者，有姚鹓雏、胡步曾、黄有书、汪辟疆、王晓湘，皆工诗。"汪辟疆在《京洛题襟集》中也说："入都以后，姚鹓雏、林忏慧、胡雪抱、胡诗庐、程凤笙诸子，昕夕论文，一时投赠之作繁然。"姚鹓雏则在《止观室诗话》中云："昔居京师，与桂林周公阜维华、闽县林浚南学衡、彭泽汪国垣笠云、黄仲通有书、程家桐凤笙谭艺最乐。时复言诗，每一韵成，相与持稿传观，爬梳利病，至夜深不休。"此外，还有汪东、黄侃、袁霖庆等，以及同在京师大学堂的乡亲同学梁鸿志、黄秋岳、林志钧等。1910年，十四岁的林庚白，将自己作的艳体诗辑为《珊树集》，在京师大学堂中传诵。同时，他和同学姚鹓雏各以诗歌百首，合刊为《太学二子集》，在京师大学堂中出尽风头。这一时期的诗歌记录了他们以诗会友的盛况，现从《急就集》和《急就外集》中摘录数首如下，以见其时林庚白的少年意气。

赠汪笠云

日下相逢拂袖来，雄心莫便委蒿莱。时艰无补难为用，年少能狂亦可哀。伧父何人讥我拙，知交几辈让君才。会当走马平胡虏，大漠尘区取次开。

月夜怀仲通

千里共明月，思君意未阑。寒梅花发好，莫作故园看。

寄步曾

羡子山林隐，嗟余海国留。离心共春水，到处总悠悠。

春柳四律，用渔洋韵与程凤笙联句其四

娉娉袅袅最堪怜，往事寻思总化烟。廿四桥头潮上下，三千里外意缠绵。好将青眼看知己，不惜黄金买少年。如此江山如此树，教侬涕泪落谁边。

读石遗与众异、秋寄、芷青诸子倡酬之作，即送南归，兼柬心禹

看花话别靳同游，及见佳篇散百忧。远我倘虞朋党祸，羡君能外稻粱谋。乱红桃杏添诗料，一碧蘋芜赴客愁。旧侣闽南相忆否，便烦传语训何休。

岁晚书为风持、唯刚、众异、哲维一笑

不信风波有闭门，近怜毛骨亦喊冤。看天袖手吾何语，隔雨飘灯梦自温。一念佣书聊卓汁，多生被酒尽销魂。暗香吹袂成新赏，岁晚幽栖孰见存。

林庚白在京师大学堂的诗友如黄侃、胡小石、姚鹓雏、汪笠云（即汪辟疆）、胡步曾（即胡先骕）等，日后都成为享誉中国文坛学界的著名文人学者。除这些人外，和林庚白一起围绕在陈衍、林纾等人身边的诗友还有家乡亲友林志钧（字宰平，号北云、唯刚，现当代诗人、北京大学著名教授林庚先生的父亲）、黄浚（字哲维、秋岳）、梁鸿志（字众异）等人。黄浚、梁鸿志和郑孝胥一样，后都亲日投敌，林庚白毅然决然与这一干"佳人作贼"的亲友割袍断义，此是后话，暂时按下不表。

三　革命与算命（1912—1926）

（一）锋芒毕露的革命家、政论家

前文说到，1910年，十四岁的林庚白在京师大学堂，因孙炳文、赵铁桥的介绍，结交了汪精卫，并由汪介绍，加入了中国同盟会；随后，与孙炳文、汪精卫、梁漱溟等人在天津创设京津同盟会，孙炳文任文事部长，林庚白任文事部副部长。他们秘密联络潜伏在新军中的革命党人吴禄贞、白毓昆，企图起兵颠覆京城中的清廷，以呼应南方的武昌起义，林庚白撰写了《拟收复京师露布》，但事败，吴、白二人先后牺牲。紧接着，南北议和，清廷逊位，林庚白南下上海，在上海、南京、福州、北京等地参与革命活动。

1912年初，林庚白在上海，与家乡亲友陈子范、林之夏过从甚密。陈子范和林之夏都是中国同盟会会员，早年和林森一样就读于教会学校福州英华书院,后两人都习武,并和林森一起开展反清的革命活动。当时,两人在上海成立了旅沪福建学生会,并都加入了柳亚子等人成立的反清革命文学社团"南社"。林庚白在陈子范书房案头看到了《南社丛刻》,对柳亚子的诗词非常倾慕,就通过陈子范与林之夏的介绍,与柳亚子订交,加入了"南社"。

1912年1月至4月,南京成为革命党人的首都,孙中山被推举为中华民国南京临时政府总统。汪精卫将林庚白推荐给内政部次长居正,出任内务部参事,但此时林庚白才十六岁,程式化的官吏生涯对他这样精力充沛、激情四射的年轻诗人并不适合,他觉得此种生活非常无趣,于是做了一个多月的内务部参事,就辞职了。1912年8月,在宋教仁的领导下,中国同盟会改组为中国国民党。林庚白跑回福州去组党,并想参选福建省议员,修改法律。但这时,国民党在福建省只能出一名众议员,这一名额当然是德高望重、年长林庚白近三十岁的同盟会元老林森莫属。

林庚白当不成在闽的福建省国民党籍议员,便又回到上海,在陈其美、张静江的财力支持下,与陈子范、陈铭枢、林森、林知渊、魏怀、叶夏声等,秘密组织了"铁血铲除团"(又称作"黄花碧血社"),专门暗杀北洋的官僚和变节的军阀党人。同时,林庚白还和吕志伊、邵元冲、褚民谊等人创办《民国新闻》,并常在于右任、邵力子办的《民立报》发表文章。

1912年秋,孙中山、黄兴等人先后抵达北京,国民党与袁世凯开始合作。林庚白在林森、林之夏等人的引领下，与孙中山、黄兴等人相识。他在《自述一百零二韵》中说："既觏孙黄年十六，南社吟啸谁抗衡。吾宗执手来白下，论交才气惊恢宏。故人廿载今元首，更几不负黄花荣。事往能深怀旧感，瑞珍子范铁中铮。"①

1912年冬天，林庚白回到北平，和汤漪共同主持《民国报》。这份报纸是当时国民党在北方的唯一宣传机构，林庚白撰稿最多，连当时与他政见相异的吴稚晖、林长民、梁启超等人都对他的文笔深表佩服。这一年，他撰写的与时局密切相关的政论文主要有《调停政见书》（1912-01-24）、《关于临时约法存废之研究》（1912-07-28）、《大臣会议与内阁会议》（1912-08-12）、《申论大臣会议与内阁会议》（1912-08-15）、《论张振武枪毙事》（1912-08-18）、《军民分治问题》（1912-08-25/26）、《驳梁启超反对国会承认阁员之说》（1912-08-28）、《总统责任问题——答〈民立报〉记者》（1912-09-01）、《政争与党争》（1912-09-05）、《论政府聘用外国顾问事》（1912-09-06）、《女子参政观》（1912-09-07/08）等。

民国二年（1913），林庚白十七岁。当年1月至3月，宋教仁领导国民党开始竞选活动，宋教仁坚持只有国会才能产生总理和内阁，国会负责起草新的更为持久的宪法，坚决主张削减总统的权力。林庚白与之相呼应，在报纸上连续发表政论文《论总统制之大总统与国务员》（节录于《总统制问题商榷

---

① 《丽白楼遗集》（上卷），第623页。

书》)、《论议院法之性质》、《对于前清民律草案第一千三百三十三条之研究》、《对于有贺博士〈共和宪法持久策〉之质疑》（即《辟日人有贺长雄关于宪法》）等。尤其《辟日人有贺长雄关于宪法》一文，让四十一岁的梁启超对十七岁的林庚白刮目相看，他写信给林庚白说"奉读大著，五体投地"。而梁启超此时是国民党的政敌，偏护袁世凯的主张，却对政见不同的林庚白如此折服。林庚白因此被国民党人所推重，做了宪法起草委员会的秘书长，时年十七岁。

憲法起草委員會職員錄

職務	姓名	別字	年齡	省分	學歷
委員長	湯漪	斐予	三十三	江西	美國Columbia大學政治經濟學士
理事	蔣舉清	渭泉	三十四	新疆	日本早稻田大學政治經濟畢業
理事	李國珍	碩遠	三十二	江西	日本留學
理事	楊銘源	西堂	三十六	陝西	日本留學
理事	夏同龢	周卿	四十五	貴州	日本法政大學義塾學士
理事	黃雲鵬	美涵	三十	四川	日本法作學堂畢業
理事	楊永泰	幼山	三十六	廣東	北京大學畢業
書記長	王家襄	袁甕	三十五	浙江	法國BoRleau法律大學
書記員	林學衡	衆難	二十五	福建	學生北京大學
憲法起草委員會職錄	林肇汾	笏予	二十六	福建	北京大學畢業

宪法起草委员会职员录

1913年2月，国会选举接近尾声，宋教仁领导的国民党取得压倒性胜利。但是，3月20日，国会召开前夕，声望如日中天的宋教仁在上海火车站遭暗杀，22日凌晨不治身亡，年仅三十一岁。宋教仁被誉为"中国宪政之父"，他遇刺身亡，使得中国现代政治的走向被改写，他所设想并正在或将要付诸实践的中国现代政治模式诸如选举、政党、国会及其与行政之间的关系，从此付之东流。

1913年8月，林庚白因参与起草《天坛宪法》而名噪一时，此部宪法基本坚持了以宋教仁为首的国民党人的分权理念。1940年，林庚白题诗《感怀》回忆道："天坛奋笔客卿惊，年少声名动故京。（民国二年，天坛宪法起草委员会，汤漪与予实主持其事，余尝属文驳斥美人古德诺，传诵故京）"[1] 1913年初，袁世凯政府为了制定宪法，聘请美国政治学家、法学家古德诺来华任法律顾问，聘期三年。古德诺于1913年5月3日抵达北京，在总统府法制局工作，开始涉足中国政治。古德诺支持宪法应赋予袁世凯更多的总统权力。1913年10月底，《天坛宪法》拟订而成，又称《天坛宪草》。古德诺撰文《中华民国宪法案之评议》，指责《天坛宪草》采用简单的内阁制，对总统权力限制太多，使袁世凯这样的总统"徒拥虚名，不能有所作为"，将导致政府不稳定。他强调政局稳定是当时中国最重要的，主张总统拥有制宪权和对国会通过的《宪法草案》的否决权，为袁世凯

---

[1] 《丽白楼遗集》（上卷），第622页。

的强权辩护。1915年7月，古德诺再撰一长文，译成《共和与君主论》，于1915年8月3日刊于北京《亚细亚日报》，为袁世凯称帝热身。此文一出，国内外舆论为之哗然，梁启超、章士钊、林庚白等政见歧出者纷纷撰文批驳。林庚白后来题诗自述道："开国宪章略堪忆，天坛旧笔排客卿。异党惊叹同辈善，惜此良法终难行。"

（二）"神算预言家"

因为宋教仁被暗杀，1913年3月25日，孙中山从日本回到上海，力主从速武装讨伐袁世凯。黄兴等人主张在法律框架内解决，孙黄二人就如何应对"宋案"产生严重分歧，但在揭露袁世凯的野心和暗杀行径上，是立场一致的。1913年7月，黄兴同意了孙中山的武装抗袁计划，"二次革命"爆发，但8月即告失败，孙中山、黄兴等再度逃亡日本。袁世凯仇视革命党人，为了避祸和谋生，林庚白就任中国大学和俄文专修馆法学教授，并开始研究命学。林庚白对中外法学颇有研究，又擅长诗文创作，且辩才无碍，年少得名，所以，在大学任教对他而言，并非难事。

1914年，林庚白中秋节回到福州，和许今心女士完婚。1915年，袁世凯称帝，林庚白假借算命术，反对袁世凯复辟，诅咒袁世凯必因窃国而迅速暴卒。他在自传中写道：

民国三年，我因袁世凯仇视党人，又恰在二次革命的失败后，我为保持家庭的生活起见，一面在做官、教书，一面来研究中国的命学，藉此"韬光养晦"。不料年深日久，居然推算得奇验，这本是偶然的，但中国人为侥幸心所支配，更因了历来的封建政治，都以命数为愚民之具，同时在家族制度的社会，也有很多利用着命数之处，所以"玄之又玄"的命数，不期然而然的，普遍了整个中国的人们潜在的意识中，我就不得不倒霉，而被认作"预言家"，虽则我并不以此为职业。这样地由动乱而演进于平静的生活，就反映了十年以前的革命过程中突变的中国社会又走回复古的途径，我的二十岁的生命史，也于此终止。①

林庚白借算命术，预言袁世凯不出一年必死，不料袁世凯果然暴卒于次年。于林庚白而言，他只是借算命术煽扬民气，反对袁氏强权而已；但在世人眼中，他竟然因此被目为"神算""预言家"。但他并不喜欢别人视他为算命的"预言家"，认为被人当作算命者流是他的倒霉之处，他骨子里只认同自己革命家与文学家的身份角色。直到1929年12月，他在南京，还题诗给当时与他齐名的另一个名震江湖的命数家袁树珊，道："我有虚中闲笔墨，曾资自晦误流传"；"若言命数全非是，广武偏成竖子名。"② 尽管1924年林庚白在北京前门外虎坊桥的京华印

---

① 《丽白楼遗集》（下卷），第1222—1223页。
② 《丽白楼遗集》（上卷），第116页。

书局出版了他的《人鉴》一书，一时洛阳纸贵，名噪全国，但他终其一生，都不乐意被人视作神算者，多次为自己辩解说他只是想藉此煽扬民气，反对袁世凯强权而已。林庚白殉国后，柳亚子于1943年4月撰有《林庚白家传》，专门为林庚白精于命数一事做了评述。柳亚子写道：

  筹安之役，力言祖龙当以明岁死。盖假京房郭璞之术，阴以欷动当世，煽扬民气，其用心至苦。顾卒以是负谤于流俗，迄身后犹腾诟不置，悲夫！①

  时至今日，不少人依然津津乐道于林庚白擅长命理学，这对以"革命家"自居的林庚白而言，不啻是件啼笑皆非的事。

  1916年6月6日，袁世凯暴卒。林庚白撰文《辟北京法律派之谬说》（1916-06-23/24）、《论今日宜打消袁政府之驻防政策》（1916-07-05/06）等，指出在政权更迭之际，应该区别对待既有的国内法、国际法、私法、公法等，认为袁世凯为满足私欲而主导"制定之新约法、大总统选举法及其他法律，其法律之资格绝对不能成立。"② 主张袁世凯死后，为应对紧急之时局，应恢复被袁世凯破坏解散的旧国会和《天坛宪草》，行使其相关职权，做好国家政权与社会政治的稳健过渡。他在《辟北京法律派之谬说》一文中指出：

---

① 《丽白楼遗集》（下卷），第1227页。
② 《丽白楼遗集》（下卷），第756页。

> 以视袁政府时代，国体犹号称共和，政体犹侈言立宪，则国家之组织既完全存在，于此而欲以元首之个人意见，毁法造法，吾恐虽聚古今中外之法学巨子于一堂，亦莫敢辩其违法之罪也。……今日北京已成立之参政院及其未召集之立法院，其纯出袁氏个人之违法行为，绝不能代表人民之公意，则自不可同日语矣。方今大局未安，万端待理。于国家存亡千钧一发之期间，而代议机关，付之阙如，欲重行召集，则选举手续既极繁重，势必至旷日持久而陷国家于危险之地位。……然则恢复旧国会，而继续行使其职权，实吾人事实上应有之主张，其适于时势之需要甚明，又不容论者之妄逞异说也。①

在《论今日宜打消袁政府之驻防政策》一文中，林庚白指出：

> 癸丑革命后，袁氏以国民党都督不为己用，于是师前清驻防之意，于南方各省密布其爪牙，每简都督，必使挟重兵以自固，而阳为袁氏效驰驱。故近年北军之势力，几遍于长江流域暨濒海各省，其残暴恣肆扰及地方秩序者，川、湘、闽、赣其尤也。据报章所载，道路所闻，则驻防北军之奸淫邪盗，暗无天日，直较盗匪为烈。嗟我黎庶，其何以堪！夫

---

① 《丽白楼遗集》（下卷），第754—755页。

袁氏为保持个人之权位，发展一己之野心，乃不惜牺牲我大多数国民之生命财产，而出此倒行逆施之举。今天诱其衷袁氏即世，此殃民祸国之驻防政策，宜与之同尽。乃新政府之成立业已弥月，而各省驻防北军，悉未撤退。内何以示国人开诚布公之心，外何以答友邦敦勉为善之意。……于举国昌言法治之秋，而阻兵以逞，此非袁政府之驻防政策阶之厉哉！不佞所望于今之当局者，约法回复后，首当待国人以信义，而表示其守法之诚意。袁政府驻防政策为法律之梗、人类之贼，亟当有以打消之。使国内外晓然政府之大公无我，而争趋于政治之正轨，不其休欤。故欲明今日政府之责任心，必自打消袁政府之驻防政策始。①

二十岁的林庚白反复告诫当局：政府应该带头守法，尽快废除武力干预地方政治的强权野蛮做法，应首当待国人以信义，而表示其守法之诚意。上述两篇文章，足见百年前林庚白对中国政治实现法治善治的现代文明转型，充满了期盼和探索。

（三）追随孙中山

1916年6月，袁世凯暴病而卒，黎元洪代之；安福系又选举徐世昌代之，黎元洪下台。1917年春，林庚白出任众议院秘

---

① 《丽白楼遗集》（下卷），第757页。

书长。是年6月，张勋利用黎元洪与段祺瑞的矛盾，以"调停"黎段矛盾为名，率"辫子军"五千多人入京，拥戴逊帝溥仪复辟。"张勋复辟，北平方巷战，炮弹落所居里巷间，几殆。"林庚白在张勋复辟的炮火中幸免一死。是年8月，林庚白携国会印章和枢密文件秘密南下广州，其嫡堂兄林炎南携国会巨款也秘密南下，兄弟俩一起追随孙中山护法。非常国会在广州召开，二十一岁的林庚白任非常国会秘书长，9月18日，被任命为广州孙中山大元帅府秘书。非常国会议长吴景濂等主张集体领导和联桂等，与孙中山意见相左，林庚白与吴景濂政见失和，弃职离开广州，回到上海。

1918年4月，章士钊邀请林庚白赴广州，撰写了《零陵起义周年纪念通电》；受陈炯明的邀请，林庚白赴福建漳州，游说当地军阀支持孙中山的广州政府。是年冬，林庚白到上海参加唐绍仪等人主持的南北和平会议。国民党内大佬和桂系军阀主张联直，林庚白建议孙中山联滇倒桂。孙中山的意见得不到党内大多数的支持，只好辞去国民党总裁职。林庚白因此对国民党主导的革命失去热情和信心，回上海闭门尽读中国古诗，并开始研究社会主义。

1919年，林庚白奉孙中山之命，赴北京，与段祺瑞的北方议和代表王揖堂接洽，打算联滇联段。这年冬天，唐继尧电邀林庚白赴云南，策划夺取李根源的兵权，援助李烈钧脱险。这一时期，林庚白积极联络滇军与粤军，试图促成滇粤联盟，以支持孙中山。1920年，林庚白数次往返杭州、福州之间，说服卢永祥、李厚基等军头以武力支持孙中山国民党左派。其时，李厚基以军火接济驻扎在漳州的陈炯明，但被李的部下臧致平扣押，林庚白受孙中山之命去疏解此事，被扣军火如数归还陈炯明部，此举使得陈炯明讨桂获得大捷，从而得以帮助孙中山重组军政府。此时，北洋军阀内部矛盾日趋尖锐，此后两年中，林庚白多次受孙中山密遣，往返于杭州、北京、奉天，施展其纵横捭阖的辩才，游说各路人马支持孙中山。林庚白还奉孙中山密令，数次游说杜锡圭，希望说动闽人杜锡圭为首的北洋海军拥护孙中山，但未果。

1922年五六月间，直奉之战爆发，林庚白赴奉天参加干部会议。六月，北京国会恢复，林庚白辞去众议院秘书长职务。八九月间，林庚白再次应唐继尧邀请，赴昆明，拟说服唐率军入广东辅佐孙中山北伐，未果。这年冬，他回到北京，受命赶赴瀛台，帮助黎元洪摆脱困境。

1923年，林庚白从上海移家北京。1924年，他出任铁路局长及铁路会办等职。他同情社会主义，欲利用军事势力来促成革命，在北京南河沿十二号创办了《复报》，撰文攻击军阀，支持孙中山"联俄，联共，扶助农工"的革命主张，倡导中国社会向现代民主法治文明转型。

1925年，孙中病逝北京。林庚白始终是孙中山坚定的支持者和追随者，他视孙中山为自己的"革命导师"，孙中山对这位同党青年才俊也赏识信任有加。孙中山病逝，令他悲痛不已，此后多年，林庚白每到中山先生忌日，常邀约友人到南京中山陵祭奠，并题诗多首纪其事。

1926年，北伐军攻下武汉，林庚白受命南下南昌、汉口、郑州、信阳、石家庄等地，先后动员靳云鹏、魏益三、田维勤等军头率军归附国民革命军，并在武汉政府任职。

从十五岁到三十岁，革命是林庚白生命的主调。尤其是1917年追随孙中山南下到1926年，他奔走于东西南北，纵横捭阖，秘密游说动员各路军阀支持孙中山革命，坚定支持孙中山"联俄，联共，扶助农工"的政策，为国共第一次合作北伐，做出了非凡的贡献。他在自传中对这十年的革命生涯和由政客而官僚的生活做了如实的回顾和反省，摘录如下：

> 一九一七年我的二十一岁开始了，这是一个中国政治最大的变动之年，研究系和国民党的斗争，形成了南北对立的局势，一直到国民政府的成立止。那时和北洋军阀合作，发起什么"督军团"，由"督军团"而促成了"复辟"，由"复辟"而"安福国会"，而黎元洪复职，曹锟贿选，中间更经过许多次内战的幕后人物，就是最近倡导宪政最力之右倾政党的名流、学者、政客和在政治运动的历史上与右倾政党接近的一部分金融资产阶级、地主阶级、士绅阶级等等，自然国民党在当时，正是内幕中对垒之另一势力。我呢？那时还沉浸于议会政治的制度中，所以拥护宪政的热烈，也恰如最近这些倡导宪政论者一样。因了右倾政党的毁法，我们就来护法，因了国会的回复，我们就来参加

政治。一九一七年的六月，张勋拥溥仪"复辟"，我带了我的炎南四哥，把国会的印章和重要文件，偷偷地搬到南方来，同时伍廷芳先生，也带了国务总理的印章，一起追随着我们的总理中山先生，带领海军之一部分，开驶到广州护法，成立了大元帅府，非常国会，我便以非常国会的秘书长，兼充总理的秘书。后来因了国会的右倾分子主张联络那时的桂系而不满于总理的政策，我和议长吴景濂拍桌，终于拂袖而去。廖仲恺先生荐古应芬替代，同样的和吴不相容而去。结果是国民党和桂系破裂，国民党的右倾派和桂系合作，提出了改组护法政府的方案，由大元帅制一变而为七总裁制。我因和章士钊的私交关系，情不可却，又到了广州一趟，曾替七总裁的护法政府，草拟了一篇《零陵起义周年纪念的通电》，传颂一时。后来受了陈炯明的邀请去漳州。那时陈炯明和许崇智、吴铁城，还有蒋介石先生们，都很努力于攻闽，他们的军队，也就是那时国民党左派唯一的军事势力。一九一八年的冬天，我到上海，参加唐绍仪们所主持的南北和平会议，同时我发见了国民党的右倾派和桂系军阀联直的阴谋，就向中山先生建议"联滇倒桂"。恰好孙洪伊也这样主张，我就做了这个运动的中心。唐继尧本不认识我，以慕名之故，屡次电邀。一九一九年的冬天，我就走了一趟云南，这时候中山先生和唐绍仪，一方面联滇，另一方面联段，想用政治的手腕，来促成南方军阀、北洋军阀的内部之各个分裂、崩溃。我到云南以前，也曾衔了使命到北平，和段派接洽，王揖堂于是替代了朱启钤来充北方议和总代表。那时我和号称"小孙派"——孙洪伊派的郭同、王乃昌，号称"大孙派"——中山先生派的黄大伟、叶夏声们，都是联滇联段这一幕活剧的要角。不但这样，我还屡次地到杭州，游说卢永祥，一度地回福州，指导李厚基，利用他们的军队，援助国民党左派。尤其是一九二〇年，回福州那一趟，事势很是严重的。李厚基的部下臧致乎，受了直系的运动，要把李厚基接济陈炯明的一大批军械扣留！我于是约同胡汉民先生、和方枢、陈乐山、石小州四人，在上海的德国领事馆二楼，秘密协商了一次，自己又跑回福州，好容易地才解决。终于陈炯明攻进了广州，中山先生又回去继续革命。可是那时北洋军阀的破裂，已一天天的尖锐化，我于是跑杭州，跑北平，跑奉天，大做其"纵横捭阖"的政客起来了。一九二二年，唐继尧回滇，又电邀我去，但因我的主张不能够实现，唐对于追随中山先生来推进国民党左派的革命的意见，始终是怀疑的，所以我就回了北平重新过着官僚的生活。一九二四年，创办《复报》，击北洋军阀很利害，同时我因受了"五四"运动后的思想界的影响，也很同情于"社会主义"，《复报》的出版，极其风行，但我个人的生活，依旧笼罩着资本主义社会享乐主义的色彩。一九二四年到一九二六年，我先后做了些铁路局局长、铁路会办等职务，这几年当中，可算是我由政客的生活，转变为官僚的生活，成天只是打牌，看影剧，逛山水，交女朋友，一味地享乐，也不自觉其堕落了。可是我对于革命的热情，依旧很丰富；同时，我终是离不了政客的意识、情绪，终是想利用军事的势力，甚至于利用军阀，来促成革命，这实在太错误了。①

林庚白平实叙述了自己从二十一岁至三十岁之间的革命生涯，他凭借无碍之辩才，屡次作为孙中山的特使或密使，南下北上，东奔西走，游说鼓动各路军阀支持孙中山革命，他波澜壮阔、丰富多姿的从政生涯，是中国早期民主革命的见证和缩影。柳亚子对林庚白追随孙中山革命做出的非凡贡献评价极高，他在《林庚白家传》中指出：

国父孙总理既令程璧光率海军南下广州，奠护法之基；而庚白方任众议院秘书长，亦受命尽携院中枢密文件，间关入粤。国会非常会议于以告成，举国父为军政府海陆军大元帅，命刘建藩率师北伐。是役也，论者辄谓庚白之功，不在璧光下云。②

但是，孙中山病逝北京后，本来就是派系林立的国民党内部纷争混战不断，亲俄联共的国民党左派、反俄反共的国民党"西

---

① 《丽白楼遗集》（下卷），第1223—1225页。
② 《丽白楼遗集》（下卷），第1227页。

山会议派"、拥蒋派以及拥兵自重的桂系、吴作孚、阎锡山、冯玉祥、张作霖、孙传芳等,各怀打算,加剧了中国政局的动荡,加上国共合作北伐之后的决裂,所有这些,都令书生意气、感性冲动、同情社会主义的林庚白倍感失望和痛苦。为了继续探寻中国革命的出路,他闭门读书,此后数年主要活跃于上海文艺圈。

四　幻灭、彷徨与奋起（1927—1936）

（一）幻灭与彷徨

在孙中山和苏俄达成联合的共识后，1924年1月，国民党举行第一次全国代表大会。"大会通过了中共党员和社会主义青年团团员正式加入国民党，并担任要职。最足以表现此次大会意义的为所发布的宣言，这篇宣言是廖仲恺、胡汉民、汪兆铭及中共党员瞿秋白与鲍罗廷起草。"① 追随孙中山的林庚白自然乐见国共合作。孙中山国民党决定北伐，林庚白又肩负起纵横捭阖游说军阀归附国民革命的使命，他在自传中写道：

一九二六年的秋天，我到了南昌、汉口、郑州、信阳、

---

①　郭廷以著：《近代中国史纲》（第三版），格致出版社、上海人民出版社，2012年，第363页。

石家庄，先后去运动靳云鹗、魏益三、田维勤的军队，来归附国民革命军。①

在苏联顾问指导下，汪精卫等国民党左派与中共合作，一起组成武汉政府，实行"绝对左倾"的政策，这令林庚白有所困惑。他说：

> 那时武汉的空气，十分紧张，革命的潮流，极其高涨，国共合作，绝对左倾，而我对于唯物观的马克思主义，不曾深切研究，很是怀疑着，于是由汉口，跑到上海，整整地闭门读书一年。虽则福建省政府方面，几次有人来请我去当秘书长，谭组庵先生也劝我出来，一九二八年的秋天，福建省政府改组，他还提出我做省委兼教育厅长，但我还是读我的书，做我的社会科学研究，最后的致力，使我对于个人的思想上，和中国革命的出路怎样，有了一个联系的认识。同时我终是含有矛盾性的性格、欲求、生活方式，很多和思想冲突，更因着东方民族性"忠于所事"之旧道德观念，支配我，驱使我，对于和我自己历史上关系很悠久的革命的政党——国民党，不能够忘情，虽则我也怀疑着中国的革命和国民党的前途。这样使得我对于灰色的人生，更起了模糊的观感，感着人生的一切，都没有什么趣

---

① 《丽白楼遗集》（下卷），第1225页。

味,于是我要找寻刺激、麻醉,来替代我幻想中的慰安。①

林庚白的自述,对自己思想与情感的困惑毫无隐瞒。作为追随孙中山的国民党左派,他有许多加入了国民党的共产党友人,他们之间友情不浅。但他对苏联支持下的中共的政策持保留态度,在情感上,他依然按照传统的道德,忠于他十五岁就亲与其中的国民党与其时由国民党主导的中国革命,虽然他对内部纷争的国民党之党敌甚为不满和失望。

1925年11月,国民党西山会议派议决取消中共党员在国民党的党籍,解除鲍罗廷的顾问职务,惩戒汪兆铭,但鲍罗廷支持的广州国民党当局不予承认,斥西山会议派的举措为"非法",西山会议派于是在上海自设中央党部,国民党正式分裂。

1926年7月1日,广州国民政府颁布北伐动员令,国共合作的北伐军顺利北上华中。在鲍罗廷的支持和共产党的领导下,长沙农运和武汉工运炽盛,这是北伐成功的重要群众基础,而两湖农工热情支持北伐,"固以中共近年活动及政治部宣传之功为多,亦由于人民久为军阀所苦,对于革命军如大旱之望云霓,实为革命军战胜的重大因素"。② 郭廷以指出:"北伐的胜利实赖革命的武力与民众运动的结合。武力握于国民党之手,民众运动大都由中共领导。"③

---

① 《丽白楼遗集》(下卷),第1225页。
② 郭廷以:《近代中国史纲》(第三版),第381页。
③ 郭廷以:《近代中国史纲》(第三版),第387页。

然而，国共合作的蜜月期昙花一现。苏俄支持的武汉政府的作为引发英日等列强不满，蒋介石为此与武汉政府渐行渐远。1927年2月，经国民政府主席谭延闿调停，国民党中央党部和国民政府迁到武汉；4月3日，汪精卫从欧洲经莫斯科回到上海，并于4月10日到武汉，在武汉主导国民政府。汪蒋芥蒂已深，蒋介石决意反共，在上海发动了"四·一二"反共事变，武力血腥清共，并于4月18日在南京成立国民政府，宁汉分裂。武汉政府开除蒋的党籍，免去蒋的各项职务，下令讨伐蒋介石。

汪精卫、蒋介石、林森都自称是孙中山的继承者，但又各成派系，彼此纷争甚至分裂，反目成仇，如此复杂的党内争端，已经令林庚白无比忧心，再加上国共分裂，宁汉合流，国民党当局捕杀了许多共产党人和革命的劳工群众，其血腥行为也令林庚白难以接受，这一切，逼得痛苦不堪的林庚白只好在上海闭门读书。早在1918年，林庚白二十二岁，因孙中山被迫辞总裁职，他对彼时国民党的革命已失去热情，当时就从广州辞职回到上海，闭门读书，并开始研究社会主义。如今，十年过去，国民党依然令他失望无比，痛楚在心，他从汉口又回到上海，再次闭门读书。柳亚子在《林庚白家传》中写道：

> 民国七年戊午五月一日，国父辞大元帅职，退居七总裁之一。庚白知事未可为，拂衣走海上，始治欧美社会主义之学，旁逮其文艺。复发箧尽读中国古诗人之诗，上溯

葩经屈骚,下逮曹植、阮籍、陶潜、谢朓、杜甫、韩愈、白居易、李贺、李商隐、韩偓、王安石、黄庭坚、陈无己、苏轼、欧阳修、梅圣俞、陆游、杨万里、刘克庄等十九家,晨夕讽诵,如是者可十稔。迄十七年戊辰,庚白年三十二,而其诗始大成,盖熔经铸史,兼擅魏晋唐宋之长矣。①

此后数年,林庚白虽然时参政务,但在诗坛文坛的身姿更为活跃。

1927年,国共决裂,许多共产党人牺牲。林庚白的挚友,也是引导他走上民主革命道路的孙炳文(即孙维世的父亲),被上海警备司令杨虎杀害。共产党人血流成河,国共两党反目成仇,一些同情共产党的国民党左派人物也颇受牵连,林庚白的好友、"南社"领袖之一的柳亚子也东走日本以避祸。血淋淋的残酷现实令林庚白痛苦万分,他为国民党四分五裂和当局者党同伐异大开杀戒而痛心疾首。

国民党进行大肆"清党",不仅林庚白的挚友孙炳文被杀,柳亚子的女弟子张蓉城(字应春,号秋石)也惨遭杀害。张秋石,江苏吴江县人,1922年毕业于上海两江女子体育师范专门学校,毕业后到福建厦门陈嘉庚创办的集美女子师范学校任教。不久,经柳亚子介绍,回到松江景贤女子中学任教,并在1924年加入国民党;1925年秋,又加入了中国共产党。1925年8

---

① 《丽白楼遗集》(下卷),第1227—1228页。

月,张秋石当选为国民党江苏省党部执行委员兼妇女部长,是现代妇女运动的先驱。她与国民党右派作坚决的斗争,于1927年4月10日晚被秘密逮捕,惨遭杀害于南京雨花台。1928年9月18日,林庚白和柳亚子等同志友人,一起作画题诗纪念张秋石,他在诗歌《丁卯清党之变,秋石女士坐杨虎构陷,遂以成仁,亚子嘱树人为作〈秣陵悲秋图〉,征余题句》中写道:

落水荒寒古石城,年时野祭每伤情。婵娟自有千秋意,岂复鸿毛一掷轻![1]

国民党为结束其军权、政权多元的分裂局面,西山会议派、汪精卫派、胡汉民派、蒋介石派等不得不互相妥协,营造貌似团结的局面,为此于1928年8月,在南京召开国民党第二届中央执行委员第五次全体会议,"议决厉行以党治政、以党治军,限期撤销各地政治分会,不得再以分会名义对外发表命令,及任免该特定地区内官员。国民政府设有行政、立法、司法、考试、监察五院,统一军政、军令、军事、教育及财政。10月颁布训政纲领,成立新国民政府,蒋任主席,谭延闿、胡汉民、王宠惠、戴传贤、蔡元培分任五院院长,冯玉祥任行政院副院长兼军事部长,阎锡山任内政部长,李宗仁任军事参议院长,李济深任参谋部长,国民党右派及军事巨头各予位置,惟汪兆

---

[1] 《丽白楼遗集》(上卷),第72—73页。

铭的左派落空"。①

　　避走日本的柳亚子也被邀回国参加国民党二届五中全会，但林庚白写诗给柳亚子说："革命真的成功吗？你为什么倒要东躲西藏？革命实在的失败吗？你为什么还能够在五中会议的席上坐？我写到这十分感慨，希望同志们努力！先认定了正确的人生观，再认清了国民革命的真价值。"② 1928年8月26日、27日，林庚白在南京先后写了两首新诗，很能体现他那时在绝望中挣扎彷徨的心绪：

秋　思

轻轻的风，微微的雨，阴阴的天气，
活画出来一个早秋，
又到了星期，
我还是这样地漂流。
……
人们的生活——
为什么老不能够安定？
净像这样下去，
革他妈骨头的命！

---

　　①　郭廷以：《近代中国史纲》（第三版），第397页。
　　②　《丽白楼遗集》（上卷），第69—70页。

我不信人生有运命，
只要你意志坚强，
好好的振作精神，
有机会再来干一场。

秋思之二

经过了几阵雨，
不知不觉又是天凉，
盖一条单被还是冷，
眼看这一夜一夜渐渐的长。
……
四顾苍茫之中，
我对于人生起了彷徨，
啊，矛盾的人生——
是安慰，是苦恼；你到底站在那一个立场？①

林庚白反复以"党敝"一词斥责国民党内部的分裂和争权夺利、贪污腐化以及对民瘼的漠然无视。因对时局失望悲痛至极，他喟叹"钟鼎山林俱妄念，鬓丝换得几回肠"！

1928年8月，国民党二届五中全会后，南京成立新国民政府，林庚白被聘为外交部顾问及南京市政府参事。柳亚子说他

---

① 《丽白楼遗集》（上卷），第70—71页。

"顾未能忘情世事,国民政府奠鼎南都,颇参枢要"。此后,林庚白与柳亚子过从甚密,讨论时政,切磋诗词。为工作之便,林庚白迁居南京,但也时居上海,并经常往返于宁、沪和北京之间。为了不牵累妻儿,他对时局并没有发出大声的抗议,所谓"不鸣政坐妻孥累",说出了他此时的顾忌。但是,他在与柳亚子等友人的诗文中,写出了心中的块垒和不满。

对于时局,林庚白非常失望,但又期待形势能有所好转。1928年9月17日,他在南京,题诗《小饮》道:

> 一饮已仅尚能杯,委命危邦意未灰。相对霜高寒更薄,渐疑心死世谁哀!虫沙猿鹤终同尽,黄雀螳螂各有猜。江上夕阳成怅望,催春苦待岭头梅。①

这首诗把林庚白心死意灰、矛盾彷徨的心绪表达得淋漓尽致。他直指自己服务的国民党当局已成"危邦",党争的结果是"虫沙猿鹤"同归于尽,而各派系依然像"黄雀螳螂"般互相猜忌防范。他怅望未来,苦苦期待着春回大地,梅花怒放。这首诗很能展现林庚白的性格特征,既对现实感到消沉幻灭,又苦苦挣扎,努力对未来保持乐观。他本来自视甚高,"党籍当时最少年"。作为年少参加反清的革命者,十余年的革命,落得个国共两党反目成仇,这令林庚白对中国革命何去何从忧心忡忡。他

---

① 《丽白楼遗集》(上卷)第74页。

在《比来》一诗中写道：

> 比来尚似少年不？忧患相催意易柔。闲爱瓶花勤换水，渐添诗草苦吟秋。寸阴博弈消磨尽，孤客心情浪漫犹。谁料平生医国手，一楼夕照听江流。①

经过如此世变，他的情怀已不似年少时。他自称"孤客"，与曾经壮志满怀、自视为"医国手"的自己形成了强烈的反差对比。他说如今自己靠养花、吟诗、下棋来消磨时光，这是多么的无奈和愁痛啊！

1929年10月5日，林庚白在南京写诗《读〈倪焕之〉有感寄亚子》："感伤成幻灭，忧患付呻吟。"1929年10月26日，在南京，林庚白题诗《季刚用少陵韵作秋兴八首甚工，大至和诗亦美，余见而喜之，辄复效颦，各道其所道，虽意趣不必尽同，要自有触耳，因寄似亚子》，对国共两党分裂、国民党内部党争带来的严重后果深表不满，他说：

> 党争异代有东林，摇笔警看壁垒森。青史千秋自功罪，西风一瞥各晴阴。怜渠豚犬依人态，凄绝婵娟去国心。回首屠门鱼肉尽，可教草草又刀砧。②

---

① 《丽白楼遗集》（上卷），第75页。
② 《丽白楼遗集》（上卷），第99页。

在这一组诗中,他还写道:"犹有书生孤愤在,独携泪眼看黄花。""蒋山白日销磨尽,大错真成铸六州。"1929年11月20日,林庚白在南京题诗《南来一首寄亚子》:"强仕两年成惆怅,惊才四海入呻吟。"1929年12月7日,南京,林庚白题诗《矛盾一首寄亚子》:"此心矛盾久相攻,恶暗虑明念未穷。"1929年11月26日,他在南京题诗《金陵》道:

终古金陵是帝都,尚留余气毒吾徒。鸠人奢靡陈隋甚,易地晏安魏晋无。令格远邮称一统,邦居奇货纵群胡。青天白日凄迷在,忍泪山邱惜此庐。①

国民政府首都南京,依然弥漫着称帝称王的余毒,达官贵人们奢靡无度,远甚于陈后主隋炀帝之流,在他眼里,"青天白日",竟是一派凄迷景象,令人泪目。

林庚白在诗文中毫无顾忌地抒发了对时局的不满,面对纷繁残酷的党争,他心情矛盾沉重,但热情有余的性情,终究让他无法忘情世事,脱身于政局之外。1931年3月2日,林庚白辞去南京市政府参事职。3月15日,他替时任国民政府委员兼立法委员的吴铁城起草《警监组织法》。是年8月,吴铁城出任国民政府警察总监兼侨务委员会委员长。

1931年四五月间,因孩子生病,林庚白赶赴北平看护,他

---

① 《丽白楼遗集》(上卷),第108页。

在4月21日有诗《废历上巳湘蘅、释龛诸君招同十刹海酒楼禊集余以病未赴分韵得方字》，云"五年梦冷宣南客"，从1927年起，他生活的主要空间已经是南京、上海，而不是北平。孩子病愈后，林庚白南下，定居上海。

1931年"九·一八"事变，东三省被日本把持，郑孝胥鼓动溥仪在东北成立"满洲国"，林庚白不耻于郑孝胥的所作所为，写诗指斥郑附逆变节，与郑割袍断义。他以诗笔作武器，抨击张学良东北军的无能和当局的不抵抗。在《书事》中，林庚白写道："开关延敌夜仓皇，怯战真疑国已亡！印度后尘'无抵抗'，张家兵马在辽阳。"他题写白话新诗《别忘了"九一八"》：

> 别忘了"九一八"，"九一八"的日本兵。
> 黑夜里打进了满洲城。
> 我们的将军很高兴地仍旧在北平。
> ……①

1931年12月6日，他题诗《梦春日与亚子游，醒而有感》，痛斥"外交系串通卖国"，指责外交系"媚敌群儿只自容"，痛心疾首道："山河寸寸伤心地，长恐优游是梦中。"

烽火连天之际，"将军湖畔正逍遥"。林庚白对此愤怒无比，

---

① 《丽白楼遗集》（上卷），第167页。

《诸将拟杜》讥讽张学良为首的东北军将领：

> 辽东一失万余里，直北相惊千百家。弃职犹能逃斧钺，收边所望起龙蛇。新居海峤看骑鹤，故国江山误浣纱。气短开关延敌夜，兴亡只付后庭花。①

人到中年，山河破碎，林庚白对中国前途忧虑满怀，自道"海样烦忧刻骨深"。面对如此灰色的中年，林庚白在南京、在上海，希图寻找到能够理解他的志同道合的革命伴侣，希图有红颜知己慰藉他痛苦落寞的心绪，但事与愿违，此处先按下不表。好在还有诗歌，让林庚白消遣难熬的时日。

1932年1月28日，淞沪抗战爆发。日军侵犯上海，十九路军等中国军队奋起反抗。日军炮火炸毁上海商务印书馆，许多珍贵的书籍化成灰烬，国民政府临时迁都洛阳。林庚白题诗《沪居书中日战事所感》：

> 炮火侵宵闸北焚，吴淞氛祲莽连云。引狼今日将谁罪？为蜮群儿未可云。册载炎黄图籍尽，两洲欧美羽书纷。儒酸慷慨曾何补，喋血终惭十一军。

> 狼狈千官走洛阳，蒙尘党国亦堪伤。将军助敌援兵绝，处士趋时横议狂。岂谓蓬蒿终作柱，故知燕雀尚嬉堂。南

---

① 《丽白楼遗集》（上卷），第244页。

都一部伤心史,欲乞江流被不祥。①

1932年8月21日,林庚白在南京作诗《题三十六岁小影》二首:

> 党籍当时早唼名,投荒出塞几纵横?亲知执手惊年少,赚得朱颜百不成。
> 少年出入念兵间,哀乐中年了不关。犹有雄心调病马,且揩泪眼看残山。②

内有党争、外有日寇,国势飘摇,林庚白聊借诗歌排遣他的忧怀,但他并没有消沉,而是依然活跃于政坛,为中国赢得光明的未来而殚精竭虑。

(二)奋起

1931年四五月后,林庚白主要定居在上海。1932年1月15日,林庚白移居上海霞飞坊(今上海淮海中路927弄)33号,他有诗歌《一月十五日移居霞飞坊作》云:

---

① 《丽白楼遗集》(上卷),第171页。
② 《丽白楼遗集》(上卷),第82页。

四年逆旅作家居，今向淞滨赁此庐。逸豫终为吾族惧，艰贞未信一身孤。行看世乱金同尽，坐叹劳民党亦狙。风物当前成异国，末流质胜已区区。①

在霞飞坊，谢冰莹租住在他的楼下，章依萍约他写稿，他经常参加章衣萍等人组织的"文艺春秋会"沙龙。在上海，他以著述讲学为生。他与柳亚子、谢冰莹、郁达夫等人过从甚密，并于1932年多次参加左翼文人组织的"文艺茶话会"活动。他因为恋爱而离婚，离婚后恋爱又无果，这令他产生极大的挫败感。他于是撰写《恋爱论》《爱的剩余价值》《整整的三年》以及《芙先生的一封情书》等。在1933年9月至11月间，林庚白创办《长风》半月刊，出版四期，刊出自己这一时期所撰的诗文数十篇。

《长风》半月刊

---

① 《丽白楼遗集》（上卷），第171页。

1932年11月起，林庚白应上海《晨报》约请，先后撰写《孑楼随笔》《孑楼诗词话》《庚甲散记》等，供该报连载，直到1934年8月才全部连载结束。《孑楼随笔》《孑楼诗词话》《庚甲散记》为清末民初的中国文坛、政界、社会留存下许多珍贵的史料。

1932年11月，章衣萍约请林庚白撰写自传，林庚白在自传中详细平实地回顾了自己的家世，自己如何从"神童"到"京城小名士"及"少年头颅挂党籍"的传奇行迹。一方面，他津津乐道自己投身其中的国民党之革命历史；另一方面，他又痛切地反省国民党主导的革命前途之迷茫。1932年12月8日，他还应友人之邀请，到上海持志大学演讲《诗词的时代性与社会性》，明确阐述了他的文艺观念和对白话语体诗语言艺术的讲究。

在著述、演讲、办刊、会友中，林庚白开始走出"革命""恋爱"双失败的人生低谷期。1933年3月底4月初，林庚白有诗《晚归二首》，其二云："不惊年少去如风，意态中年镇自雄。墙角绿荫遮不住，晚来珍惜数株红。"从诗歌可以看出，他那灰色的中年已成历史，他又开始顾盼自雄、意气风发了。

但是，因为林庚白与在上海的左翼文人交往频繁，有人在小报《社会新闻》上说他"向左联纳降"。为了政治和人身的安全，1933年7月，他写了《关于我和文艺春秋会》与《林庚白启示》两则声明，他说：

我从不愿意参加任何团体，因此也从不是任何团体的会员。至于我和文艺春秋会的关系，那只为了一些友谊而被邀请去的，恰和柳亚子先生一样。文艺春秋会里面，常有我们的稿，也由于同一原因。还有就是我知道文艺春秋会并没有政治的背景，才肯去玩玩的，这尤其应当声明！末了我老实说一句话，我生平瞧不起任何人，谁配来领导我？关于革命的理论，除却马克思、列宁复生，我不受任何人的领导。关于文艺方面，便是高尔基要来领导，我也认为不配。旁的些浅薄东西，自不必说。①

第一，我的思想和人格，都自有其立场，如"日月经天"、"江河泄地"，决非你这小子所能够诬蔑，而且我过去对于革命和党的历史以及关系，现政府和党的干部同志，谁都清楚，只有你这投降的小子，才不知道。第二，说我向左联纳降，尤其可笑。我老早说过，就是高尔基要来领导我，我都认为不配。我有我的自尊心和自信力，在思想方面，不但瞧不起浅薄浮嚣的人们，连那些"左倾机会主义者"的言动，我也觉得玷辱了思想界，挽杨杏佛诗是一例证。②

1933年6月18日，社会上传说丁玲被捕后已被杀害。林庚白题诗《哀蒋炜文》，其文道："蒋炜文者，世所称丁玲女士

---

① 《丽白楼遗集》（下卷），第835页。
② 《丽白楼遗集》（下卷），第835—836页。

也。旧除夕于达夫座上与别,无何竟以死耗闻。炜文故为共产党人胡也频之妻,也频殁,益趋左倾,擅今体散文及小说。昵少年冯达亦惨死,诗以哀之。"① 同一天,中国民权保障同盟总干事杨杏佛被暗杀。林庚白在次日雨中题诗二首,一即《杨杏佛挽诗》,一为《子楼坐雨》,抄录如下:

机数年时擅,何曾误左倾。六州同铸错,一击竟成名。舐犊情犹挚,离鸾意未平。栖惶哀逝者,胆落几书生?!②

又及枇杷上市时,小楼长日雨如丝。忍看溃晦人间世,几换沧桑劫后棋。花影窥帘怜许瘦,歌声入破赴深悲。身悬据乱殷忧际,那更天涯一念痴!③

这时期,国民党上海党部、浙江党部等对左倾人士或有亲共嫌疑者狠下杀手,丁玲死讯的误传和杨杏佛被暗杀,令林庚白感到所处的政治环境非常混乱恶劣。

当局者的倒行逆施引发了内部的分裂。1933年11月20日,陈铭枢、蒋光鼐、李济深等凭借十九路军的实力,在福建福州召开"人民代表大会",成立"中华共和国人民革命政府",以"打倒独裁、取消党治、反对外交、联络共军"为口号,欲

---

① 《丽白楼文集》(上卷),第233页。
② 《丽白楼遗集》(上卷),第233页。
③ 《丽白楼遗集》(上卷),第233—234页。

和蒋介石决裂。蒋介石派中央军入闽弹压，1934年1月13日，福州"人民革命政府"被蒋中央军消灭，仅存五十三天。陈铭枢、李济深等与林庚白交情甚深。日寇侵华，外患正深，国民党不断内讧，林庚白对此深感失望和不满。

1934年9月5日，林庚白三十八岁，当选立法院第四届立法委员。1934年12月12日，林庚白迁居辣斐德路（今上海复兴中路）1271号，他把自己的新居命名为"双梧书屋"。

1936年3月至4月，林庚白南下汕头、广州、香港等地。此次南行，是时局愈加不堪所致。在林庚白眼里，国民党当局陷入内忧外患，"党已难言焉用治"，日寇全面侵华在即，《书日本政变》云："佳兵少壮行将及，竭泽劳农有不平。横决非徒邻国祸，狂流东海恐先倾。"林庚白南下广东、香港，缅怀辛亥革命志士，会晤二十多年前一起参加民主共和革命事业的同志，也有团结同人、共济时艰的愿望。他乘船经过汕头，有诗歌缅怀邓铿。抵达汕头后，他和友人到中山公园怀念孙中山。在广州，他会晤了胡汉民、刘芦隐、叶竞生、陈融、李晓生等当年一起追随孙中山革命者，这些人在孙中山病逝后，与蒋介石派相乖离。南行期间，林庚白留下不少诗歌，其中《瀚湘、绍圣招游观音山中山纪念塔》，颇能反映他此番南行的心志：

一塔殊峨峨，撑空势突兀。川岳郁奇气，俯视雄百粤。远招国父魂，岂必钟山穴。微言犹在兹，大盗恣篡窃。党敝寇所乘，狐鼠竞出没。巧宦皆弹冠，志士空埋骨。孰与辨忠奸，惟闻腾口说。吁嗟少正卯，乱政今为烈。我来木棉红，广州春三月。高下千万家，望中若列笏。发临悒幽赏，兵气送眼缬。安得驱东夷，踏破轮蹄铁。①

林庚白认为，国民党自身的党敝，才给日寇侵华可乘之机，当局者篡改了孙中山革命的宗旨，如今当道者皆"大盗"和"巧宦"。他希望广州这块革命的土地能够重新成为驱赶日寇的先锋。

在广州，林庚白既有美好的叙旧，又有无限的感伤，他说"别久弥怜吾党敝，寇深仅保一隅嬉"。在《示海滨》中，他写道：

故人道我犹年少，美我当时善属文。幕府能无桑海感，廿年痛定欲何云。②

回想二十多年前，自己年方十六，已追随孙中山革命，是何等少年意气、挥斥方遒啊！如今，时过境迁，面对国民党的党国之敝，他只有痛定思痛的无奈和愤懑，愤然道"中原有盗党无魁"。

即便如此，面对日寇入侵，林庚白依然希望此番南行，能够振作起曾经的革命战友共同御敌的决心，他在诗歌《尚有》中写道："尚有幽并气，能潜是自强。终当为众奋，岂独以诗

---

① 《丽白楼遗集》（上卷），第 299 页。
② 《丽白楼遗集》（上卷），第 294 页。

昌。"他说，自己怎么可以仅仅做个诗人呢？他希望南来广州，振奋起同道友人共济时艰的信心和决心。他说，我来广州，不仅仅是为了清明时节缅怀故交旧友，"等闲誓墓非吾意"，而是"犹有雄心调病马（借韬庵句），可能揽辔看澄清"！这些诗句，可以看出林庚白不减英雄豪迈之情怀。

1936年，林庚白四十虚岁生日之时，他回首来路，反思过往，决心在内忧外患的时局中奋起作为，与同道友人共克时艰。生日当天，他题诗《丙子闰三月二十生辰感怀》四首，颇能反映他的性情和心志：

三十人间世（"三十年为一世"见佛经），蹉跎况四旬。习奢生事苦，俗薄性情真。竟坐微名累，差赢小友亲。机心非不办，直谅矢吾身。

举国成矛盾，谁能积重删。半沦夷狄属，长是甲兵间。物欲希欧美，人情貌孔颜。邦新终有待，只恐鬓先斑。

四海朋交遍，相知复几俦。艰危怜党散，逸豫叹民偷。岂遂卑吾论，惟当谢浊流。群公方衮衮，敌骑出幽州。

犹有东方意，中年便积哀。童心还自励，朝气未全灰。把臂思红拂，求容耻郭隗。会须张一帜，随世定非才。①

1936年夏秋间，林庚白经南京游访庐山、苏州、无锡、汉

---

① 《丽白楼遗集》（上卷），第303页。

口，再入广州，他题写了《武汉至广州道中》诗歌十首，其二云："恩怨贪嗔极世情，忍从北伐说功成？消沉儿女英雄尽，一碧东湖水自清。"这首诗反映了他对北伐后国民党内部党争不断、国共分裂造成的社会现实非常失望，但在纷繁污浊的政治泥淖中，他清直自守，仍然坚信自己可以为反对独裁政治和抵抗外侮奉献心力才智。《旧历重阳广九火车中》写道："信美山川谁是主，方张寇盗国无人。多歧却壮孤行意，晚出能坚不朽身。临水翩然吾未老，妄携余智斗赢秦。"

1936年夏林庚白在广州游历

从"九一八"事变后,至"七七事变"全面抗战爆发之前,林庚白一直坚持反对蒋介石当局的独裁统治,同情并帮助共产党,想方设法营救了众多被国民党当局搜捕入狱的革命者,竭力呼吁国民党当局坚定全民族抗日的决心和信心。所有这些,都是他早年追随孙中山革命之斗志和热情的延续。

1932年4月,国民政府在洛阳举行除中共外各党派参加的"御侮自强"国难会议,林庚白也应邀参会,竭力主战。会议从4月6日开到4月12日,胡适等人依然提出实行民主政治、开放政权的建议,遭到蒋廷黻等人的反驳。国民党人张继打圆场,称"国民应一致帮助本党完成革命使命,同时督促政府,切实实行地方自治,以树宪政基础"。会议通过了十一条军制改革的议案,包括整治军纪、航空救国、应付国难计划等,通过了《移民垦殖案》,提出向东北、西北、西康等地移民垦殖,以巩固国防,决议"凡侵害国家政治独立及领土与行政完整之敌人,政府应用武力与外交抵抗到底,有违上述宗旨之条约,概不得签订",号召"全国人民,不分党派阶级,概应尽最大力量,赞助政府,共同御侮"。林庚白在会上要求减刑释放政治犯的提案被大会通过,这为此后中共开展大规模营救被捕入狱的革命者提供了法律依据。中共高级女特工黄慕兰在其自传中回忆道:

> 柳亚子和林庚白都是国民党的左派,柳亚子比林庚白大十岁,林庚白又比我大十岁,我们之间竟结成了忘年之交。……

林庚白是国民政府的立法委员,曾担任过非常国会秘书长和众议院议员,他和柳亚子都是著名的南社诗人。……"九一八"事变后,……许多爱国人士因从事抗日活动被当做政治犯遭到迫害。营救政治犯,不仅我党在进行,而且广泛地获得国民党左派和爱国人士的同情和支持。在国民政府召开的国难会议上,林庚白联合了倾向于孙中山"联俄、联共、扶助农工"三大政策的国民党元老和"五院"院长孙科、张知本、于右任、覃振等,签名通过一个提案,主张"如今国难严重,为爱护人才起见,凡在监的政治犯已被判刑者,如果表现好,可予以减刑三分之一,交保释放……"他还在会上与蒋介石"攘外必先安内"的谬论争锋相对,大胆直言:国共两党是兄弟阋于墙,应共同外御其侮!他的提案被国难会议通过以后,得到部分的实施。例如,1926年和我同时被派赴苏联学习的袁溥之,1928年回国后即被捕了,判刑八年,但到1933年刑期未满就被交保释放了。龙华狱中有些同志,也有受惠于林庚白的那个提案而得以提前释放的。这就是党外爱国进步人士对我们的正义支持![1]

1932年12月29日,中国共产党团结国民党左派宋庆龄以及各界名流如鲁迅等,在上海发起成立了中国民权保障同盟,

---

[1] 黄慕兰著:《黄慕兰自传》,中国大百科全书出版社,2012年,第148页。

宋庆龄任主席，蔡元培任总干事，杨杏佛任秘书长。同盟旨在通过组织各种活动，发表言论，反对国民党当局的专制统治，以争取民众的权利，特别是开展争取政治犯的权利和公民政治权利的斗争。同时，团结各界抵抗日本侵华，也是同盟的一大目标。作为追随孙中山革命的资深国民党左派之重要成员，林庚白参与了宋庆龄为首的该同盟的活动，为帮助营救陈赓、廖承志等众多中共被捕的同志出谋划策，做出了重要贡献。这些贡献见诸黄慕兰的自传中，摘引如下：

> 1932年，宋庆龄又在上海组织了中国民权保障同盟，何香凝、柳亚子、林庚白、杨杏佛等反对蒋介石独裁统治的著名爱国民主人士都积极参加。"同盟"曾公开发表宣言，反对南京政府乱抓乱杀共产党人和爱国进步人士，并积极地公开营救被捕的政治犯。[①]

> 我在杭州期间，虽然不能公开出面从事营救工作，却始终遵照周恩来同志当初的指示，一直通过陈志皋的关系，在幕后参加策划各方面的营救活动。……例如营救陈赓同志及廖承志同志，都是我和他在幕后策划，委托吴凯声去办的。至于请宋庆龄、何香凝、沈钧儒、柳亚子、林庚白、杨志豪、周孝庵等名人出面，更是名正言顺了。[②]

---

① 《黄慕兰自传》，第163页。
② 《黄慕兰自传》，第131页。

陈志皋刚刚从青岛开完全国律师协会第五届代表大会回来，他告诉我，自从林庚白在国难会议上要求减刑释放政治犯的提案通过后，有很多被捕者可以交保释放了。①

当年与志皋过从密切的知音，是南社名诗人林庚白先生。1933年，志皋起草冤狱赔偿法草案时，曾请柳亚子、林庚白先生和刘伯垂同志审阅，未改动一字。庚白有奇才，既能纵横游说，语惊四座，又富有远见卓识。他曾以《左传》"曹刿论战"中鲁国公说及"小大之狱虽不能察，必以情，曹刿对曰，忠之属也，可以一战"为据，说明"九一八"事变之后，国难深重，恤囚减刑是仁政，是鼓励士气，亦是爱惜人才。他指出，党派之争，古已有之。在减刑三分之一的奇计实施后，他又献一计，建议成立三民主义思想反省院，将在押的政治犯中无口供、无证据者，移反省院，进行所谓"三民主义感化教育"。他的建议居然又获通过。这样可使在押的人员第一步先获得生活待遇的改善，又可以与家属通信；第二步再进行个别疏通，由知名人士出面保释。国民党中央批准在北平、苏州两地建立反省院。但国民政府司法部对于被释放者，加上一项法律手续形式，即要在释放书上签名盖章，其中有"外出不得从事于颠覆

---

① 《黄慕兰自传》，第136页。

中华民国的罪恶活动"一句。此非庚白先生的主意,亚子、庚白两位向我们作了解释,说无口供、无证据而判刑,即系冤狱。如嫌疑犯中的中共党员无口供、无证据,即已证明未暴露身份,未投降,未叛变。这是有档案可查的。叛徒已经有口供,无资格进反省院,亦无需营救。庚白更慷慨激昂地说:"我们是道义之友,主动设计,不为名,不为利,问心无愧。"我党中央也认为这是行得通的特殊营救的妙计策略。在华北岌岌可危之时,如果我们不积极营救在狱中的同志,北平沦陷了,就难以抢救了。中央同意请知名人士担保,办理保释手续。

1936年冬,为了报答柳亚子、林庚白支援我们的特殊营救任务的高尚友谊,志皋奔走疏通,争取正确评价南社。其时,上海通过社会局长吴开先,南京通过李焕之去游说,终于争取到了南社正式复社。①

---

① 《黄慕兰自传》,第152—154页。

五　坚决主战（1937—1941）

（一）《抗日罪言》

1936年9月5日，林庚白出任立法院第四届立法委员。中日战事日趋激烈之际，林庚白呼吁国府坚定抗日，反对绥靖妥协。1937年7月7日"卢沟桥事变"，全面抗战爆发。林庚白立即迁居南京，以示与当局同进退共患难的决心。不久，日军再次侵犯上海，"八·一三"淞沪战争爆发，林庚白在战争爆发的一个月内，用四周时间，撰写了《抗日罪言》一文，呼吁国民党团结一致，抗战到底。他分析了日本因自身政治、社会与经济的原因而觊觎侵略中国，认定中日之间已无调和的余地，他指出：

> 故日本帝国主义之组织，一日不变更，则日本之必不

肯放弃其吞并中国之企图，日本真正的民意，自无从呈现，情也亦势也。于此而犹冀中、日妥协，何异于谈《孝经》以却黄巾，是直天下之至呆者矣。……吾人既主张彻底抗战，愿全国人士，同此认识从而引申之，倡导之，庶几中华民族最后之一滴血，不轻于牺牲，愚将馨香以求之！①

他在文章中指出日本的四大错误和三方面的失败，以及中国的十二个必要的注意。他说：

> 自平、津形成日本帝国主义者事实上的军事根据地，抗战空气，随敌焰而高。在中央政府和最高领袖的领导之下，我们早就相信中、日的和平，走进最后的阶段了，上海的战争爆发后，这个最后的阶段，更到了尽头。……日本帝国主义者外强中干的裂痕恰于上海的战争暴露了出来，也正为了这个，我们应当以最终的决心和努力，彻底抗战，并宣布断绝国交，那末最有利的前途，一定在中国而不在日本。②

当中日战争全面爆发之际，中日各方实力相差甚大，日本扬言三个月至半年即可灭亡中国，中国各界也弥漫着悲观情绪，在此紧要关头，林庚白撰写并自费刊印、广为散发此文，旨在

---

① 《丽白楼遗集》（下卷），第963—964页。
② 《丽白楼遗集》（下卷），第964页。

鼓舞中国各界的抗战士气，"抗战一天胜利一天！天天战败，也就是胜"！如此决绝的宣言，正是他坚定抗战的意志体现。他纵论国际形势，敏锐地指出国难当头，中国政府与苏联政府一定需要走向联盟：

> 我相信彻底抗战到了相当的期间，苏联自然而然地会参加联合的战线，因为中国战胜，苏联的出兵，固然可以坐收渔人之利；如果战败，为了唇亡齿寒的关系苏联更不能不奋起为中国后盾，也就是为自卫。否则日、德夹攻中的苏联，岂有幸免的可能。同时我更相信，中国如能利用战事的相持，亟与苏联缔结远东的军事协定，于彼此尤其有益。……英、美对华，只要保持市场的地位，并无其他企图。德、意在远东，更没有直接的利害关系。……假使不是与自身的直接利害发生冲突，而且万不可避免诉诸武力时，任何一国，都担忧着牵一发而动全身。在相互的掣肘中，谁也不肯轻易越出自己的军事围墙外，向别个和自己国力相等的国家挑战起来，这也是铁一般的事实。何况美国的远东门户开放政策，和英国传统的外交政策，都是以避免武力为原则。……彻底抗战中，我们要防范着一般的"准汉奸"和"日本通"，在都市的金融资本家以及那些不成其为工业资本的殖民地资本势力掩护之下，直接或间

接鼓吹和平。①

全面抗战爆发后,林庚白对当局指出中国必须注意安顿好十二个方面的问题:

> 第一是人民的失业应如何补救?
> 第二是一般的生活,应如何安定?
> 第三是汉奸的叛逆,应如何肃清?
> 第四是生产应如何调整?
> 第五是交通应如何持续?
> 第六是建设应如何策进?
> 第七是应如何运用民众?
> 第八是应如何领导青年?
> 第九是应如何统制言论?
> 第十是应如何使地方的力量发展?
> 第十一是应如何使敌人的给养断绝?
> 第十二是应如何使国际的宣传有利?②

林庚白提出的这十二个问题,关乎能否确保全面抗战胜利最基础的方方面面。他指出:

---

① 《丽白楼遗集》(下卷),第 966—968 页。
② 《丽白楼遗集》(下卷),第 970—971 页。

很多的中国人，都具有共通的矛盾，那就是抗日的情绪和恐日的心理，同时存在。……无论是属于人民的失业方面，或者一般的生活不安定方面，都含有制造汉奸的危险性。……而历来主和派之占优势以及"准汉奸"和"日本通"的活动，皆为产生汉奸直接或间接之根源。因此我希望，从今天起，中国上下，都要努力于肃清"准汉奸"和"日本通"，这是肃清汉奸最根本的办法，也是初步的办法。至于主和派应当改变其恐日的心理，急起直追，以求自赎于人民。我们要知道，当民族国家危急存亡之秋，爱国与误国，用心原殊，而误国与报国，转念甚易，这是我愿竭其愚悫之诚，正告于历来主和的朋友们！更希望中央政府和地方政府，对于人民的失业以及一般生活不安定的动机，尽量设法消弭。如利用失业的民众，分配于前方或后方的工作，以及严厉取缔物价的抬高，都很必要的。……我认为应于国防和人民生活共同的必要上，为调整生产，持续交通，策进建设的种种设计，这里面也有个原则，应注意于发展农村，而中止都市不必要的建设以及虽属重要、而效率较缓、或者徒为点缀的建设。同时生产方面，如重工业以及"食""衣"的供给，交通方面，如"行"的需要，犹须注意。总括一句话，应当从都市和农村的生产合一，更应当使农村的生产，能适应于国防及人民生活所需。……我们应当使民众和青年以及国内的言论界，成为三位一体，而集中于与武力结合的基础上。自其个别而言，我们应当开放民众的组织，并助长一般的民众和青年，以及言论界抗日的情绪。……在这里最重要的工作，是消灭恐日的空气。这在积极方面，政府应强化各党派的联合，而纳于整个的系统中，使其组织民众和青年；……至于言论的统制，比较不成问题，但也还有些新闻纸，有形或无形之中，有了过于忠实的报道，或者有意或无意之中，不改其主和的论调，而发为似是而非的言论，影响于前方的战事。我以为有一于此，都要取缔的。因为中国的眼面前，恐日病依然为抗日的一暗礁，破除犹恐其不及，况于制造此等的空气。

关于第十点，也很重要。中国自来，有一流弊，中央与地方，相互牵制，相互推诿，积重难返，于今为烈。实则中国各地方，贫富虽有不齐，而面积之广，人口之众，至少都已及日本之半，我们应当利用这战时，使每一个地方，都成为抗日的一单位，那末中国本部的二十二行省，就是抗日的二十二个单位（已失的省份，应包括在内）。在中央的领导之下，共同努力，这是各省的当局，要负起责任来的重要一件事。而且战时国家税减少，新型都市，濒于破产，这也正是中央领导各地方，为种种的设计，以发展每一个地方的力量之时。……我们很可以利用农村的发展，来替代殖民地资本化了的新型都市，其办法也别待叙述。

关于第十一点，我们常常看到，古今劳师袭远的国家或个人势力，因给养被敌人断绝而挫败。那末这次日本帝国主义的进攻华北和上海，其在华北方面，它们有了东北四省和平、津为根据地，断绝它们的给养，比较不易，但上海方面，海运以及租界的接济，都还可以设法破坏，假使我们有计划，这断绝敌人给养的成功，也未始不可能。此外对于敌军的分化，也不妨计划及之。

关于第十二点，自从苏联参加国际联盟后，在国际宣传上，日本已显然失败，铲除赤化的口号，早不足以转移欧、美资本主义各国的视听。……在这里，我们要认定，所谓国际的同情是建筑于势力和利害的条件上。欧、美帝国主义者对于远东的利害，远不及其在欧洲之重要与迫切。那末中、日之间，只有势力的消长，决定了它们同情的强弱，这是中国方面应有的认识。至少在战争发动以前，它们也和日本的军阀以及中国的恐日病犯者，同样错误，以为中国必不敌日本。但自中、日战争相持后，它们的态度渐已变更，我敢断言，中、日的战争，只要能持续一天，就是中国的势力突进一天，同时也就是日本的势力削弱一天，换一句话，很可以说，中国在一天的抗战中，国际的宣传，也一天的有利于我，而且我们更要确信，战争一天延长，中国一天胜利，即使天天在战败，也等于天天获得胜利。……我们这样的自信，一定会成为国际间的共信，"事实是最大的雄辩"，我们不要放弃了必胜的机会啊！最后我更进一步而重复的主张断绝中、日国交！①

我们不厌其烦地引述林庚白的《抗日罪言》，是因为惟有如此，才能看出林庚白不同于流俗的敏锐眼光和国际格局。在第二次淞沪会战爆发后的一个月内，即1937年的8月中旬到9月中旬，四周之内，他就出此振聋发聩的弘文，对提振国民党人和全国的抗战之自信，起了积极的鼓舞和指导的作用。事实上，当时国民党当局中主和派是占上风的，正是针对此种情形，林庚白非常清醒地指出中日间绝无和谈之可能，并再三呼吁当局与日本绝交，以赢得抗日的主动权。

直到1938年1月18日，蒋介石政府退无可退、忍无可忍，才在重庆发表声明："日本不顾一切，调遣大批陆海空军攻击中国领土和人民，中国迫不得已起而自卫，抵抗侵略，抵抗暴力。……中国政府于任何情况之下，必竭全力以维持中国领土主权与行政之完整。任何恢复和平办法，如不以此原则为基础，绝非中国所能忍受。同时，在日军占领区域内，如有任何非法组织潜窃政权者，不论对内对外，当然绝对无效。"两天后，即1938年1月20日，中国驻日大使许世英离开日本；八天后，日本驻华大使川樾茂宣布离任，中、日两国就以这种方式断交。而这是在林庚白力主中日断交三四个月后才实际做到，足见林庚白的先见之明。

---

① 《丽白楼遗集》（下卷），第971—975页。

（二）主动西迁

为了表明自己坚定的抗日决心，林庚白偕新婚妻子林北丽从上海移居南京，以示与国府共患难。他在《旅次书怀》中写道：

> 摇落江山尚此楼，寇深岂暇为身谋。一官旅退成何事，举国军需保敛州。起卧更番亲病频（余与北丽先后小病），去来百感据心头。未应负却平倭手，只共京华汗漫游。①

林庚白不仅用文笔呼吁坚定抗战，而且以身率众，与民同难。林北丽回忆道：

> 不久国民政府决定西迁，许多官员纷纷准备撤退。庚白说，如果和政府高级官员同时撤退（当时庚白是立法委员），交通工具和生活肯定比较方便和优越，但他希望坚持到最后和普通平民百姓同时撤退，亲身体会这个大时代的战争生活，与人民同甘共苦，这样会更有利于他的创作。但考虑到我过去的生活环境不知我能否适应，当时我坚决表示愿意和他共患难。于是我俩在南京一直坚持到官吏都

---

① 《丽白楼遗集》（上卷），第403页。

走光了，我们住宿的首都饭店也要关闭时，才挤乘火车离开，途中生活困苦不堪，庚白心情激荡，奋笔写诗，记录了我俩西迁途中的种种遭遇。①

因为坚持到南京沦陷的前夕才离开，林庚白、林北丽夫妇已经等不到任何客车，只好丢弃了随身诸多的行李，挤搭某航空队的专列，从南京经徐州、郑州，颠沛迁回二十多天，才在1938年1月30日即农历大年三十那天抵达汉口。林北丽对这一路的情形回忆道：

> 火车的第一段行程是走津浦路，敌机的轰炸始终跟随着我们。火车常常在开了一站以后，为避免敌机的缘故而退行两站，在这样的速度下，我们从南京到徐州走了整整的一个星期。这一个星期中，我们车上没有饭车，只好以烧鸡充饥，豆浆解渴。因为是空手就道的，所以只好挨冻。……到徐州后，我们希望能乘到客车，所以中途和航空队分了手，……我和庚白在徐州中国旅行社住了三天，三个晚上都在车站上候车，直到第四夜才赶上了陇汉路客车，买了头等票，挤入二等车，程序在我们社会里，本来就没有形成，况那真是非常时期呢？只好恨自己无力拥挤罢了。我们又坐了十天车才到郑州，在郑州的街头奔波了一夜，还

---

① 林北丽：《林北丽诗文集》，京社，2005年，第154页。

是没有找到有空额的旅店，第二天在一家福建馆子吃鱼丸，买水洗脸，却又碰到了贼机滥炸郑州。四周的房子都遭了劫毁，郑州搅得血肉横飞，而我们竟幸运地逃出了死神之手。那夜黄昏，仗着某银行协理的力量，买到了两张平汉路的客车票，坐着这一次的头等车，我感到了从来没有过的舒适和满足。到汉口，恰是廿六年的大除夕，① 霓虹灯照着汉口的街道，各处爆竹连天，几乎使我忘记了我们是为什么到汉口的。②

在汉口四个月左右，林庚白撰写并自费刊发了《国民党站起来》一书，呼吁国民党振作精神，坚决抗战，不可畏惧日本并与日本媾和，林庚白用大量的诗歌记录了离开南京，在烽火连天中颠沛到武汉的所见所闻、所思所虑。在离开南京前，他有诗《此局》道：

> 此局宜从焦烂看，不然战守两俱难。徘徊自古多歧路，牵率只今岂一端。断腕吾终思壮士，要钱可但是文官。世

---

① 廿六年的大除夕即1938年1月30日。周永珍编《林庚白年表》在一九三八（民国二十七年戊寅）后系年"一月五日，应田汉之邀自武汉赴长沙，拟参加文化活动，不果，复返武汉"。这里的"一月五日"应为农历，公历当是1938年2月4日，即农历正月初五。否则，与林北丽回忆"廿六年的大除夕"（1938年1月30日）才抵达汉口有冲突。
② 林北丽：《林北丽诗文集》，第104—105页。

成据乱标忠信，南渡江山负岳韩！①

他认定中国迎战日本，必须做好焦土烂地、破釜沉舟的准备，首鼠两端，会致战守两不利。为了表达自己坚定的抗战决心，他不惜携手新婚的娇妻坚守南京到最后时刻，亲历战乱之境，以期能够写出足以作"信史"看待的真实的诗文。我们摘录他从徐州到武汉的诗歌数首如下，可观他在颠沛困顿中依然对抗战胜利充满信心的乐观精神：

蚌埠夜发

月色钟声带晓霜，朔风猎猎树苍苍。一车数十流离客，四省经过战伐场。渐北寒深民更苦，自东海沸寇方张。古来绝续颠危际，气作山河有不亡。②

到徐州

夜深灯火到徐州，一路寒风乱打头。手脚全僵肠自热，要凭朝气镇横流。道途行李阻兵烽，单薄秋衣直到冬。去向彭城揽陈迹，废兴刘项意重重。③

---

① 《丽白楼遗集》（上卷），第407页。
② 《丽白楼遗集》（上卷），第408页。
③ 《丽白楼遗集》（上卷），第408—409页。

西迁感怀（四首选二首）

漂泊千官似转蓬，争舟在邶异而同。文书乱叠江流急，行李成堆廨宇空。昨夜三军过道左，群胡隔岸看华东。成渝武汉西迁地，穷变终堪一角雄。

死守能终势可回，东南士气未全灰。迁京胜算巴黎在，卷土雄师建业来。左股蓬莱惊首鼠，上游鹦鹉戏楼台。分明坚壁沉舟决，斗志犹为众所猜。①

夜至汉口觅旅馆不得

灯光如雪夜寒轻，南北东西澈晓行。狼狈街头人又满，彷徨旅次路将明。择栖好是南枝发，转绿徐看暖意生。汉水含情还语客，风霜终不变春荣。②

渡江至武昌

滔滔江汉去何之，十载升沉北伐旗。曾见中兴馀此水，尚思左顾用西夷。蛇山落日潮初上，牛渚扬波岸几移。三户亡秦终可待，未须更续永嘉悲。③

---

① 《丽白楼遗集》（上卷），第 409 页。
② 《丽白楼遗集》（上卷），第 411 页。
③ 《丽白楼遗集》（上卷），第 412 页。

林庚白始终持守孙中山"联共""容共"的主张，他认定国民党只要团结共产党，联合抗日，中国必不亡于日寇之手。1938年2月4日，他应田汉的邀请，短暂去了一趟长沙，与左翼文化界名流相会，共谋抗日事宜。

林庚白、林北丽在武汉大约待了四个月左右。战时武汉的生活对他俩而言，异常艰苦。在武汉，他们两人参与不了任何正式的工作，自然也无生活的来源，林北丽写道：

> 庚白还是没有职务的陷于休息状态，我也终日闲着一双手和他共过着旅客生涯。立法院在停会期间的薪水，已经在疏散时预发给大家做西迁的旅费了。我们预支的三个月薪水早就不敷这一趟西行旅费的支出，而所有的行李又在离开南京时丢弃给鬼子了。我们到汉口，恰是严冬，于是大衣、棉被又不能随行添置，我们自己阶级的颜面决不能让抗战来即刻抗掉，所以衣食行住仍然必须保住我们原有的绅士气。那时候的物价，已经在随着战争的日月而天天高涨，我们生活的费用先垫用庚白的一点存款，后来连我的存款也动用了，但是过不完的明天一直延续着。这时候，我和庚白的应战对象，并不是日本鬼子，而却是切身的经济问题了。我们不能以经商来发国难财，和钻营兼差，最简便的还是写写文章，但是困难又是重重，因为如果文章要写得合乎某些心理，必然就要违反自己的意志，这是我们俩都办不到的。如果依着意志而违反了那些人的心理，

那末不但文章卖不出去,恐怕连奉送都不被采用。于是我们只有尽量的设法在保持面子为了目标的后面刻苦积俭,我开始从绸袍改穿花样好看的布衣,庚白由西服改穿中山装。我们住中等旅店,吃大馆子的客饭,或者在房子里吃面包(那时二角一个)。适应着环境,我们在汉口过了相当时期的撙节生活。中间我一度去做了某前线的记者,但这些新的生活不能带给我新的希望和兴奋,所以我又跟着军队撤了回来。同时立法院通知复会,我们应该即可赴陪都,这次承某院长送了一笔款,于是我们俩又好像发现了什么目标似的坐着民元轮向蜀道迈进了。①

林北丽这段回忆写于1943年她在桂林的时候,离他们在汉口才五年左右,其回忆应该是较为详细真实的,我们可以看出一向养尊处优的林庚白、林北丽夫妇,为了坚定抗战,如何不惜冒着战火纷飞与艰难困苦,一路西迁。这与当时一些名流要人为了安享荣华富贵而不愿西迁,在沦陷区继续纸醉金迷,判若天壤。

(三)痛责叛国故交

1938年5月中下旬,林庚白、林北丽搭乘民元轮从武汉抵

---

① 《林北丽诗文集》,第105—106页。

达重庆。在轮船上，林庚白邂逅家乡前辈、清末民初的海军提督、海军总长萨镇冰（字鼎铭），他题诗《民元轮船邂逅萨鼎铭上将》道：

八十将军颔少须，曾挥战舰斗东胡。复仇九世非难必，作健中华未可图。老去廉颇能用赵，寇深蜀汉要联吴。只怜畔国多闽士，一帜同舟德不孤！①

海军宿将萨镇冰，以老迈之躯，依然坚定抗日，林庚白深为敬佩，说自己和萨公一样，同心同德，同舟共济，坚决抗日。"畔国多闽士"，指的是黄秋岳及其同伙。黄濬，字秋岳，福州人，博学多才，自幼亦有"神童"之誉，其诗文深得陈宝琛、严复、林纾、陈衍、梁启超等人的赏识。他与林庚白是京师大学堂的同学兼诗友。民国初年，黄秋岳留学日本早稻田大学，回国后，任段祺瑞北洋政府财政部总长梁启超的秘书。1935年，在国民政府主席林森的推荐下，黄秋岳任南京政府行政院高级机要秘书，深得行政院长汪精卫的信任，能够参加国民政府最高级别的军政会议。令人意外的是，黄秋岳及其长子黄晟二人，竟然为了金钱，投敌做了汉奸，在参谋总部、海军部、军政部中，发展了亲日的间谍成员十多人，三番五次出卖最高军事机密给日本人，不仅破坏了蒋介石封锁江阴要塞江面的计划，而且还

---

① 《丽白楼遗集》（上卷），第427页。

令日寇一而再地择机暗杀蒋介石。黄秋岳父子间谍案被快速侦破，1937年8月26日黄秋岳父子及其团伙以叛国罪被处以极刑，公审伏法。黄秋岳是中日全面开战后，第一个以叛国罪伏法的高级官员。林庚白有诗歌《闻黄浚父子伏法》，痛责黄秋岳"佳人竟作贼"。

1938年7月16日，辛亥革命元老、孙中山的好友、福州人黄展云病（字鲁贻）逝于汉口。林庚白题有《黄鲁贻挽诗》：

> 不矜行辈见平生，党敝何堪失老成。此局谁怜终革面，吾侪后死暗吞声。桥南志士今余几，明季官邪古所惊。亦信包胥能复楚，金元兴蹶可胜情?！
>
> 闽士由来已见轻，岂期畔国尽书生。知君一瞑多余痛，置我东周有独清。左右微嗟持论异，死生各有索居惊。临歧茗话应缘法，孤注犹思净两京。①

1938年3月，黄展云的旧友、同是闽人的陈群投敌，任伪政府内政部长，连发三封电报，欲拉拢黄展云，被黄展云严词拒绝。黄浚、陈群等国民党中的闽籍要员纷纷投日，让黄展云、林庚白等有民族气节的闽士倍感耻辱，痛心疾首。

早在1931年"九·一八"事变后，以清廷遗老自居的郑孝胥，就带领一帮亲日的闽人组建了"满洲国"。1937年12月13

---

① 《丽白楼遗集》（上卷），第447页。

日，南京沦陷，次日，即1937年12月14日，日寇就在北平扶植了以汤尔和、王克敏、董康、王揖唐等为首的伪中华民国临时政府（又称作华北临时政府）。1938年3月，梁鸿志、陈篆、陈群等闽人先在上海，后移到南京，成立了伪"中华民国维新政府"，与伪"华北临时政府"南北呼应，沆瀣一气，卖国求荣。梁鸿志、陈篆、陈群和黄浚一样，都是林庚白的乡亲故交，林庚白非常痛恨这些人的变节投敌，他写诗《华中伪府首领梁众异、陈任先、陈人鹤皆乡人也，诗以讽之》道：

闻有头衔拜寇恩，沐猴岂遂贼中尊。诸君不为苞桑计，可欲先向横逆门。刘豫途穷金亦厌，季陵日暮汉能原。噬脐平楚知无及，汤网今犹一面存。①

林庚白斥责这群故旧为了一官半职和一时虚名，不惜投敌卖国，警告他们注定穷途末路，后悔莫及，提醒他们立即迷途知返，或许还能幸免于难。

令林庚白更为气愤难过且难堪的，是汪精卫和陈公博等人的投敌。1938年1月，日本近卫首相发表不以国民政府为对手的声明，蒋介石不接受日本提出的和谈条件，但汪精卫、周佛海等人对抗日战争前景悲观，秘密在上海与日本政府谈判，签订卖国条约，以换取所谓的"和平"。1938年11月，汪精卫在

---

① 《丽白楼遗集》（上卷），第428页。

出走重庆前,拉拢陈公博与他一起离开重庆,回上海、南京与日寇合作。陈公博在"走"与"不走"之间挣扎,作为汪精卫的亲信,他不能忍受若与汪关系破裂,又被蒋政府怀疑、歧视的境地,故决意跟随汪精卫离开重庆,一起投敌。1938年12月18日,汪精卫、陈公博离渝出走,12月29日,汪精卫发表艳电响应近卫第三次声明,在日本的支持下,推行"反共睦邻"政策,并于1940年3月30日,在南京成立了伪中华民国国民政府。无论是汪精卫,还是陈公博,都是林庚白多年的好友。从推翻清廷到建立民国,近三十年来,他们是志同道合的政治盟友。没有想到,在对抗日战争的认识上,他们的立场态度与林庚白大相径庭。林庚白坚信只要全国各党派和人民团结一致,中国必能战胜日本侵略者;而汪精卫、陈公博、周佛海等,竟然都被日寇嚣张的气焰所吓倒,纷纷变节投敌,这些人的选择,太出乎林庚白的意料了。他写诗《腐儒》,痛斥这群貌似多才的书生汉奸乱政误国,并坚决与此辈断交:

腐儒口说貌同仇,此辈真宜付浊流。不及行严年少笔,直为近卫盗魁谋。窃钩伏法君何惮,鼓舌如簧死倘休!干禄无成只乱政,世儿逐臭亦奚尤?![1]

林庚白痛斥汪精卫、陈公博、高宗武等人是"腐儒"之见,这

---

[1] 《丽白楼遗集》(上卷),第421页。

些人以为向日本妥协和谈，就能解决中国被侵略的问题。他痛骂这群人巧舌如簧，为谋取封官授爵的私利，不惜乱政投敌，真是浊臭之辈。在外患入侵、民族危亡时刻，林庚白不畏艰难困苦，坚决抗日的情感认知和行动选择，是汪精卫、陈公博、梁鸿志、黄秋岳之流不可同日而语的。

1939年春夏之间，林庚白在重庆题诗《梦游北平颐和园》，中有句道："亲贵清朝前辙迹，朋交李党达官多。苦从读史思今日，忍见和戎送两河！"1939年底，他有诗酬和章士钊说："岂堪汉贼每同州。"自注"闽人多从伪者"，反复以诗明志，抒发自己坚决不与投敌变节者为伍，坚信抗日必胜的信念。"交亲鸩毒甚，歧路各西东！"他毅然决然和这些投敌的故旧"交亲"割袍断义，分道扬镳。

（四）在重庆被赋闲

即将西行入蜀之际，林庚白题诗《将为蜀游感赋》：

> 儿时自许武乡侯，岂谓邦危竟蜀游。泪迸艰贞忠愤意，肠牵骨肉米盐忧。相惊房骑窥江水，太息西风送庾楼。武汉行过三峡见，中兴士马在渝州。[①]

---

① 《丽白楼遗集》（上卷），第418页。

并作《倒叠前韵一首》:

> 欲持巴蜀挽神州,射日重登扫叶楼。南粤旌旗犹在眼,中原父老可无忧。山川设险堪衰甲,风物宜诗欲卧游。江海平生心迹见,少年笑谈动诸侯。①

林庚白自幼就崇拜诸葛亮,一生以诸葛亮为自己济世之楷模。如今,他把抗敌御侮的希望寄托在了巴蜀之地。"用蜀图强始,中华未可降!"

在民元轮上,林庚白为船长郏爵言题诗道:

> 古来多难是兴邦,天堑长江有不降。武汉宜渝通一水,战尘泥爪落船窗。②

在沿长江西进重庆途中,林庚白差点掉落江中,以至"尽丧囊金"。途经宜昌时,他在民元轮上度过了四十二虚岁的生日,题诗《宜昌舟居值四十二岁生日》,以示纪念。

林庚白一家抵达重庆,先入住沙利文旅馆,不久,经赵丹夫妇介绍,全家迁入会仙桥附近的青年会家庭宿舍。1939年1月,他又迁居七星岗附近之嘉庐,与王昆仑为邻。1940年2月,因日寇对重庆大轰炸,林庚白一家又迁到市郊独石桥附近

---

① 《丽白楼遗集》(上卷),第419页。
② 《丽白楼遗集》(上卷),第427页。

的回龙桥立法院宿舍，并在市内观音岩附近枣子岚垭梁闰放（桂芳）医生家租一室，以便社会活动，此处与钱俊瑞、沈兹九等人为邻。

作为立法院委员，林庚白在重庆的办公地址是北碚独石桥。在林庚白的眼里，重庆像自己的故乡福州和熟悉的香港，他有诗《过市得句》云：

> 道路疑香港，市廛似福州。依山寻小筑，出郭见黄流。薄有岩栖意，逾深世乱忧。万方多难日，岂暇为身谋！①

林庚白起先对重庆国民政府寄予了深切的厚望，以为自己到了重庆能够为抗战事业有所作为。他身为国府立法委员，在重庆寓居四年左右，重庆当局却没有委任他实际公务，一直处于被赋闲之中，只是参与了一些抗战文艺活动，并创作了大量的诗文，这令他十分落寞。林庚白希望有更大的政治舞台，为抗战贡献自己的心力。林北丽在《庚白的死》中写道："西迁后整整地过了四年，庚白焦心苦虑的结果是什么呢？十卷的诗——我称它为闭门的呐喊——和半头的白发吧！"②

重庆当局没有发挥林庚白在抗战中应有的作用，这令林庚白、林北丽颇感失望。林庚白反复在诗中说他愿意为抗战贡献他的"探囊余智"，希望自己"未应闲却平倭手"，但终究"等

---

① 《丽白楼遗集》（上卷），第434页。
② 《丽白楼遗集》（下卷），第1235页。

闲负却平倭手"。林庚白有诗歌《万口》道：

> 万口攘夷纸上声，垂堂政美算澄清。故人得食纷从贼，邻国空言欲弥兵。江汉滔滔如此水，燕云惨惨不多晴。危时却少贤豪出，借箸难容况请缨！①

诗中写"故人"纷纷投敌以谋取一官半职，而他在重庆有心请缨抗日，却"借箸难容"，当局者并不信任重用他。

蒋介石为首的重庆当局为何并不信任重用林庚白呢？这与前述不少位高权重的闽人亲日投敌有关。无论梁鸿志还是黄浚，都是林庚白年少时的北平旧诗友，这些人已经变节投敌，自然令蒋介石对闽人有所疏离，此其一。林庚白年少便与汪精卫交好，汪精卫年轻时以反清著称，与辛亥烈士福州方声洞全家通好，汪与蒋分分合合，离心异志，这令蒋介石对亲汪的闽士颇怀戒心，此其二。国共合作北伐前后，林庚白与原国民党高层、后成为中共领袖之一的林伯渠等人交好。在重庆，林庚白与毛泽东、王明、林伯渠、邓颖超等有诗文唱和，这尤令蒋介石不安，此其三。有此三条，重庆当局决计不会重用林庚白。

林庚白的《新凉》，很能反映他对自己在重庆所处境遇的感触：

---

① 《丽白楼遗集》（上卷），第451页。

道方时险忍谋身，旅退无成百态新。党禁如川流愈下，官邪在寝士横陈。岂堪更见辽金世，不信终为炎绍人。一雨楼头江水长，新凉却恐热官嗔！①

1938年10月，林庚白题诗《坐雨述怀》，抒发自己因重庆地气湿热，动辄生病，且不被重视的苦闷：

雨声生秋寒，暝色起檐滴。新历已十月，前宵犹袒裼。由从重庆来，湿热动相击。下血又兼旬，本丰差堪敌。不药亦无疲，微觉颜白皙。口腹伤肠胃，人情困所溺。前军方转战，一饱或难觅。我今縻俸钱，大烹日恣吃。非不同甘苦，抱璞谁知璧。吾谋以御寇，行见奋奇绩。岂遂逐乘轩，无地与运甓。坐哀好江山，过尽退飞鹢！②

林庚白对比后方和前方境况两重天：后方像他这样，即便生病，依然有官俸供饱食，前方军人或一饱难求。他自责道：不是我不想和前方军士同甘共苦。我有抗日御寇的奇谋，却像和氏抱璧一样，不被当局信任采用。我不想高官厚禄，只想能够为御敌出谋划策，但既然不被信用，只能无奈地选择退避罢了。

林庚白对内讧分裂、相互猜忌的国民党心灰意冷，但他依然坚信抗日必胜，认为"局终利炎黄，起作狮子吼"。战时重

---

① 《丽白楼遗集》（上卷），第452页。
② 《丽白楼遗集》（上卷）第464页。

庆，生活弥艰。他几乎天天作诗，用大量的诗篇详细记录了重庆各种世相。即便处境困顿，诗人却以申包胥自况，以打败日寇、报仇雪耻为己任，他说："今日是端阳，国蹙千万里。我怀申包胥，哀郢轻屈子。"他不认同屈原因楚国都城亡于秦而自杀的做法，推崇春秋时为楚国复仇的申包胥："一成岂少少康人，入郢包胥誓此身。"

在重庆，一如在1930年代初的上海，林庚白与许多左翼文人交往密切。1941年6月初，端午节前后，他和于右任、卞之琳、山汉、艾青、老舍、冰心、何其芳、林林、宗白华、徐迟、郁达夫、胡风、陈学昭、梁宗岱、闻一多、郭沫若等人发起举办了第一届"诗人节"，将端午节定为中国"诗人节"，通过纪念屈原，以屈原的精神感召文艺界，倡扬抗日的决心。

在重庆，林庚白与中共领导人交往密切。他通过常住红岩中共办事处的王明、周恩来、邓颖超等人，与延安的毛泽东等中共高层互相诗文唱和，在《寄延安毛泽东先生》诗中，他开句就预言"湖南人物能开国"，并用诗歌回复毛泽东写给他的信，他在《春夜怀人》组诗中写道：

昨夏书从陕北来，王明到日一樽开。意深远近丛千感，气壮淮湘两党魁。爱国今非元祐世，复仇几见会稽才。便思更揽咸秦胜，夹道红旗照路隈。（湘潭，毛泽东；六安，

陈绍禹）①

林庚白对中共领袖毛泽东和王明深表钦佩，对中共治理下的陕甘边区充满了美好的憧憬和期盼，他想象陕甘地区在共产党领导下，红旗高高飘扬在路的两旁，气象非凡。

林庚白还写有《六秀诗》，分别赞美陈绍禹（即王明）、秦邦宪（即博古）、董必武、邓颖超、林祖涵（即林伯渠）、吴玉章等中共高级领导人。林庚白对自己的政治主张颇为自信，他自道"论事平生坚自信"，"用我他时起异军"。但重庆当局并没有信任重用他，他只好以闲居帮助妻子和奶妈看护新出生的女儿应抗，来消磨时光，他题诗《婴啼》道：

婴啼破我梦，小抗频索乳。披衣亲杯勺，直以父兼母。麦粉近益贵，贫家困生聚。妻言春夜寒，卧起不宜数。有媪与调理，奈何躬自苦。精力百无用，乃为儿女哺。平倭好身手，坐看群魔舞。我官亦非卑，食肉竟何补?!②

1939年春，他有诗歌《冷官》道：

冷官日日是星期，破寂牙牌与闷宜。剩作人间儿女态，

---

① 《丽白楼遗集》（上卷），第511—512页。
② 《丽白楼遗集》（上卷），第492页。

肚皮百不合时宜！①

自己虽为立法院委员，却不过是无所事事的"冷官"而已，天天周末，日日打牌，消磨时光。1939年，林庚白还写下长篇骚体诗《呜呼！吾安往兮和礼锡》，结尾道："半菽支撑二年周，亦云官大我欲羞。大人虎变今巢鸠，邦陋到眼盾与矛。伤哉兮豆羁骅骝！"

1940年，林庚白题诗《院会》，对立法院开会徒逞口舌，却一无所成的官僚生涯非常失望，他写道：

> 院会频来如画诺，百不能衰心作恶。从亡随众身亦劳，耳沸田间蛙阁阁。五年剩欲鸣孤掌，如山意气苦无两。相公一怒四坐惊，赵孟所意尔安往。颇闻法立国乃活，自上犯之本已拨。具文斟酌亦奚为，徒令学士口流沫。议事堂深夏又半，委员闻金尽飞窜。偏西巢燕聊相安，奔命空怜涣其汗。吾侪报国只如此，万里巴渝困行李。枥马君看龁断萁，甚嚣中杂千否唯。②

面对"效忠无地但蹉跎"的处境，林庚白最终决定南下香港，寻找新的抗日途径。

---

① 《丽白楼遗集》（上卷），第495页。
② 《丽白楼遗集》（上卷），第637页。

（五）在重庆以诗纪史

秦风指出："重庆从成为抗战陪都的一刻起，不仅迎来全中国最重要的政治、军事、经济和文化教育资源，同时也承受着日军最惨烈的轰炸。重庆是一座山城，周边森林密布，春冬时节，浓雾深锁，然而夏秋两季，清空万里，成了日机无情轰炸的时期。从1938年春到1943年秋，总共五年半的时间里，重庆军民承受了日机近万架次、两万多枚炸弹的轰炸，伤亡两万多人，房屋毁损一万七千多幢。重庆百姓的抗战岁月就是伴随着躲避轰炸、逃难、抢救伤亡的记忆。日军对重庆实施轰炸的目的，是企图削弱中国军民的抗战意志，然而重庆市民不仅未曾退却，反而在炮弹的洗礼中，更激发出坚忍的抗战意志。"[①]

在重庆，林庚白几乎日日有诗，以诗记史。他的诗歌，展示了陪都方方面面的生活。自抗战军兴，他有多首诗歌讴歌中国空军的英勇顽强。淞沪战争爆发，他有诗歌《风雨中观中国空军作战》：

> 横空转战破长围，直挟惊雷四出飞。敌国军营精锐尽，西邻使者笑啼非。何年上海还吾土，有史中华壮此机。风

---

① 秦风编：《陪都重庆——大轰炸下的抗日意志》，广西师范大学出版社，2015年，第5页。

雨沾衣腾万众，道旁苦盼凯歌归。①

1938年5月19日，中国空军袭击日据下的台北，并将传单空投到日据台北。林庚白题诗《中国空军袭台北告捷喜赋》：

> 小队行空台北焚，虾夷胆落不能军。兵骄早断无全算，师直终看集大勋。壮士乘风争自奋，鲰生破涕欲何云？归来饮至晴川畔，早晚收京露布闻！②

但是，日本空军恃其军力，专选夏秋晴朗天气，尤其是每月农历十五月明之夜，对重庆进行压倒性的惨无人道的大轰炸，重庆官民各界备受折磨。1938年10月8日，星期六，也是中秋日，林庚白题诗《旧历中秋寅正市居闻空袭警报》道："山市月明初报警，中秋节好却忧兵。"在《望后二夕闻飞袭纪事四首》中，林庚白写道："不是姮娥贼不来，清辉转使众心摧。"在《国历九月初三夜闻警》一诗中，林庚白写道：

> 贼从朔望判升沉，又沸空中杀伐音。可奈光明残夜月，都能坦荡此时心。吾侪所见前无古，急劫相持直到今。左报欧洲烽火急，同昏八表乱方深！③

---

① 《丽白楼遗集》（上卷），第393页。
② 《丽白楼遗集》（上卷），第423页。
③ 《丽白楼遗集》（上卷），第547页。

1939年，林庚白题诗《述空袭》：

飞空倭来袭江浒，我有高射炮如虎。轰炸机与驱逐机，两军天际盘旋舞。上天下地动千百，武汉南京众所睹。大声震撼弹丸坠，闻者惊悸死者苦。行人全无炊烟绝，但见角落出偶语。东墙俄顷成劫灰，血肉西邻不知数。白日野哭争觅尸，或呼儿女或父母。古来未觏此奇变，我今为诗陋杜甫。客从大溪沟畔至，云已倾家不得住。死生一发笑啼难，昨日之日犹欢聚。疏散迁移又尘上，苟免尔曹气已沮。人物到眼足亡国，赖兹时世非往古。我敝悬知倭亦僵，五指技穷窜鼯鼠。智囊落寞何所用，但竭俸钱供行旅。小官皇皇不如我，大官朝暮有喜怒。吁嗟据乱起东方，苍头谁更扬我武？①

这首诗是中日空战场面的写实，中国民众在敌机炮火下的牺牲和痛苦于此诗可见其深重。林庚白和广大民众一样，携妻不停地跑警报、避空战，还有诗歌《贼又夜袭，佩兰、含英伉俪偕同北丽、佩琴避坡间》：

蛇行一径夜凉多，林密宵深贼又过。月自昏黄天似水，野多草莽竹沿坡。苦留掌故资巴县，遥念前军斗汨罗。（时

---

① 《丽白楼遗集》（上卷），第483页。

长、岳间战事方急）两翼如雷前劫急，空中敌我肉搏么？①

经过敌机近三年多的狂轰滥炸，重庆依然屹立在炮火中。1941年6月6日，穷凶极恶的日军又对重庆市区投下大量的爆炸弹和燃烧弹，市民涌入较场口大隧道躲避轰炸。由于避难人数过多，隧道通风设备不足，仓促之间，避难人员缺乏足够的应变能力，导致隧道内秩序大乱，拥挤踩踏，造成一千多人死亡的"重庆大隧道惨案"，死难者尸积如山，惨不忍睹。林庚白题诗《六月六日纪空袭》：

小病连朝眼乍揩，红灯又报出高崖。真成尽室生同穴，俄见千官走满街。呜咽楼头车似角，觑觎市外寇如仇。愤兵断尔终无幸，便下三巴向两淮！②

重庆岁月，林庚白在被赋闲中过着生病、跑警报、躲空战的日子，这对他是多么难堪的浪费时光啊。在六月六日大隧道惨案后，林庚白题诗《六月七日作》道："身非老大疑投老，政出奸邪忍辨奸。活国无权随世耻，三年犹滞古巴蛮！"国难日深，林庚白不愿意在重庆继续过着碌碌无为的日子。1940年，他作长诗《自述》，言及重庆的生活：

---

① 《丽白楼遗集》（上卷），第551页。
② 《丽白楼遗集》（上卷），第631页。

飞贼晨昏更相扰，去年至今声甸訇。奔命岩墙苦从众，几经惊险亲灯榮。……我官非卑亦奚济，数口郊外栖茅棚。半千月俸艰得饱，咿唔终日殊寒伧。循例文书偶讨论，建康残调今重赓。我口如瓶我舌在，我心皎洁如水晶。探囊多智靳前箸，剩弄茗碗携乳婴。……习懦苟全非我分，振翼鵁凤终一鸣。霸才无主身焉往，善于守黑将得明。我生逢辰必有待，会当帷幄驱韩彭。①

林庚白从来以诸葛亮足智多谋自况，不甘心"觇国空赢智在囊"，他渴望自己能够运筹帷幄，为抗日将帅们献计献策。1940年，他在《七月四日纪空袭》诗中写道："非为全性命，要与掣鲸鲵。"二十天后，在《七月二十四日纪空袭》诗中，他又自明心志道："潜龙在下非终隐，鸣鹤能高未可知。留命桑田看破虏，要持众志系山河。"这位从小有"神童"之誉，年幼即奔走国事的超人，终于决定不在重庆继续作寓公，作诗人，他渴望作谋士，作战士，为抗战做实事。

1941年，林庚白正当四十五岁之壮年，与其被重庆当局长期赋闲，不如奋起寻找能够实际为抗敌御寇做贡献的实务。他在《明月》诗中写道："平生勋济意，欲试动掣肘。国蹙寇逾深，政美只在口。党人诚皇皇，多谢百姓厚。积愤郁孤忠，伤哉远钟阜。"林庚白决定携妻女南下香港，有所作为。

---

① 《丽白楼遗集》（上卷），第625页。

六 殉国香江（1941）

（一）南下香港结盟中共

林庚白之所以选择南下香港，与此时香港云集他的同道友人有紧密关系。早在1938年6月14日，已经在港的中共同路人、国民党左翼宋庆龄、何香凝等已经在香港成立"保卫中国大同盟"，广泛联络世界各国同情支持中国者，筹集物资支援中国抗日。林庚白的挚友柳亚子一家也在香港。他在上海的好友陈志皋、黄淑仪夫妇也已经在港。陈志皋是被宋庆龄、何香凝特别邀请去香港，设法开通从香港经越南到云南的大后方运输线，此后，又在周恩来的动员安排下，陈志皋接受重庆国民政府的聘书，到广东曲江（今韶关，广州沦陷后，是国民政府广东省政府所在地）担任中央赈济委员会第九战区的特派专员，管辖广东、福建两省的赈灾工作。陈志皋的妻子黄淑仪即黄慕兰，其真实身份是周恩来的直接部下，负责白区地下营救工作的中共高级秘密特工，此时也奉命以国民政府中央赈济委员会"顾问"的名义，代表陈志皋接待安排从上海孤岛去香港或进而转去大后方的社会知名人士。陈志皋、黄淑仪夫妇在上海沦陷之前，就与林庚白相交甚深，他们夫妇无比敬重林庚白，视林庚白为兄长，以兄长之礼待事之。作为国民党左翼要人，林庚白在中共危难之际，帮助中共各界甚多，是中共在国统区开展工作时依靠、信赖的社会名流，黄淑仪多年结交林庚白，应该也是她奉中共高层之命的工作内容。笔者认为，林庚白决定南下，与陈志皋、黄淑仪夫妇密切相关，也是中共高层对国民党左翼名流的统战安排。林庚白在1941年立秋后，题诗《谁省》云：

　　道是前朝二品官，蹉跎莫效国衰残。折腰五斗犹难比（重庆米贵至斗百四十余金，余月俸仅六百八十金），署尾千篇已厌看。肯为行今卑议论，不闻罪已但怀安。图南待奋垂天翼，谁省开春始岁寒！①

这首诗歌表明林庚白已经决计南下另图作为。1941年12月1日，林庚白离开重庆前，章伯钧为他们夫妇送行，他题诗《临发伯钧招饮同北丽》道：

---

① 《丽白楼遗集》（上卷），第694页。

止饮当杯便不禁，却嫌酒力与年深。别肠国事如轮转，远道天衢比翼飞。水急群流争出路，雨余白日弄微阴。斩麻蓄艾吾侪事，飞去犹期共此心。①

　　1941年12月1日，林庚白、林北丽夫妇乘坐"峨眉号"飞机，从珊瑚坝机场飞往香港，当夜抵达香港九龙。

　　此番香港之行，在陈志皋、黄淑仪的安排下，林庚白得到新加坡某侨商富贾的资助，此侨商富贾拟请林庚白在香港创办一日报，团结在港进步文人共同抗日。②林庚白也想借此机会，在香港安顿下来，撰写《民国史》，并筹组中国诗人协会，发挥文艺抗日之作用。离开重庆时，他题诗多首表达自己不得不离渝赴港的心志。他说，"地奋谁能终蛰伏，天高岂遂尼飞行"，在飞往香港的"峨眉号"飞机上，他吟诗六首，末二首写道：

　　迁国从亡因一官，将雏挈妇仅平安。奋飞未尽平生意，来掣鲸鲵四海看。

---

① 《丽白楼遗集》（上卷），第699页。
② 此侨商富贾疑为胡文虎。抗战中，胡文虎是个人给重庆国民政府捐款助力最多者，他与林森等闽籍国民党要员交谊颇好。台湾学者蔡登山在《奇人奇书：林庚白和〈孑楼随笔〉》中认为是"得到了爱国华侨陈嘉庚的支持"，窃以为不妥。新中国成立后，陈嘉庚是中共给予极高赞誉的爱国华侨，胡文虎则不是，并长期在政治上作为陈嘉庚的对立面。如果是陈嘉庚，林北丽、周永珍无需为此侨商富贾隐姓埋名。抗战期间，陈嘉庚没有在香港投资办报，而胡文虎则在香港有投资报业。

宵深西蜀到南天，万火如星尚海边。余智探囊终欲试，岂徒留命待桑田。①

可见，林庚白香港之行，是为了能够在香港为抗日事业施展自己的才能，实践自己的政治抱负。抵港后，林庚白题诗《示北丽》道：

去官容易脱身难，共此心期要岁寒。骨肉恩疏吾与汝（北丽孤露，军兴以来，小淑岳母又留滞上海。余则早孤，仅一寡姊，亦阻海久，不得通音讯者经岁矣），兼并事急海生澜。耻从党籍矜行辈，暂得巢栖惜羽翰。出处当为千载计，隋珠照乘莫轻弹。②

林庚白甫到香港，就马不停蹄地会晤了友人彭泽民（中国农工民主党创始人之一）、梁漱溟、柳亚子等，他们都长期同情并支持中共，1949年中华人民共和国成立后，依然与中共风雨同舟，荣辱与共。林庚白在港还与廖承志相见，廖承志的父母廖仲恺、何香凝都是林庚白早年参加国民革命的同道战友。廖承志自幼跟随父母参加国民革命，但在1927年"四·一二"政变后，他就与国民党分道扬镳了，于1928年8月加入了中国共产党。林庚白与廖承志算是世交。在与投敌的汪精卫等人割袍

---

① 《丽白楼遗集》（上卷），第700页。
② 《丽白楼遗集》（上卷），第700—701页。

断义后，既然仍得不到蒋介石一派的信任，有政治信念的林庚白，为了实现自己的政治理想，他一如既往地继承孙中山、廖仲恺等人的遗志，积极寻求与中共的团结与合作。

（二）喋血九龙街头

1941年12月8日（美国当地时间12月7日），日军偷袭珍珠港，太平洋战争爆发。几乎与偷袭珍珠港同时，日军也开始进攻香港。港英当局主导的整个香港保卫战持续了18天，12月25日香港全境沦陷。来自中国香港及英国、加拿大、印度的军人四千多人，在持续18天的香港保卫战中牺牲。12月8日战事一起，林庚白每天都有诗歌记录亲历其间的历史，在《十二月八日港九被袭走避邻舍示北丽、成竹、金铎》中，林庚白写道：

> 仓皇妇孺共楼隅，飞弹硏訇日欲无。天暝犹闻飞贼袭，警传始见路人趋。突来狂噬吾何畏，苟免图存众有虞。更为东方开一局，我侪未可但全躯。[①]

这首诗固然表达了诗人不畏牺牲的抗日决心，却也成了诗谶。十天后，诗人当街惨死在日寇的乱枪之下。

---

① 《丽白楼遗集》（上卷），第701页。

香港本岛炮火连天，林庚白有诗《九日闻警走匿地下室再赋》道：

避寇宁期寇又乘，炮声海气共飞腾。倭真一掷成孤注，余本高居走下层。侨士凡民劳聚散，骄兵愤战验衰兴。扶危要凛苞桑戒，从此华夷始得朋。①

林庚白认为日寇孤掷一注，最后必定失败。在港的华人平民与侨居香港的英籍人士，在香港危亡之际，共同奋起抗日，华人与外籍港人自此同仇敌忾，令人无限感慨。

此时的香港，许多文化名流尽困其中，林庚白依然发出"时势英雄应不负，起携四海奠神州"的豪迈之音。在林庚白一家困港之际，黄淑仪邀请他全家到九龙，入住黄淑仪在九龙的家中，此住所在九龙天文台道附近的巴利道月仙楼。林庚白有诗《月仙楼晚眺》云：

场圃回廊绿一涯，海波森森荡斜曦。竟同玉貌围城困，深愧金闺国士知（谓淑仪弟）。西顾忧多喉有鲠，南飞变急局如棋。推枰决胜非无策，却遣山川照鬓丝。②

12月12日，九龙沦陷，黄淑仪侥幸抢先一步，潜逃出九

---

① 《丽白楼遗集》（上卷），第701页。
② 《丽白楼遗集》（上卷），第703页。

龙，林庚白、林北丽不幸滞留在九龙。亲日的黑社会分子趁火打劫，投靠日寇，出卖同胞，无恶不作。日军在九龙实行戒严，大街上布满了宪兵、警备队，所有路口都设立了哨卡。林庚白题诗《十二月十三日纪事五首》，摘录如下：

机关枪密炮如雷，我薄倭来各有猜。市沸居人同踯躅，天明群盗数徘徊。守兵远引成孤岛，甬道深藏挈两孩。持较西迁惊险过，处危要验出群才。（之一）

海沸天旋出入偕，始知患难有夫妻。殖民已辱宁沦寇，归宋犹羞肯附夷。故国党朋俱间断，家人友好更分携。荡倭兴汉成何语，听取刘琨夜半鸡。（之二）

从古临危窥志节，与君履险历艰辛。……国策身谋羁绁感，筮龟九五待同人。（之三）

抱道真同陈蔡厄，传烽直似镐丰焚。（之四）

水断粮空饿死虞，太阳旗畔房欢呼。人民犹是山川异，闻见全非史乘无。……动心忍性吾无怼，剥极端为切腹吁。（之五）①

此后数日，炮火纷飞中，林庚白日日题诗，摘录如次，既可窥其彼时心志，又可窥香港当日抗日之史迹：

---

① 《丽白楼遗集》（上卷），第703页。

十六日

华屋群居日避兵,无灯无食但忧惊。身非萧衍袁公路,迹似遗山苏子卿。得饱苍鹰终可待,忍饥黄犬亦争鸣。抱薪煨芋从邻媪,无限艰危乞食情。①

是日半夜又闻炮战声走避寻更登楼望之

宵分炮弹俨奔雷,屋似重围念未灰。遵晦孤身藏复道,仰空远火入高台。起眠每较常人早,休咎闲将易数猜。临难当思坚所徇,唯心唯物莫徘徊。②

十七日

海阔天空合几围,晨兴及午弹横飞。大声索索楼犹峙,高处层层壁可依。赞报交绥供笑乐,终思靖乱奋仁威。纵横误尽仪秦舌,先著输人亦失机。

死生海角两诗人,室迩兵来海亦尘(宅主人杨云史新逝世,今归淑仪弟)。杨升楼船邻国战,杜陵兄妹凤生因。待飞其讶神龙伏,能屈终看尺蠖伸。忧乐希文私自许,岂堪长此涸倭民。③

---

① 《丽白楼遗集》(上卷),第704页。
② 《丽白楼遗集》(上卷),第704页。
③ 《丽白楼遗集》(上卷),第704—705页。

十八日

屋角廊深入阵云,筲箕湾口黑烟纷。回天谁恤劳民劫,守土犹烦远道军(香港英国兵,多从加拿大、印度调来)。日夕岑楼闻决战,东西海岸看同焚(西环亦焚)。街头卖报哗和议,片纸宣传诡所云。①

因被汉奸恶人告密,日寇将林庚白认定为坚决抗日的国民党中央委员,派出宪兵迅速包围了九龙天文台道周围,开始搜捕林庚白。日寇第一次来搜捕时,适逢林庚白躲在邻舍,日军放下狠话,对林北丽等人说如果二三日内不交出林庚白,将放火烧毁林庚白寄居处,这使得同避居的众人惶恐不安。当此危急之际,林庚白把自己的生死置之度外,写诗道:

十八日至十九日

四周炮火似军中,始验平生镇定功。劫螗遥窥斜照墨,烬余幻作晓霞红。重闻水断忧饥渴,徐待阳回凛雨风。投老兵戈吾不信,岁寒定见九州同。②

十九日

中流砥柱尖沙咀,艇子鱼雷各有攻。转战倭夷飘忽甚,偾兴晰种劫持同。声如爆竹疑需震,势是惊雷欲困蒙。得

---

① 《丽白楼遗集》(上卷),第705页。
② 《丽白楼遗集》(上卷),第705页。

水蛟龙应一奋,余生岂但幸民终!①

他回首平生,从清末致力于推翻清廷,到追随孙中山革命,一路走来,多少艰难险阻,几回死里逃生,如今再度深陷炮火,他仍然坚信九州大地一定迎来浴火重生、团结和平之日。他不想当侥幸苟活的普通人,他是蛟龙,既入深渊,必得奋争。如果能够在抗日的战火中涅槃,他也无怨无悔。

12月19日,为了不让黄淑仪的家被日寇烧毁,为了不牵累同在黄淑仪家避难的众人,林庚白不顾林北丽的担心和反对,坚持离开黄淑仪家,出外另觅居所。但才出门,就被不远处设岗哨盘查的日本宪兵再三盯上,反复盘诘,最后被心存疑惑的日寇乱枪射杀在九龙天文台道街头,殉国而亡。林北丽一同被枪击,幸得救治而活了下来。

1943年4月28日,林北丽在桂林撰写了《庚白的死》一文,详细记述了他们赴港的原因和遇难的经过,特摘录如下:

"不打倭寇,中国的民运一定就完了。"这是"九一八"以后,庚白非常忧心的话。终于民国二十六年的"七七",抗日的第一炮在卢沟桥发了出去,庚白兴奋得竟跳了起来。接着,他便撤消了沪寓,搬去南京,他以为从此中国便走上了得救的路,也走上了前进的路。他深信住在抗日的中

---

① 《丽白楼遗集》(上卷),第705页。

心地——南京——多少可以贡献一点自己的力量,他平素的抱负,总不致于变成完全的浪费。南京沦陷了,我们俩在沦陷后的第十天,便也狼狈地到达了汉口。他抗日的决心依然很热烈,对抗战的前途也依然很乐观。他日夜不停地写《抗日罪言》,写《国民党站起来》。他深信抗战的最后胜利,一定属于我们的。但在艰苦的斗争时期,我们千万不可以光喊"抗战必胜,建国必成"的口号为满足。我们必须先行改进自己,充实自己。

西迁后整整地过了四年,庚白焦心苦虑的结果是什么呢?十卷的诗——我称他为闭门的呐喊——和半头的白发吧!三十年的岁末,他决定离开陪都,和我们作一次港岛的旅行。他想借这个机会,找旅港的文化人,共同检讨一切。又预备在香港办一个日报,发表他十数年来的预见(这件事和南洋华侨某巨公已有接洽,由这位先生担任经费)。还想创一个诗人协会和著一部《民国史》,替中国诗、史两途开一新壁垒。谁知道抵港仅七天,太平洋战事爆发,跟着九龙沦陷,庚白竟以身殉国了。他在幼年时就爱诸葛孔明,长大了自负是现代的诸葛亮。我在悼亡的今天,想到"出师未捷身先死,长使英雄泪满襟"的诗句,怎能禁得住无穷的哀痛呢!

庚白和我带了两个孩子,在三十年十二月一日,乘峨眉号飞机离渝,当夜三时到九龙。在雅兰亭旅邸住了一夜以后,第二天就搬到柯士甸道客来门饭店。八日天亮,忽听得飞机轰炸的声音,才知道意外的战事已经开始了。十一日那天,前线的战事很紧急,住在饭店里的人,都恐怕兽兵会占据客来门,作为他们的司令部,于是我们就答应了淑仪的邀请,搬到今巴利道月仙楼二号,住在她的家里。谁知十二日夜里,九龙沦陷以后,庚白竟成了敌军要找寻的目标。因为当时有低能的间谍,向敌军报告,把庚白误认作中国国民党的中央委员,想居为奇货。十七日正午,有四个兽军军官,再度来找庚白,幸而他逃避在隔邻叶秋原夫人的家里,没有被碰见。兽兵却见着了我,就对我说:"林委员是躲藏了吧?请你转告他,赶快到我们司令部去一下……如果林委员不信任我们,不和我们合作,那么三天以后,我们只好不客气了。你们这座房子,怕就保全不了,禁不起我们放火一烧呢!"此时月仙楼的主人——淑仪——过海去了,当然不能回来,也不敢回来。同住的人很多,他们都担心会受影响而贻害他们,于是便楚歌四面起来。庚白在这种情势之下,觉得住在那里,实在是太不合适了。到了十九日的下午,港九隔海对峙的战事,比较沉寂一些。庚白便从后门出去,想另找避难的所在。可是那几天,鬼子常在路上戒严,我怕他太大意,闹出乱子来,想阻止他不要出去,他个性很强,又不肯听我的话,没有办法,只好追踪跟出去。谁知道庚白一出后门口,就碰到五个兽兵,拉住了他,要他引路去找林委员。原来鬼子根本不认识庚白,那天庚白穿了一件旧棉袍,很像一个乡下佬,当然鬼子更不能辨认庐山真面了。但他们看见庚白是从月仙楼二号后门走出来的,所以一定要他引路,还拿了许多钞票和手表给他做引路的酬劳费。庚白连连摇头,表示不晓得什么叫做林委员。一个兽兵硬拉着他,自天文台道上坡口直趋下坡口站住。而我当时被兽兵阻止,不许跑下来,只好站在上坡口,提心吊胆地窥探。不一会儿,看见一个兽兵,拍拍庚白的肩头,表示可以放他走了。庚白很从容不迫地,从下坡口走向上坡口来,走不了十几步,突然一个兽兵抢步赶来,又把庚白扯了下去,盘诘不休。盘诘以后,一个兽兵又踢他一脚,表示叫他走吧。庚白这一次走上来,比上次急一些,想是怕兽兵再拉他回去,但刚到半路,五个兽兵忽然自己争论起来。一个兽兵竟拿起驳壳枪直对庚白背后瞄准着。我看到时机紧迫,也顾不了自己的危险与否,急忙奔下坡去,想设法拦救。说时迟,那时快,子弹已经发出,竟从我的右臂穿过,再打中了庚白的背部。于是我俩跟着枪声,同时倒地。但我并不知道自己已经受伤,居然还能够立起来。这时候,兽兵好像知道自己闯了乱子似的,已一哄逃走了。于是我便喊庚白起来回家,庚白道:"我觉得心脏有些麻木,大概是被石块碰伤了。一时实在站不起来,休息一会儿再走吧。"我认为逗留在马路上,太不妥当,便下意识的用左手去拉他起来。庚白抬起身来,见我血淋淋地,半件旗袍都给染红了,心中一吓,又倒了下去,叫着我的小名道:"淞!你怎么还拉我?我没有什么,你却被打伤了。血流得这么多,那是会死的呢!趁现在还能够支撑,赶快回家,请他们找个医生来止血,我不要紧,歇一刻就回来看你。快回去!淞!"我被他说破后,也就心慌意乱,再没有力气可以去拉他起来,只流连在他的身旁叫着:"挣扎吧!白!起来,我和你一块儿回去。"他见我老不肯先走,突然发怒道:"淞!你不听我的话吗?你平时是很有理智的,今天为什么这样的不中用?难道站在这里,等两个人一同死去吗?快回去,叫个工人来扶我。是救你自己,更是救了我。"我也觉得僵立在路上,是不会有好结果的,便急忙跑回月仙楼二号,请了一个同居的人,一块儿出来。谁知跑到天文吧道的上坡口,已不能支持。便指着庚白睡倒的地方,求他去扶庚白起来,一面自己又跑回二号去,刚进屋子,就昏迷不省人事了。等到醒来后,医生正在替我打急救针。淑仪的朋友沈,也赶了来帮忙,我连忙问他:"庚白怎么样了?"……哪儿想得到,我昏迷以后,庚白并没有被救回来。直到我醒后问起,沈才知道,再去找他,此时已在受伤后的第四钟点,哪儿还有活的希望呢?这样英才豪气不可一世的庚白,就冤冤枉枉地断送了!他是去了,他永远不再回来了!他的遗体,沈和几个朋友,就在天文台道菜园的一角,草草地藁葬着,连棺木也没有,真是应了"大丈夫马革裹尸"的谶语哩![1]

---

[1] 《林北丽诗文集》,第118—123页。

林庚白罹难后，有些无聊文人编排他是为了躲过为自己算定的命中一劫，怕死于日寇对重庆的轰炸，才离开重庆而去港；还有一些无聊的报人编排说是因为林北丽要求散步，林庚白为了陪林北丽散步，才喋血街头的；还有些人讥讽林庚白作为国际关系问题专家，怎么就没有预测到日本会对美国不宣而战呢？林北丽在《庚白的死》中正面回应这些编排和误会，她写道：

> 庚白，你知道你这一次在九龙殉国以后，外边对于你还有许多冤枉的误会吗？第一点，是讲你迷信算命，为了流年的不利，怕在渝有空袭的危险，所以逃到香港。结果呢，命是算准了，但命也送掉了。这件事，本来也可以算是你的弱点。你不是常常喜欢给人家算命，并编有《人鉴》和《广人鉴》两书么？（《人鉴》二十年前付印，现绝版；《广人鉴》未完成，只有残稿留着）这在你，小一半是癖好所在，大一半怕还另有着韬晦和掩蔽的作用吧。但你这一次离渝赴港的原因，我在上面不早已讲得清清楚楚了吗？哪儿是为了迷信？哪儿是为了趋避呢？讲空袭在重庆，从五月到八月，才是最严重的季节，你去港岛，是在十二月初旬，这要算重庆最安全的时候，哪儿会有逃避空袭的事情呢？低能和白痴都不能相信的话，却居然有人传说，有人纪载起来。他们因为你会算命，而笑你为迷信，但又因为你算准了命而连他们自己也迷信起来。泥古不化者流，更比你为郭璞，那不是对你太开玩笑了吗？这是你死后受

冤的第一点。第二点呢，说你轻率浮躁，不顾好歹，在戒严的地方散步，便因为不懂敌人哨兵的话，不听他们的禁止而被他们开枪打死了。更有无聊的人们，还捏造谣言，讲是我在房子里闷得慌，要出门散步，你却是陪我出去而遭受池鱼之殃的呢。你平生做事不免有些急躁，这倒也是事实，但这一次，为了间谍的告密，为了兽兵的窥伺，更为了同居方面的安全起见，所以毅然冒险出去寻觅别的避难地方，哪儿是闷得发慌出去散步呢？并且，这时候兽兵四处强拉花姑娘，人心正在恐慌浮动之秋，我又不是三岁小孩，难道真替自己去找死，更会找了你去陪死吗？这是你死后受冤的第二点。第三点呢，有人说你既然自命为研究国际的专家，自命为现代的诸葛亮，为什么连日本鬼子掀起太平洋战争的决心也看不到，而特地到港岛来找死呢？这一点，我也无从替你辩护。因为你到了港岛以后，有人问你，太平洋战事是否会爆发，你完全肯定地否认，还说出"日本撒娇，美英作态"八个字来，断定鬼子不敢动武。不过话还得说回来，这一次鬼子掀起太平洋战争，对他本身实在是一种剖腹的举动，是疯狂了才会动手的。铁腕外交家陈友仁不是也说过吗："日本鬼子无论如何不会动武的，除非他是疯狂了。"疯狂的人还可以讲到利害吗？从来研究国际问题的人，只是从利害上检讨一切的。现在鬼子的举动，正是所谓"人急跳梁，狗急跳墙"，又可以说是"面粉糊了窍，猪油迷了心"，的确是在人类正常思虑范围以外的。所以不特当时旅港文化人的看法，都和庚白一般，毫无准备，就是英、美大政治家像邱吉尔、罗斯福之流，在太平洋战争初起后，显然也露出手忙脚乱的形状来，那末，他们还不是和庚白一样上当，哪儿可以独独苛责于庚白呢？人家不把估计错误来攻击邱、罗，而单索垢寻瘢到庚白身上来，这是他死后受冤的第三点。本来"人非圣贤，谁能无过"。我也不是一定要替庚白辩护，把他描写做一个当世的完人。不过，太过于捕风捉影之说，流传众口，也是不对的。①

无论如何，林庚白英雄主义的一生是轰轰烈烈、光明磊落的。有的人活着，他却死了；有的人死了，却依然活着。抗日英烈林庚白，在他短暂的四十五岁生涯中，为了救国济世，他革命，他奋斗，百折不挠，勇往直前，悲壮殉国，其骨气操守，是中国近现代文人的光荣和骄傲。至今思之，依然典范后人。

---

① 《林北丽诗文集》，第124—126页。

七 身后事

林庚白遇难后,林北丽历经艰难抵达桂林。1943年4月,在林北丽、柳亚子等人的努力下,三百多位各界名流要人在桂林发起林庚白的追悼会,这些人有:萨镇冰、于右任、张申府刘清扬夫妇、孔祥熙、孙科、左舜生、李济深、陈銘枢、蔡廷锴、张发奎、何香凝、黄炎培、吴石、吴铁城、居正、陈布雷、陈寅恪、汪东、梁漱溟、章伯钧、沈钧儒、邵力子、柳亚子、千家驹、叶楚伧、潘梓年、郭沫若于立群夫妇、巴金、田汉、胡风梅志夫妇、文怀沙、王昆仑、郁风、沈雁冰、杜国庠、侯外庐、沈尹默、高士其、谢冰莹、端木蕻良、欧阳予倩、聂绀弩、经普椿、杨刚、彭子冈等三百六十三人。这份名单囊括了当时中国各党派和知识界文化界有影响力的衮衮诸公,他们通过发起林庚白的追悼会,向国人,也向世界,庄严宣告中国人不分党派,同仇敌忾,抗战到底的决心。

1943年4月林北丽、柳亚子等三百六十三人发起在桂林举行林庚白追悼会活动时印发的纪念册

李济深为追思会题词《八声甘州·林庚白先生香江殉难以表哀悼》云：

想当年仗义抗嬴秦，壮志莫轻论。愤权奸毁法，兴师讨贼，正气终伸。百折豪怀尚在，报国热情殷。冠盖京华盛，望重斯人。　瞬息妖烽潜举，恨东夷煽乱，豕突狼奔。有罪言名著，鼓吹灭胡尘。最堪嗟香江罹难，竟荒沙碧血痛成仁。从今后，过黄垆处，总觉伤神。①

---

① 《丽白楼遗集》（下卷），第1234页。

柳亚子读了李济深此词后，也赋词一首《前调·次任潮将军韵为亡友庚白先烈赋》云：

溯髫龄箪火倡亡秦，陈吴漫同论。恁鲁连未老，围城玉貌，蠖屈悭伸。黯淡白龙鱼服，血溅热肠殷。黄鸟歼良痛，谁赎斯人？　未了三生幽怨，怅顾荣挥扇，蛾贼难奔。岂桓魋石椁，马革裹埃尘。待他年鹤归华表，傍宋台勒石表成仁。遗书在，壮河山气，不死精神。①

李济深、柳亚子，一戎马武将，一文豪名士，都对林庚白的一生做出了极高的评价。林庚白为推翻帝制和抗日御侮，一生奋斗不息，其百折不挠的报国热肠和以身殉国的成仁精神，气壮山河，永昭后世。

林庚白殉难后，迫于当时香港沦陷的局势，被草草葬于九龙。2006年5月13日，林北丽在上海与来访的沈惠金谈到林庚白墓葬问题："抗战胜利后，孙科出面把林庚白等一批知名人士的遗骸迁葬到上海万国公墓，当时的《申报》对此有报道。后来，林庚白的墓穴位置要辟为通道需要迁移一下，公墓管理方这时候又说这个叫了几十年的林庚白墓穴不是林庚白而是另外一个人的，至于林庚白遗骸已搞不清葬于何处。北丽先生愤愤不平地说：'庚白早年投身辛亥革命，在抗日战争中献出宝贵

---

① 《丽白楼遗集》（下卷），第1234页。

的生命,如今墓穴怎么可以说没就没了呢?'她说她正在向有关方面申诉,希望能找到庚白之墓并立上一个碑,完成晚年最后一个心愿。"① 五个月后,林北丽于 2006 年 10 月 18 日与世长辞,只能带着这个最后的心愿到天堂与林庚白等亲人们相聚了。

林庚白殉难后,林北丽含辛茹苦,拉扯养育三个孩子成长,并竭尽全力在动荡的岁月中保护好林庚白的诗文手稿。1987—1988 年,由中国革命博物馆周永珍先生促成,林北丽分批将林庚白手稿捐赠给中国革命博物馆收藏。1989 年,在柳亚子先生长子柳无忌的支持下,林北丽委托周永珍协助编辑整理林庚白诗文集,以《丽白楼遗集》(上下卷共两册)为书名,由人民大学出版社在 1996 年 7 月出版。此前,1991 年 10 月,林北丽为即将出版的《丽白楼遗集》写下了《风风雨雨五十年》一文,纪念林庚白殉难五十周年。她详细回忆了当时在香港的章曼实先生(安徽桐城人,疑为章伯钧家人)"冒险从日寇手中智取"林庚白诗稿,否则诗稿"早就损失殆尽"。章曼实智取诗稿后,托友人把诗稿带到广东曲江黄淑仪家中。1943 年,林北丽在香港伤愈后,特地从九龙转道曲江,取回诗稿带到桂林。

此后,她的同事、年轻的福州同乡高澹如先生,因为仰慕林庚白的诗文和人格,冒着生命危险,帮助她保护林庚白手稿:

一九四四年日寇入侵桂林,我与广西盐务管理局诸女

---

① 蔡登山:《奇人奇书:林庚白和〈子楼随笔〉》,见林庚白著:《子楼随笔 庚甲散记》,浙江大学出版社,2018 年,第 7 页。

同事均被该局紧急遣散。时日军已迫近城郊，交通阻塞，我们只能步行撤离。我单身一人，如何能带着五岁的女儿、衣物行李及大包诗稿长途跋涉？桂林盐务分局的高澹如先生曾因爱读桂林报刊上柳亚子先生介绍的庚白的诗篇和评论而和我结识。在撤离桂林的最后时刻，他被指派负责转移两局的档案资料，并有一辆汽车与几位随行人员。临行时，澹如向我表示，愿携带庚白诗稿与盐务局档案资料同去云南昆明。并对我保证，只要他能活着到达昆明，诗稿必定与他同存。无奈，我将妥存诗稿的重任托付与他。事后知道，他们在桂滇公路上，频遭日机轰炸，澹如为了实践他的诺言，几乎天天捧着这一大包诗稿，步行八九里去郊野躲避轰炸。而汽车也只能昼蛰夜行，在虬屈蜿蜒的山路上，几遭倾覆。澹如带着诗稿历尽艰险，始得安抵昆明。我随同桂林文化界几位朋友，步行撤离桂林，至柳州，始得张发奎先生的帮助，乘便车到贵阳。又经邱君联系车辆，辗转数月，岁末始抵重庆。翌年秋，在重庆盐务总局复职后派往昆明，入云南盐务局工作，和澹如重逢于昆明盐务局，终于从他手中取回了完整的《丽白楼诗集》的稿件。①

抗战胜利后，国民政府令部分闽籍公职人员赴台，参加光复台湾的接收工作，林北丽和高澹如一起前往台湾工作。有感

----

① 《丽白楼遗集》（下卷），第1246—1248页。

于高澹如先生的忠义和赤诚，林北丽在1947年与忠义儒雅的高澹如在台湾结婚，徐蕴华也随他们二人去了台湾。不久后，台湾发生"二·二八"事件，林北丽被视作"有共产党嫌疑"而上了"内部控制的名单"，全家一起回到大陆。在此后的动荡岁月中，高澹如先生数十年如一日陪护着林北丽，和林北丽一起抚养林庚白遗孤，并冒着极大的政治风险，和林北丽同心协力，终于守得林庚白的手稿重见天日。

1949年上海刚解放，柳亚子先生多次从北京来电来信至上海，询问林庚白诗稿的下落。1950年10月，柳亚子夫妇重回上海，到林北丽家，亲自将林庚白诗稿全部携往北京，准备重新整理，设法出版。后因形势突变，直到1958年柳亚子病逝，林庚白诗稿都未出版。

1960年代初，林北丽给在北京的陈绵祥（"南社"领袖之一陈去病的女儿，也是"南社"成员）去信，请她代为联系上柳亚子的长女柳无非，从柳亚子的书斋中整理出林庚白的诗稿，以及柳亚子生前亲自编贴的庚白致亚子的诗札等稿件，林北丽专程赴京取回到上海。不久，"文化大革命"开始，林北丽被下放，"又幸得澹如持稿到处匿藏，才能完好的保存至今"。

在林庚白殉难半个多世纪后，林北丽依然为林庚白诗文集的出版殚精竭虑，这足以表明她与林庚白之间基于革命理想的共同情志。她后来的终身伴侣高澹如先生，对她和林庚白诗稿从一而终倾心守护，堪称义薄云天，君子之风，令人动容。林庚白何其不幸，又何其有幸！因为拥有林北丽对他的爱，他天才的诗文得以保存，他非凡的人格得以彰显，他不同流俗的思想得以光大，有妻林北丽，是林庚白不幸中的万幸。

林北丽为纪念林庚白撰写了许多文章，这些文章都收在2005年编辑出版的《林北丽诗文集》中，主要目次如下：《二十七年的旅程》（1943）、《庚白的死》（1943）、《丽白楼自选诗序》（1943）、《风风雨雨五十年》（1991）、《浅谈庚白诗词》（1997）、《不思量　自难忘——纪念庚白诞辰一百周年》（1997）、《林学衡传略》（约1997）等。另外，在她写的有关柳亚子的文章中，如《柳亚子先生的为人比他的诗文更值得珍贵的一面》（1944）、《年谊世好忆亚老》（1987）等，也有涉及庚白。所有这些，都成为后人研究林庚白的珍贵资料。

1949年，新中国成立后，林北丽与儿女们长期生活在上海，后任上海中科院药物研究所图书馆副主任。林北丽诗画琴棋皆能，是赢得今人尊重的才女。她不仅将林庚白诗文手稿捐赠入藏于中国革命博物馆，促成《丽白楼遗集》的出版，还促成自己父母《徐蕴华林寒碧诗文集》（1999）的出版。2005年在她九十岁生日时，她将自己的诗文选编结集为《林北丽诗文集》出版，吴小如先生为文集题签。2006年中秋节前，林北丽自觉不久于人世，电话其总角之交、著名诗人、学者文怀沙，请文怀沙为她撰写生挽诗，文怀沙于2006年9月26日为林北丽题写生挽诗如下：

瑶池诏发凤啁啾，一例仙班舞故俦。百卷诗名延上界，万家灯火近中秋。

　　盈盈香满潇湘馆，渺渺箫喑弄玉楼。旦暮冰魂归去也，绛珠光尚耀高丘。

　　鸾轺欲下紫云边，缱绻红尘近百年。玄圃赤墀仍伫候，莱堂彩戏更连流。

　　仙凡路异皆成聚，星月天遥终是圆。重嘱诸君分袂日，无须薤露唱凄然。

文怀沙少年时曾在杭州受教于徐自华，与林北丽同学，他对徐自华、徐蕴华、林北丽、林庚白充满了诚挚的感情。1997年4月5日清明节时，他为即将出版的《徐蕴华林寒碧诗文合集》撰写了长序《神州有女耀高丘》。在这篇序文中，文怀沙动情地写道：

　　1941年12月19日下午（珍珠港事变后的第11天），在香港九龙天文台今巴利道上，日寇的子弹头透过北丽的右臂，射中林庚白的心脏——诗人倒下了！……诗人林寒碧和诗人徐蕴华的结合，却生出一个真正的诗人——林北丽。……她的丈夫林庚白，被许多人公认为南社钜子、大诗人。记得1943年4月柳亚子写信给我，内附林庚白追悼会的纪念册，刊有柳扬誉庚白的文章，其中有一段令我永难忘记的话头。庚白宣称：十年前论古今诗，老杜第一，苏戡第二，我林庚白第三；现在论诗，我林庚白第一，杜甫第二，苏戡卑不足道也。柳亚子以诗人的激情充分肯定庚白所论不谬，同时，又作了极为生动的补充。柳说只有当他读了林北丽的诗以后，他才发现："徐淑清才，乃在秦嘉之上。"我不禁为之击节。丈夫诚然了不起，女中丈夫更是了不起。能在文学才能上高出丈夫一头的妻子最使我开心。君不见前有李易安，今有林北丽乎!?①

文怀沙此序，坦然流露了他对挚友林北丽和林庚白的敬重。在林庚白身后，无论是李济深、柳亚子、林北丽，还是高澹如、柳无忌、周永珍、文怀沙等，他们发自肺腑崇敬珍重林庚白其人其诗其文其手稿，足以表明斯人虽逝，精神不死！

---

① 周永珍编：《徐蕴华林寒碧诗文合集》，社会科学文献出版社，1999年，第1—8页。

下辑　世间缘

一　原配许今心：宣南婚姻附骨疽

从小植根内心深处的英雄主义情结，令林庚白成为时代的叛逆者、弄潮儿。他是斗志昂扬的革命战士，是纵横捭阖的谋士，是激情澎湃的诗人，是性情浪漫的文士。推翻帝制清廷，实现民主共和，法治、民治是他终身追求的政治理想。在惊涛骇浪的时代洪流中，他和当时众多的革命先驱一样，经历了无可奈何的婚姻，遍体鳞伤的恋情，忠贞炽热的爱情，眷恋牵挂的亲情。

林庚白的原配夫人许今心女士，出身福州侯官进士世家。前文已述，林家和许家互为儿女姻亲。许贞干的儿子许居廉，任外务部佥事，娶林庚白的胞姐林端仪。许今心是许居廉的胞妹，与林端仪为姑嫂关系。福州旧俗，世家大族多交互联姻。1914年中秋节，林庚白十八岁，回到福州，接受胞姐林端仪的安排，与许今心女士结婚。

林庚白与许今心结婚后，定居上海。1923年一度移家北京，1924年他在北京任铁路局长、铁路会办等职。婚后，他依然以革命为主职，四处奔波，或居北京，或居南京，或居上海。今上海建业里石库门嘉佩乐酒店一带曾是林庚白与许今心女士的房产。作为三代进士门第出身的传统女性，许夫人一心相夫课子。1929年9月18日，中秋节，林庚白三十三岁，独自在南京，题诗《旧历中秋对雨有感》，抒发了对十六年婚姻家庭生活的感慨，其中两首写道：

宣南此夜记双栖，十六年中几爪啼？叹老嗟卑吾岂肯，人间嫁娶只泥犁。（余以甲寅中秋结缡）

三女肩随一妇俱，两儿时寄北平书。只愁长大难如我，留命桑田趣走趋。①

此时，离林庚白与许夫人最小的女儿林应更（即林无畏）出生还不到一个月。林庚白与许夫人育有二子四女，二子是应恒、应咸；四女是应颐、应升、应乾、应更（又作应庚）。

林庚白与许今心的婚姻，属于中国传统由长辈包办做主的世家联姻。林庚白父母早亡，胞姐林端仪给予他父母般的关爱，姐命难违。对于追求革命的林庚白而言，被姐姐安排与许今心亲上加亲的婚姻，是一种无可奈何的命数。他心中期待的是如燕妮、卢森堡夫人那样的革命伴侣。1929年12月11日，他在

---

① 《丽白楼遗集》（上卷），第92页。

南京作诗《自题小影》道："革命若教鲽鲽共，誓为民族决存亡。"

1931年四五月间，因孩子生病，他回北平看护，其间有诗说"婚嫁真成负骨疽"，"婚媾销磨人事尽"，足见他对婚姻现状的不满与失望。1932年，他应章衣萍约请，写了《林庚白自传》。在自传中，林庚白反省自己和许今心女士结婚，说"这是我的生命史中最错误的一页"。他说许夫人"虽则不坏，而和我共同生活，因了根本上的思想和意识、情绪，都十分冲突，而且彼此对于家庭的最大需要不同，只有使彼此都感着痛苦"。

为了结束与许今心"彼此同居都感着痛苦"的婚姻，1930年，林庚白与许今心离婚，他把上海建业里石库门一带的房产（今上海徐汇区建业里建国西路480号嘉佩乐酒店周边）和股票证券等资产皆归许今心及其子女，以弥补自己的愧疚。1931年7月31日和8月5日，他写了同题诗歌《感怀》二首，表达自己对许夫人劳瘁抚养儿女的同情，抒发了自己情场、政界两不如意的感伤，他说：

> 婚宦伤心史，依违二十年。已成终懒散，不用更华颠。党国孤危甚，交亲几辈贤？悠悠天地大，忍遣一身悬？！
>
> 昏宦廿年余百悔，雨风一夕入千哀。故知道在身安托？！终恐邦新骨亦灰。①

---

① 《丽白楼遗集》（上卷），第158—159页。

林庚白与许今心情志趣味迥异，但二人毕竟共同生育了六个儿女。林庚白年少忙于革命，与孩子们共处的时间并不多。1929年10月10日，许夫人生下他们最小的女儿林应庚，33岁的林庚白为此写下三首诗歌：《双十节女儿应庚生》《看应庚洗澡》《抱无畏读诗》。这时，林庚白正当壮年，他热衷的国民革命因国共合作的破产而陷入困境。他只好闭门读书，研究诗词，打发苦闷的时光。小女儿的出生，给苦闷中的他带来了些许俗世生活的乐趣。在《双十节女儿应庚生》中，林庚白写道：

思共频年世变新，传闻血脉倘相因。生辰国庆诗能记，弄瓦端应笑古人。

望汝他时读父书，啼声初试定何如？千秋事业卢森堡，蔡琰班昭只腐儒。①

林庚白希望女儿成长为卢森堡这样的现代西方女性革命家，他把蔡文姬、班昭等中国传统的才女讥讽为"腐儒"，足见他对现代女性的期盼。

在《抱无畏读诗》中，庚白写道：

手把娇婴细读诗，咿呀忆我在儿时。行年三十还兼六，尚有童心与汝嬉。②

---

① 《丽白楼遗集》（上卷），第97页。
② 《丽白楼遗集》（上卷），第109页。

《看应庚洗澡》道：

一个小孩，像只虾蟆。澡盆里面，哗啦哗啦。
刚出澡盆，就想吃喳。呱哇呱哇，瞧着她嬷。
总算舒服，生在我家。棉袄棉裤，暖袋睡车。
奶粉当饭，糖水当茶。两个钟头，一顿不赊。
想到穷人，景况太差。生了小孩，随便乱拖。
衣食不周，何况其它。母亲喂奶，父亲咬牙。
工厂做工，田地种瓜。推车挑担，卷烟织麻。
煤油布匹，粮食棉纱。够你辛苦，功钱可加？
小孩养大，不过像爹。冬天冻着，夏天长疤。
做工种田，有吃就爬。光想念书，学费谁花？
西洋文明，只剩嘴夸。女工童工，可怜娃娃。①

这两首诗不仅反映出林庚白的童心童趣，更重要的是，他将自家女儿"舒服"的生活景况与贫苦劳工家庭孩子衣食无着相比较，批评了现代"西洋文明"造成贫富悬殊的一面，从这儿能看出林庚白念念不忘民间疾苦，他对弱势民众葆有赤诚的同情心，是他力求改造中国社会的内在本能。

林庚白与许今心离异后，许今心倾其心力，抚育培养儿女

---

① 《丽白楼遗集》（上卷），第108页。

们，孩子们都得到良好的教育，并对社会做出了贡献。林庚白与许今心育有二子四女。

长子林应恒（1915—?），卒于青岛。

次子林应咸（1924—?），黄埔军校西安分校学员，孙立人部下，随孙参加抗日远征军入缅作战，校级军官。因蒋孙矛盾，在台湾退役后，赴香港经商。1997年后移居加拿大，卒于加拿大。

长女林应颐（1917—1969），出生于上海。应颐十七岁时，林庚白有诗《白克路故居女颐生处》写道："电掣烟销十七年，呱呱小女已齐肩。人生到处留泥爪，只换经过一惘然。"林庚白一直忙于社会政治活动，对儿女们并没有尽到太多的抚养之责，此时苦恋张璧失败，面对已经齐肩的长女，心生"惘然"之叹。应颐于1936年因病肄业于金陵女子大学附属高级中学。1952年到上海市河南北路小学任教。1957年被打成"右派"，下放农村劳动改造。1961年返回河南北路小学。1969年脑溢血病逝。其夫郎鑑澄，1928年毕业于烟台海军学校，1929年至1937年，被海军部派往英国、德国深造，抗战中任国民政府海军总司令部上校，1946年在定海任巡防处长。1949年后任教于新中国大连海军学校。

次女林应升（1920—2012），西安电影制片厂干部，民革成员。其夫汪中熙，满族，北京人，曾任西安电影制片厂副厂长兼总工程师，中国影协陕西分会副主席。

三女林应乾（1922—2016），出生于上海，先后毕业于上海培文女中和沪江大学外文系英语专业。大学毕业后供职于上海外滩中国银行外汇部。其夫蔡明忠，与应乾为沪江大学同学，毕业后就职上海外滩海关。1955年夫妇俩奉调北上一机部工作。1957年蔡明忠被划为"右派"，夫妇俩一起下放青海医学院工作，改革开放后调回上海机械学院外文组任教。

四女林应庚（1929—2015），即林无畏，或作林应更，是林庚白与许今心所生最小的孩子。1951年2月毕业于上海圣约翰大学外语系，后在上海市外事部门工作，从事英语翻译，任过翻译科副科长等职。1968年下放上海市直属机关"五七"干校劳动。1975年起，入上海复旦大学历史系拉丁美洲研究室任教，兼任过教研室副主任等。2015年6月4日病逝于上海。在与许今心生的众子女中，林庚白"独爱"无畏。1933年6月，他题诗《暑中喜无畏来玩》：

> 百不能名但惘然，却寻诗境静常妍。时晴时雨今年夏，忽热忽凉末伏天。身近小儿闲亦喜，偶亲而父此何缘？千秋属望卢森堡，吾意蹉跎莫浪传！①

在这首诗歌后，林庚白自注道："余解缡四年矣，于儿女辈，不甚闻问，而独爱无畏，数以暇时呼之来玩。"

---

① 《丽白楼遗集》（上卷），第236页。

二　错恋张璧：我爱何曾非磊落

　　1927年4月18日，国民政府定都南京。此时，林庚白正因为国共决裂而痛苦中。三十一岁的他仍被南京当局聘为外交部顾问及南京市政府参事，他因此长居南京，但夫人孩子仍在北京。1931年四五月间，因孩子生病，他赴北平照护，随后又举家南迁，再居上海。1929年12月底，三十三岁的林庚白在友人的酒席上，邂逅铁道部女职员张璧。张璧是林庚白这时正爱慕敬重的女革命党人杨志漪（即杨石癯）的同学。①

---

　　① 承北京大学教授张剑先生赐告："张璧是江苏女子，民国十六年（1927）6月，在国民党南京市党部妇女部指导下，南京市妇女协会召开成立大会，选举执行委员9人，张璧之姐张修即是其中之一，因此，张璧可能是南京人，也是妇协的骨干分子。张璧之父张亚明，据《申报》等资料，可知他任过江西师范讲习所所长、武昌高等师范教授，1922年11月在上海中华职业教育社任职，1927年参加中华职业教育社第二次执行委员会，当选为十周年纪念会筹备委员，1928年4月任中华职业教育社上海职业指导所所办佣工训练所训练员，后赋闲。"

1930年1月，林庚白与女革命党人杨志澥互相倾慕。当时，杨志澥就读于上海大陆大学，张璧是杨志澥的同学。此时，杨志澥已经秘密加入中国共产党，使命在身，没有和林庚白继续相恋。由于和杨志澥无法保持恋情，林庚白开始爱屋及乌，爱上了张璧。据林庚白《藕丝集》所存诗歌可知，大约自1930年2月7日起，林庚白与张璧交往渐多，开始追求张璧。杨志澥也知道，并寄诗调侃林庚白，林庚白在1930年2月22日题诗《志澥寄诗相戏却和》道：

温馨休较短长笺！过眼琼瑶只化烟。吴下阿蒙非昔日，肯仍辛苦为花颠？

众浊谁能喻独醒？春兰秋菊各芳馨。人间爱恋寻常事，莫把长眉斗尹邢？①

三天后，他又题诗《有感》：

东鲽西鹣意易柔，一身只作置书邮。好春换尽闲滋味，眼送流波始欲愁。②

刚出校门工作不久的张璧，尚葆有女学生的清纯温柔，她宽脸素面，这时还没有"金粉"气，林庚白把对杨志澥的爱转

---

① 《丽白楼遗集》（上卷），第133页。
② 《丽白楼遗集》（上卷），第133页。

移到了张璧身上。1930年2月25日，他题诗《向晚轻阴，枯坐书忆》：

> 长日春阴共闭门，一庭花气袭黄昏。廿年惨绿谁知己？四海惊鸿此感恩。缄札能亲犹有恨，神情最好在无言。却思渔市街头路，寒雨檐花梦亦温。①

这首诗第二、三联写自己和杨志漪有缘无分，虽然时常鱼雁传书，惺惺相惜，但却不可能继续相恋。因此，他在尾联思念起同住在南京，宿舍在渔市街的张璧。林庚白在一些聚会场合，接触到张璧，印象是此女"思想好"，有"革命者的态度"，这令他自以为张璧是他的革命同路人。1930年2月23日夜，他在南京题白话语体诗《难忘》道：

> 从反对同乡会上，
> 瞧出她的思想好。
> 真个能推进时代，
> 哪管它天荒地老！！！
>
> 是革命者的态度，
> 是女孩儿的心肠？

---

① 《丽白楼遗集》（上卷），第133页。

> 只要她自己知道,
> 干吗我总是难忘?!①

从这首诗可以看出,林庚白开始陷入对张璧的爱恋中。1930年2月底3月初,林庚白在《连日阴雨,见瓶梅有感,寄似诗白》中写道:"我与此花同不朽,未应只伴苦吟身。"希望自己能与张璧同生死。1930年3月21日,他题诗《一诺》道:

> 灯前一诺几回肠?! 语重心长各感伤。捉腕难忘春夜冷,点头可似女儿常?身疑近俗初求恋,意有如山未肯狂。百炼平生成绕指,威仪每对胆先恇。②

1930年3月21日,这天应该是张璧同意与林庚白相恋的日子,林庚白写给张璧的诗中多次写到这个日子,后来还有白话语体诗《是第五次的二十一日吗?!》,可见他一直珍惜和眷恋这个日子:

> 吹不尽水面的浮萍,
> 忘不了昨夜的星星。
> 是第五次的二十一号吗?!
> 在这里只有你才能够——

---

① 《丽白楼遗集》(上卷),第134页。
② 《丽白楼遗集》(上卷),第136页。

才能够占领了我整个的魂灵。

那儿是爱和革命的结晶?!
那儿是生与自由的模型?!
是第五次的二十一号吗?!
希望你永远记住——
记住要学哥仑泰至少也要做宋庆龄!!!①

从 1930 年的 3 月 21 日,到 1932 年底,为这个张璧允诺与他相恋的日子,林庚白写了三四十首纪念诗词,他期待他的恋人是女革命家,如哥仑泰、宋庆龄那样。

1930 年 4 月 10 日,林庚白到火车站送张璧去镇江,两人在车上聊天竟然忘了车已经开了,林庚白题诗记下此行,其诗《诗白有京口之游,余送至车次,絮语忘情,车竟启行,遂相偕诣京口,饭于镇江饭店,夜分复归,触怀有作》道:

道是送行却有行,惊鸿飘燕可怜生。灯光难写千般意,春涨能知此际情。敢以温馨忘爱敬,恰于委婉见真诚。金焦好月如相念,照我回车更几程?②

---

① 《丽白楼遗集》(上卷),第 147 页。
② 《丽白楼遗集》(上卷),第 136—137 页。

虽然张璧也曾表示她永远要随着林庚白"奔向革命的前程",但是,对已有家室的林庚白,张璧始终不放心。1930年4月25日,林庚白在南京题诗《萨家湾雨中过诗白》:

潇潇寒雨萨家湾,歧路回车意百端。天气关心衣食稳,楼居默祝昼昏安。何曾恶少知怜寒?! 自古情场是苦酸。说与婵娟珍此味,成功万事始艰难!!!①

1930年5月7日,林庚白有诗《废历立夏前三日,偕璧妹及翟女士观〈情侣〉影剧,遂游后湖,采樱桃一篮而归,赋似璧妹》,可见,这一时期,林张二人已在热恋中。四天后,林庚白又题诗《得璧妹书却寄》两首,其一写道:

并蒂芳笺散万愁,便教是梦也温柔。天涯咫尺飘红叶,莫遣浮萍逐水流!②

这些诗足见林庚白对张璧的深情。但张璧对林庚白忽冷忽热。一个月后,6月6日,林庚白写了多首诗,写6月1日晚在中央饭店苦候张璧,张璧没有前来赴约。其诗《六月一日中央饭店夜坐》道:

---

① 《丽白楼遗集》(上卷),第141页。
② 《丽白楼遗集》(上卷),第143页。

半晌微晴半晌阴，一春负尽绿深深。可怜昨夜星辰在，碧海青天独此心。①

又有诗《中央饭店雨夜有感》道：

黄昏过尽角声哀，楼外惊鸿更不来。急雨回风如写恨，痴情自古误怜才。灯前万语翻成默，檐际微频只费猜。岂似寻常凄寂味?! 独携归梦伴玫瑰。②

1930年6月20日，林庚白有诗《尾闾》和《病榻》各一首，写了当时张壁对他们俩恋爱关系狐疑不决的态度。张壁不希望与林庚白原来家庭有所纠缠，林庚白因此不惜买卖公债，抵押借款，前后损失了几万元，以自己净身出户为条件，于1930年6月与许夫人协议离婚，然后正式向张壁求爱。但张壁依然对他若即若离。1930年11月2日，林庚白在南京写下多首诗歌，抒发"前尘黯绝独来时""裹尽青丝只自笺"的感伤，他在《双十节偕同蘖妹及方丽女士游第一公园》中写道：

游踪兼月断相携，及共园林日未西。士有忧劳知自毙，世非婚媾欲何齐?! 雨云千态天难问，党国群飞路易迷。最

---

① 《丽白楼遗集》（上卷），第148页。
② 《丽白楼遗集》（上卷），第148页。

念羽毛珍惜意，不须舞镜感山鸡？①

这时的他，不仅感伤情场前景难以捉摸，还深忧置身其间的"党国"前途黯淡。

直到1932年1月19日，林庚白对张璧依然牵肠挂肚，他得知张璧在南京形影消瘦，不惜将廖仲恺夫人何香凝送给他的画作寄赠给张璧，并题诗《白下书来，念璧近赢瘦，因寄赠廖夫人所画梅，媵以一诗》道：

别汝楼居近卅旬，柔肠转转日如轮。惊闻弱瘦销吾骨，善与扶持惜此身！至爱当知关肺腑，恶因莫遣种冤亲？！江梅一纸殷勤寄，昨岁梅花倘未尘？！②

但是，张璧在她姐姐、表叔等人的反对下，开始疏离林庚白，最后断绝了他们的恋情。1933年，在两人关系彻底破裂后，林庚白写下了《与张璧书》，详细回顾了两人之间的爱与怨。此信非常坦白与细腻，足以看出民国时期名士们在动荡的革命潮流中，对革命中的爱情和婚姻的认知。

林庚白为何苦追张璧？这与国共合作却又分裂的惨烈时局有关。国共分裂后，林庚白对国共两党间相互残杀非常难过，

---

① 《丽白楼遗集》（上卷），第151—152页。
② 《丽白楼遗集》（上卷），第170页。

却无能为力,这令他精神上相当苦闷。1930年11月12日,他题诗多首,既感叹情场前路迷茫,又感叹政局令他绝望,他说:"低徊歧路自西东,俯仰京尘一默中。举国先忧怜我独,末流众醉叹谁同?"在这样苦痛沉默的政治生态中,他希望找到一个志同道合的女性,抚慰他失落的情志。许今心是传统女性,无法在精神层面上理解他、慰藉他,于是,"现代女性"张璧走进了他的视野和心中。他在自传中详细反思了这段错恋的缘由及后果:

> 虽则我也怀疑着中国的革命和国民党的前途。这样使得我对于灰色的人生,更起了模糊的观感,感着人生的一切,都没有什么趣味,于是我要找寻刺激、麻醉,来替代我幻想中的慰安。同时我的想象中,有一位异性,恰合于我的需要,可是机会不凑巧,整整五年,不曾碰着。另一方面,又于无意中,遇着了一位我的主观认为很美、很聪明、很柔和,而且可以训练出来的安慰者,不待这一个时期中的我,是迫切的需要这么一位异性了。忍受着我生平所未曾经历的痛苦,和我个人的精神上、物质上空前的损失与牺牲,不但诚诚恳恳地,接受了她的暗示,遵着现代资本社会的道德律,和彼此同居都感着痛苦的名义上妻子离了婚,还有许多写不出来,也写不完的爱之创痕。我相信我对于她"情至义尽",无论在情感方面、理智方面,我都已替自己、替她很精密地想过了。她所有的烦闷,以及

造成她一切烦闷的环境，和附带的问题，我也都一件件替她考虑了，计划了，可是爱的怀疑之蛇的暗影，突然来袭击我这残留的一颗心，虽则也许由于我的神经过敏的推测，她的人格和智力，都不会那样，但假使这推测对的，从小想做"超人"的我，仅于求为一平凡的人而不可得，那我三十六岁的生命史，也就是由一岁到三十六岁的生活，至少是太无意义、太无价值了，除非意外地有新的生命力，伟大的生命力的赐予。①

林庚白写有小说《三年》，以金先生和玉女士为主角，叙述他追求张璧的经过。为了追到张璧，他决意宁为玉碎，不为瓦全，不仅净身出户，甚至无微不至地照顾病中的张璧，侍候张璧与闺蜜们打麻将，出面安排张璧的父亲任县教育局长，不得不周旋于自己所厌恶的官场，想为张璧提供体面的生活。他有诗句感怀此苦恋道：

直以身为注，心危事益艰。虚怀交俗士，忍辱恋粗官。未信怜才误，终疑负义难！神州携手意，岂独望团圆！②

正如他在小说《三年》中反省自嘲道："为革命的幻灭，而追求恋爱，为恋爱的驱使，而留恋着做官，这一来又使金先生

---

① 《丽白楼遗集》（下卷），第1225—1226页。
② 《丽白楼遗集》（上卷），第154页。

跌进了堕落的深渊,虽则在那时金先生也想到,环境的支配,和阶级性的不易克服,而又回复于感伤中。"①

林庚白与张璧维持了整整三年(头尾四年)的苦恋,对林庚白而言,他对张璧是一往情深的,却最终被张璧无情抛弃。他有诗"倾城肺腑胜黄金,九死难邀一寸心"。直到1932年12月,在上海的林庚白依然题诗多首,感叹"三年孽海惊魂在,进入秦筝感叹深"。

此次相恋与失恋,对一向心高气傲的林庚白打击巨大。林庚白生平最自负于观察、分析、判断一切的事和人,却翻车在小他十二三岁的张璧身上,这严重打击了他的自尊心,也让他在人格上觉得备受欺骗、背叛和侮辱。他在与张璧决裂的长信中,详细阐述了自己的性别观、爱情观和家庭观。他说:

> 任是何人,只要遵着现代社会的道德律而离婚,而求爱,同时在不违反法律之范围内,不但彼此都不负道德上的责任,而且可以说是很合于道德的啊!……同时更为了我生平反对多妻制,尤其我对于异性,绝对的要负责,我不愿对不起人,所以要我像一般人那样在妾制或情人制的拥护之下,来解除自己的痛苦,那不但在积极方面不可能,在消极的方面,我也认为不人道。另外最重要的原因,就是我需要着思想的共鸣。我理想中的爱侣,要于公于私,

---

① 《丽白楼遗集》(下卷),第1212—1213页。

都有益的，至少可以接受我思想的，再慢慢地训练出来，你恰是适合于我需要的一女性，不能和旁的人相比。还有一点，就是我对于浪漫的爱，有深刻的认识，同时我对于人生，尤其有丰富的经验，因此浪漫二字，我的趣味上，是不允许的，不但是理论的不赞同，决不会如你所顾虑。①

林庚白的这段自白，其实还是以男性视角来审视两性婚姻的，并没有从女性的视角来考虑两性婚姻之间的平等关系。20世纪初，从徐白摩、瞿秋白开始文明离婚，到蒋梦麟、林庚白等离婚，那个时代的许多名士，都将与旧式包办婚姻决裂，视为现代社会革命必要的一个环节。但事实上，被迫离婚的女性，依然是男性主导的社会中的牺牲品。

从1930年初到1933年6月，林庚白为张璧写了许多情诗和情词，都收入他的诗集《藕丝集》《爨馀集》《过江集》中，足以展示当时他对张璧一见钟情的痴心之状。三年里，他为了张璧，在上海回避了一些女士对他的爱慕，却最终身心俱伤。张璧无法接受林庚白，一是担心受林庚白原来家庭和孩子们的羁绊；二是因为不满于林庚白与章衣萍、柳亚子、郁达夫、谢冰莹等在上海的各派文人过从甚密。林庚白年少成名，"饱经忧患，戎马余生"。无论是政治地位还是社会地位、文化地位，在上海、南京、北京等地，都亨有盛名。他自信满满，以为凭借

---

① 《丽白楼遗集》（下卷），第1069—1072页。

自己的才气名气，追求张璧这样二十出头的青年女学生应该无大障碍，但事与愿违，他不得不吞下被张璧无情抛弃的苦果。《平生一首寄璧妹》，是林庚白写给张璧的最后一首古体诗，诗云：

> 几从上海去南京，结夏荷花倏又荣。悄悄能深三宿恋，依依不减四年情。怜渠渐老终何待，共汝相持倘有成。迷眼惊鸿轻一顾，平生信义要分明。①

林庚白还指望用"信义"感召张璧回心转意，但在张璧那儿，"从此林郎是路人"。

这场轰动一时，落花有意，流水无情的错恋，把林庚白折磨得一无所获，心神几近崩溃，他自道"万事为君散"，一度愤而把霞飞坊的寓所命名为"孑楼"，形容形只影单孑然一身的凄凉境地。他甚至给自己取号"摩登和尚""孑楼老人""忏慧"等，对自己情感失败的人生极尽调侃。因为这场苦恋，他精神心力备受打击，痛苦到"两年不入秣陵城"，南京成了他的伤心地。最后，他以白话诗《整整的三年》，将这错恋苦恋画上句号：

> 整整的三年，

---

① 《丽白楼遗集》（上卷），第247页。

我毁灭了自己的尊严，
　　我毁灭了自己的尊严，
　　我幻想着美满的一天。①
……

　　直到1936年秋在南京，林庚白邂逅林北丽，才幸运地找到属于他的爱的港湾。

---

① 《丽白楼遗集》(上卷)，第185页。

三 挚爱林北丽：姮娥为我作光明

1938年，在重庆，林庚白有诗歌《望夕偕同北丽、芋龛过纕蘅寓斋论诗归赋》，其中有句"岂独谈诗雄此夜，姮娥为我作光明"。林庚白心中的"姮娥"，正是他的妻子林北丽。

林北丽（1916—2006），原名隐，室名丽白楼、博丽轩，祖籍福州，客籍浙江海宁石门，是林徽因的堂妹，两人的高祖父同为林振高，林北丽的曾祖父林彦起是林徽因的曾祖父林起苍的长兄。林北丽的父亲是林寒碧，母亲是徐蕴华。1916年7月21日，林北丽出生于上海，十七天后，时任《时事新报》总编辑的林寒碧，因报务赴梁启超之约，在上海马路上被英国人汽车撞死。襁褓中的林北丽自此失去父爱，与母亲相依为命。

林寒碧与林庚白既是乡亲，又是民国初创时北京政府的同事兼好友。宋教仁曾非常器重林寒碧。林寒碧一门兄弟多投入清末民主共和的革命之中，为之牺牲者众。著名的黄花岗烈士林觉民与林寒碧同为林彦起的孙子，林寒碧的父亲林孝简与林觉民的生父林孝颖、嗣父林孝颖是亲兄弟；林肇民和林尹民是亲兄弟，他们的父亲林孝彝是林长民的父亲林孝恂的亲弟弟。也就是说，林振高的五个曾孙林觉民、林寒碧、林长民、林肇民、林尹民都是反清的革命者。林徽因的祖父林孝恂中进士后，长期在浙江做官，并深得当地绅民的拥戴，林家因此客籍浙江。

1913年，林庚白虚岁十七，与虚岁二十八的林寒碧同在北京。当时，林庚白撰《辟日人有贺长雄关于宪法》，此文深得国民党推重，被推为众议院议员，兼任宪法起草委员会秘书长。林寒碧告诉年少的乡亲战友林庚白说，社会上有人谩骂他们为"暴民"，林庚白因此题诗《亮奇语余有以暴民相称者漫为赋此》：

清流竟坐暴民誊，检较行藏略可思。阅世真疑亡直道，哀时无分敛深悲。平生功罪浑难料，流俗讥评未许窥。忍泪中原吾往矣，浮槎剩欲说居夷。①

同年秋，林庚白有诗《江亭暝眺和亮奇韵》：

登临一揽荒寒景，挂梦风沙晚可呼。稍带遥霞明野水，还连余响警菰芦。诗情共坐秋光尽，去意凭传雁语无。感逝伤时吾亦倦，剩从残客说江湖。②

---

① 《丽白楼遗集》（上卷），第18页。
② 《丽白楼遗集》（上卷），第19页。

辛亥革命后，孙中山不得不让政于袁世凯。宋教仁出任北京政府农林总长，礼聘林寒碧为秘书。1913年3月，宋教仁被刺杀，林庚白、林寒碧等革命党人对时局甚为悲观失望。林庚白这两首诗都作于宋教仁被刺之后，与林寒碧一起共伤时局。

徐蕴华是秋瑾的学生，其姐姐徐自华与秋瑾义结金兰，姐妹俩资助秋瑾不少革命经费。秋瑾牺牲后，徐蕴华协助姐姐徐自华与吴芝瑛女士，一起为秋瑾选购墓地，安葬秋瑾。

林北丽就出生在这样的革命家族之中。林寒碧与徐蕴华婚后育有二女，长女林惠（禾儿），幼女林隐（淞儿，即林北丽）。林寒碧去世后，个性坚强的徐蕴华带着两个幼女回到崇德（即石门，现为浙江嘉兴桐乡）娘家，租赁娘家房子，靠办学教书为生。徐蕴华忙于办学，顾不上照顾孩子，林惠不幸在十岁那年患肠胃病夭折。此后，徐蕴华含辛茹苦，悉心培养林北丽。因受母亲徐蕴华的直接影响，加上受父辈革命事迹的感召，林北丽从小独立、任性、果敢。

林北丽在十八岁时初恋茵，茵大她七八岁，"是一个没落家庭的长子"，徐蕴华介绍茵教北丽画画，两人因此相恋，但被徐蕴华阻止了这段恋情。此后，徐蕴华希望林北丽与其娘家侄子帆结婚，这样门当户对且亲上加亲，互相照应。但北丽和这位帆表兄虽往来亲切，却无法产生爱情，她说：

> 我的出身是从没落大家庭转进于革命的家庭的下一代人；而他却是一个豪富家庭财产的嗣续者。我头脑里想象

和希冀的事，从来就不会侵入他的头脑，这样，我们的灵肉必定不能一致的契合。①

林北丽说自己"是一个完全以自己的思想为出发点的任性的女儿"，她与林庚白以自由认识而订婚而结婚的过程，可证此言不虚。

1934年12月12日，林庚白从霞飞坊33号迁居辣斐德路1271号，将此处居所命名为"双梧书屋"。因为中日关系趋于紧张，为了考察时政和摆脱消沉的心境，林庚白于1936年春，从吴淞口乘船南下，经汕头到香港、广州，为黄花岗等先烈战友扫墓，并拜访老友同道，直到秋天回到南京，并于9月5日出任国民政府立法院第四届立法委员。正是在这个秋天，他邂逅了年轻貌美、善解人意且志同道合的才女林北丽。

林北丽1936年毕业于浙江省立杭州高级中学，同年秋天到南京入读金陵大学。这年秋天，林北丽在南京陈去病的长女陈绵祥的家中，② 正式认识其父的挚友林庚白。此前她已经读过不少林庚白的诗文，也听闻不少林庚白的传奇。她认识林庚白后，林庚白有诗歌寄语林北丽道：

---

① 《林北丽诗文集》，第98页。
② 陈去病：吴江同里（今江苏苏州）人，和高旭、柳亚子等一起创建反清的革命诗社"南社"，民主革命的先驱。陈绵祥：字亨利，又字馨丽，号秋梦斋主。其母早卒，其父陈去病把她交给同志友人徐自华抚养，徐自华即林北丽的姨妈。陈绵祥也是"南社"成员，是柳亚子的义妹。其夫为昆虫学家蔡邦华。

莫耽孔墨信耶稣，名教东西朽骨余。说与英年林北丽，心源清处有真途。①

这首诗写于1936年底，林庚白初识林北丽不久，林庚白在诗里对"英年"林北丽说：不要相信东西方的传统"名教"，在他看来，孔子、墨子以及耶稣等传统思想家的学思已经难以适应当代社会的变化，希望林北丽追求当代的真理。林北丽极其服膺林庚白的思想和见解，敬佩林庚白的革命生涯和文学才华。林庚白续前诗一绝道"天涯可语算知音"，他把林北丽视为"知音"。1997年，林北丽在纪念林庚白诞辰一百周年时，撰文《不思量 自难忘》，文中回忆道：

> 童年时曾听母亲谈起庚白与我父亲并称为闽侯二神童。庚白孩提时代即擅长诗文，十四岁应试得魁入京师大学（今北京大学），后即投身辛亥革命。历任众议院、非常国会秘书长，孙总理秘书等职。还为中山先生主持的政府奠定护法基础。这些都给了我深刻的印象。我俩最初的交往主要是论诗和交流诗作，十分投缘。庚白不仅赞同我对赋诗、填词的一些论点，特别是其中关于时与世的论说，还作了进一步阐述。……随着岁月流逝，我和庚白的感情逐

---

① 《丽白楼遗集》（上卷），第331页。

渐升华。两人都认为如果双方结合，共走一条生活道路，一定会使两人的人生更加丰富，更有价值。当时我母亲、亲友和同学一致表示异议。他们怎么也不能理解我。……我认真地考虑了这些善意反对者的种种意见，认为庚白为人坦率、诚恳，从未对我隐瞒他的过去。他具有爱国爱民的思想，遇事不怕强暴，孜孜追求真理，是一个铮铮铁骨的男子汉。政治思想进步，他研究社会主义，力图挽救中国。他写的诗词，经常以社会主义者的情怀，紧密结合时事，以深厚广阔的境界，表现着他那强烈的爱国主义思想与鲜明的政治倾向。在诗词艺术上能吸收和总结前人成就，融合众长，兼备诸体，是我理想中的又一位现代杰出诗人。嗣后，我终于说服了母亲，于1937年3月7日和庚白在上海国际饭店举行了隆重的订婚仪式，介绍人正是柳亚子先生。①

早在1943年林庚白殉国后，辗转到桂林的林北丽就写下自传文《二十七年的旅程》，其中也详细叙述了她和庚白相识、相知、相爱的过程：

> 我和庚白的正式认识，是到南京的那年，但是他的作品，我早已读的很多，他的历史也知道的很清楚，尤其他

---

① 《林北丽诗文集》，第152—153页。

和某小姐的恋爱曾轰动过全南京。他是我父亲的好朋友，所以每当我读他的诗文的时候，我总想，难得这个"老头儿"的思想这样前进，难怪他也要和摩登小姐谈起恋爱来。我的第一次见他是在亨利姐家里，恰当秋天的某一夜，一个穿黄色上装，银灰裤的西服男子来趋访，经女主人介绍以后，方才知道乃是闻名已久的林庚白先生。我十分惊讶他的年轻和潇洒，一口流利的普通话，没有会设想到他是闽侯人的。经过一度的闲谈以后，彼此都很好感。一个服膺社会主义的人而善于算命，这真是一件太滑稽的事，我的好奇心使我也告诉了他我的出生的年月日时，请他批命造。隔不到一星期吧！他来了一封信附着一首诗和一纸命造。诗的第一句便是"故人有女貌如爷"。命造的批语倒很新奇而有时代化色彩，但从他的思想而言，到底是个极大的矛盾。也因此，我对他发生了很大的兴趣。以后，他时常来亨利家访我，某一个例休日，他邀我同去参观一个漫画展览会，那夜，是第一次单独地请我吃饭。在餐桌上，讲起了他的旧恋人，忽然嚎啕大哭，吓得我手足无措，从此这位矛盾的先生，又给我多了一个痴情郎的印象。我们的交往渐渐密切起来，但我始终把他当我的长一辈人，一直都尊称他"白叔"，所以后来竟有人误传我和我的叔父结了婚。以后庚白每天都来看我一次，对我十分殷勤，无微不至，但是从来也不妨害我的学生生活。一个星期他总要写三四封信，在知道我也能写诗以后，又时常寄诗送我，信的内容那么丰富，而又写得那么流畅而生动，诗更是充分地表现了他的怀抱和天才。这些诗和信，是从来不会因为来得太多而使我厌烦。所以与其说我倾倒庚白，到不如说倾倒他的文字更确当些。他确是很聪敏，亦可讲曾经周览群书，谈起问题来也很透澈。在他谈社会病态和治疗药方的时候，每次都抓住了我的全心灵。在这个炎凉的社会和令人头痛的世界，逼成我在他的身上又重新建筑起我们的象牙之塔来。我常常想，如果我的"爱"的"力"能够帮助他克服他的矛盾，能够使这个被时代压倒的人，使他在这个创造新世界的机轮上，发生些微的力量，那么，我又何必吝啬呢？由于这个观点和希望，就在1937年春天，我接受了庚白全部的"爱"。3月7日那天我们就在上海订了婚。那天仪式简单而隆重，一百多亲友的茶话会显得十分喜庆。我到了3月3日才写快信报告母亲，请她来参加这个典礼。这件事我没有事前征求母亲的同意，因为我的事如果在决定以后，无论谁都无法使我更动。庚白是一个离过婚并且有五六个孩子的中年人，我十分清楚他一定不合于母亲的理想，但我更了解母亲是最爱我，也是能原谅我的，所以我的事也就由我自己来大胆的决定了。①

林北丽和林庚白订婚时，曾作诗《与庚白订婚》二首记

---

① 《林北丽诗文集》，第98—100页。

其事：

曾俱持论废婚姻，积重终难返此身。为有神州携手意，一觞同酹自由神。

两世相交况结缡，史妻欧母略堪思。春申他日搜遗事，此亦南都掌故诗。①

1937年3月林庚白与林北丽在上海订婚仪式上合影

① 《林北丽诗文集》，第39页。

林北丽和林庚白一样，当时深受苏联文化的影响，钦佩能成为斯大林妻子那样的女性，但同时她也无法摆脱中国传统文化的影响，十分敬重欧阳修母亲这样的女性。林庚白在认识林北丽之前，曾自选诗词《吴语集》，有诗《自题〈吴语集〉》云：

平生持论废婚姻，掷我中年初恋身。万劫沉埋此留忆，余情葬送更何人？但期革命翻成累，每对登迦误见仁。雨夜重温吴语集，鳏鱼终恐独吟呻。①

北丽《与庚白订婚》中的"曾俱持论废婚姻"，就是回应林庚白的"平生持论废婚姻"。那个时代充满革命理想的中国读书人，深受马克思、恩格斯"共产主义社会"理念的影响，甚至同时兼受无政府理论的影响，认为人类社会的最高境界在家庭方面的体现就是"废婚姻"，但是，这种理念在生活实践中很难成为人类社会的主流，林庚白和林北丽都因此有所反思，他们在追求"自由"的理想中自由恋爱、自由订婚并结婚，但并没有因此不要家庭，而是从此志同道合、相濡以沫，彼此珍惜、相互守护。

林北丽深受家庭影响，"七岁学吟咏，熟读唐宋名家诗词，特爱杜甫、苏轼、陆游诗品"。她年少就能作古体诗以言志，在高中毕业时题有《毕业刊成感题四绝》，其中说道："读书要有

---

① 《丽白楼遗集》（上卷），第315页。

凌云志，飞上蓬山十二层。"在《本校建筑先烈陈英士先生纪念台敬赋四绝志感》中，林北丽写道：

千秋纪念筑高台，扫尽胡氛盖世才。此日师生同敬仰，英魂跨鹤可归来。

革命元勋第一功，沪江威镇出群雄。男儿报国轻生死，血里遗骸胜善终。

多少英才为国殇，飘零遗族尽炎凉。儿家更抱平生痛，伯叔黄花父惨亡。（余伯叔觉民、尹民两先烈均殁于辛亥黄花之役，生父亦以奔走国事惨亡沪上，至今遗族飘零，不得已流寓于浙，人情冷暖，仅赖孀母任教抚养，感念之余，能不伤哉。）

立马湖山意气豪（先生有立马湖山铜像），全凭只手挽狂涛。艰难国事吾无惧，要趁长风万里翱。①

历史巨变中的家国之痛对林北丽影响深刻，烈士父辈的英雄主义基因流贯在林北丽的血脉中。上述诗歌尽显林北丽的豪迈气概和凌云壮志，她全心全意爱上林庚白，正是英雄主义情怀的体现，她希望自己的柔情呵护，能有助于林庚白走出"矛盾"和"痛苦"，继续在中国革命的征途中发挥他的"天才"作用。

林北丽禀赋爱数理，以致高中时"久荒文艺"，其母徐蕴华对此颇有看法，给北丽的信中暗含批评，北丽为此赋诗宽慰母亲道：

---

① 《林北丽诗文集》，第33页。

谢庭琼树谪仙才，肯负家风继玉台。弱质常存鸿鹄志，慈怀休作杜鹃哀。

求似冒雪钦王荐，戏彩承欢逊老莱。今日放言狂不讳，孤山嗣鹤岂凡才。①

她自称"常存鸿鹄志"，自信作为林氏后裔，不是"凡才"，必能传承好满门忠烈且文采斐然的林氏家风。

作为高中女生，在时代的浪潮中，林北丽等年轻学子推崇共和，反对独裁，她在诗歌中反复说道"独裁制恐种危根"，她继承父辈遗志，力倡民主共和。在浙江省立高中演讲比赛中，她选择"民主政府"作为主题演讲，获第二名，其诗《浙江省立各学校演说竞赛以独裁政治与民主政府命题任择其一余取民主得第二名师私惋惜望后勿尔赋此谢之》写道：

专欲人情冀幸存，独裁制恐种危根。自来弱国能强盛，亦恃群黎为奥援。

民贵曾闻贤者倡，世新况见共和尊。刿秦直是书生耻，欲起卢梭与细论。②

林北丽和林庚白一样，推崇民主共和，胸怀改造中国社会

---

① 《林北丽诗文集》，第37页。
② 《林北丽诗文集》，第38页。

的革命理想和豪情壮志。文怀沙在《神州有女耀高丘》一文中，盛赞徐自华、徐蕴华姐妹和林北丽，说她们姐妹母女都是秋瑾革命遗志的继承者。为了成全林庚白这样革命理想破灭、恋爱又失败、几乎"被时代压倒"的"英雄"，林北丽义无反顾地与志同道合、才气横溢的林庚白订了婚。文怀沙说，林北丽"21岁便自动追求和嫁给比她大一半的诗人林庚白。她得到庚白，似乎世上再没有别的东西可追求、可珍贵了，连诗也抛到九霄云外了。只有当庚白罹难后，她才又回到诗国，用她负伤的右手，把诗写得空前沉重而苍凉"。①

林庚白、林北丽订婚后，两人肝胆相照，琴瑟和鸣，常有诗文相唱，从中可看出他们互相信任，伉俪情深，摘录数首林北丽寄给林庚白的诗歌如下：②

寄庚白

酿花天气半阴晴，多恐春光与病侵。我有一言三致意，能驯龙性便安心。

不须旅梦绕长更，惆怅空余一往情（书来云同车遇旧雨）。喜动眉尖新得句，儿家佳耦本天成。

再寄庚白

劳燕分飞岁月遒，其人如玉又同车。前尘怅触应知悔，

---

① 《林北丽诗文集》，第7—8页。
② 《林北丽诗文集》，第39—40页。

底事无情负丽华?

强颜欢笑脸霞旁,至竟难宽薄幸郎。乞与卿卿消愤恨,檀奴长跪亦何妨。①

三寄庚白

依依软语过吴门,岂独心降梦亦温。月上柳梢人意倦,不曾真个已销魂。

展尽芭蕉寸寸心,离情潭水定同深。檀奴倘有藏娇意,我为亲携玉镜临。②

林北丽与林庚白订婚后,陪母亲住在杭州或崇德数月,其间林庚白往返于南京上海公干中,某日火车上遇到旧恋人,他写信告诉了林北丽,林北丽回信赋诗打趣林庚白,林庚白又回信赋诗林北丽,以明心志。林庚白在诗歌中说他只要林北丽慰藉他的灵魂,他对林北丽情感的倚重由此可见一斑。先前林庚白苦恋张璧,是因为张璧告诉庚白她能理解他的抱负胸怀,林庚白对张璧的话信以为真,认定他可以把张璧塑造成与他志同道合的革命伴侣,但张璧却是一个极具现实功利考量的年轻女性。和张璧不同,林北丽自幼受家族革命理想主义和英雄主义的熏

---

① 林庚白和诗《北丽以余同车遇旧雨有诗相调赋答》:春流自暖奈人遐,意逐桥头百转车。不用前尘更惆怅,前尘赚得鬓先华。含酸梅子尺书旁,岂有衣香惹倩郎。负我负人凭汝判,东风吹絮本相妨。

② 林庚白和诗《北丽又有诗相调次和二首》:
芳草天涯绿到门,书来句好意能温。人情望蜀寻常事,只要君心慰我魂。知是花迷客有心,由来绮障与情深。池萍自冷春长好,还汝东风岁岁临。

陶,她虽比张璧更年轻,但胸怀抱负却是张璧望尘莫及的。

陈声聪在他写的《兼与阁诗话》《荷堂诗话》中,论及林庚白和林北丽,他引用了上述林北丽三寄林庚白的诗歌,猜测说:"自此数诗观之,岂二人小别后,庚白复有异心耶?关其个人罗曼史,不问可也。"①我们今天不知同为乡亲的陈声聪老人何出此言,只能说他太不了解林庚白和林北丽了。林庚白一生光明磊落,其个人情感的罗曼史,尽以诗文公之于天下,可任人问之。他自从与林北丽定情后,别无异心,林北丽对林庚白也是信任护持有加。与上述诗歌相前后,林庚白还有诗歌《嘉兴寄北丽》,其中之一写道:

玉簪花畔短长更,炉火依依识此情。语水如春流不尽,暂时相忆是相成。②

在《寄北丽崇德》中,林庚白写道:

夜半江南早晚寒,书来一水念平安。意深暂别情弥挚,道远相怀影未单。知有桃红京国忆,要留萼绿婿乡看。舟车待倚扶桑晓,携手樱花及未残。③

---

① 陈声聪:《荷塘诗话》,福建美术出版社,1996年,第77页。
② 《丽白楼遗集》(上卷),第340页。
③ 《丽白楼遗集》(上卷),第340—341页。

林庚白和林北丽相爱甚深,两人即便小别,依然时时笺信往来,唱和不断。林北丽自身具有英雄豪气,能够深刻理解林庚白的心志、情感和理想,与林庚白堪称"英雄相见恨晚",彼此惺惺相惜,这是林北丽终其一生都敬爱林庚白的原因。

林庚白对林北丽的相知之情深为感铭,也报之以琼瑶。1936年除夕,在南京的林北丽收到母亲寄来的猪蹄,邀请林庚白与她同吃年夜饭,林庚白写诗《北丽招同吃旧历年夜饭出小淑先生所寄豚蹄相饷赋谢》道:

> 道远能深慈母恩,豚蹄似鸽味弥温。可教密意通肝肺,欲倩春风慰梦魂。望古常怀韩愈集,忘年略忆孔融言。黄垆倘与添佳话,荐共频繁到寝园。①

作为林庚白的革命道友,徐蕴华接纳了林北丽与林庚白相爱的事实。林庚白到杭州拜见徐蕴华,并到孤山祭奠他的好友、徐蕴华的丈夫、林北丽的父亲林寒碧,他题诗《杭游杂诗》道:

> 旧时立雪眼中人(余识寒碧先生三年,北丽始诞生),坏土原头几故新?!及共梅边酹杯酒,人间信有夙生因。(孤山谒寒碧先生墓)②

---

① 《丽白楼遗集》(上卷),第338页。
② 《丽白楼遗集》(上卷),第339页。

林北丽、林庚白订婚后,到杭州陪徐蕴华在西湖避暑,林北丽说他和母亲相处得很好。林庚白年少参加革命,林寒碧、徐蕴华年长他十余岁,他对革命战友徐蕴华执礼甚恭,徐蕴华对林庚白也赏识有加,在林庚白与林北丽订婚后,她有诗歌《寄庚白北丽》道:

> 结缡刚半月,同作锦江游。
> 清福香兼艳,幽华淡恋秋。
> 母怜儿远嫁,夫唱妇能酬。
> 白也才无敌,鸳鸯战地谋。①

这首诗可以看出徐蕴华欣然接受了女儿与林庚白订婚之事,并对林庚白的才华极为称道。

林庚白长北丽十九岁,两人订婚时林庚白四十岁,正当壮年。从十三四岁开始反清革命,至今近三十年。经过近三十年传奇而动荡的革命生涯与失落的情感生活,林庚白终于遇见心爱的知音伴侣林北丽,这让他重新燃起了生活的热情和改造社会的激情。这种喜悦之情在他的诗歌《车次书怀》中表达得淋漓尽致:

> 肯教忧患损童心,一念怜才爱惜深。纤手曾劳亲镊白,

---

① 《徐蕴华林寒碧诗文合集》,第24页。

未衰惭愧鬓霜侵。

儿半吾年我倍君,感深迟暮欲何云?!蠡园月色杭州雨,絮语难忘到夜分。

杀鸡炊黍母殷勤,临发犹能带薄醺。留与婿乡添掌故,绿梅如玉雪缤纷。

孤露偏教种此因,相怜等是不羁身。清歌在抱花如锦,潭水能深百岁春。

雨风初过见光明,起我回翔勇往情。午影窗纱如海誓,他时长共月轮盈。

缘法人间未可知,也曾惆怅后花期。桑榆自好情难却,失笑书生尔许痴。

玉箫再世亦良姻,况是相逢未嫁身。国士金闺君可念,每于磊落见丰神。

免俗无能更接□,古人情绪今人思。盈前矛盾或兹世,岂独低徊出我诗。①

全面抗战爆发,林庚白主张坚决抗日到底。为表明自己的决心,他把家从上海迁去南京,与战时国府共进退。林北丽接信后,立即到上海,跟着林庚白去了南京。战时上海和南京的大学都在西迁中,北丽没有适当的学校可入读,打算直接投身于抗日工作,她说:"我总想一定可以做些比读书更有意义的工

---

① 《丽白楼遗集》(上卷),第339—340页。

作，经常地和庚白讨论战局、政治和社会的改进，我们都怀了极大的希望，想共同争取这胜利的曙光。为了生活的方便，我们俩在九月廿六日就举行了简单的结婚礼。"①

林庚白、林北丽的婚礼在南京国际联欢社举办，证婚人是陈铭枢将军和陈公博。② 婚后，两人住在首都饭店，"住在首都饭店的军事家，外交家，政治家，名流以及党国要人非常多，我们每天的时间都消磨在检讨里，一天又一天，检讨复检讨，我们互相切磋，互相鼓励，各自希望，也共同深信效力时代的明天一定就要到来了"。③

战火很快烧到南京。1937年圣诞夜，南京核心区沦陷前夕，各机关都已撤走，炮火纷飞，街上行人无几，林庚白、林北丽"几次带着异常的情调在马路上踟躇"，恋恋不舍地与南京作最后的告别。林庚白做梦也不会想到，此去金陵，将是他的不归路。从辛亥革命，到北伐，到国民政府定都南京，再到抗

---

① 《林北丽诗文集》，第101页。
② 陈公博：广东南海人，1917年考入北京大学哲学系，1920年毕业，回到广东宣传马克思主义和社会主义思想，与陈独秀、谭平山等一起组建共产党广州支部。1921年7月，作为中共"一大"代表参加在上海举行的会议。1922年，陈炯明炮轰孙中山广州总统府，陈公博公然撰文支持陈炯明，遭到中共中央的批评，他因此脱党并与中共中央决裂，前往美国哥伦比亚大学就读。1925年回国，由廖仲恺介绍加入国民党，以国民党"左派"自诩，深得汪精卫和廖仲恺的信任。1928年陈成为反蒋的国民党"改组派"的代表人物，但不久又和蒋合流，成为蒋的座上宾。1938年12月18日，汪精卫出走重庆后，他追随汪到南京组建伪政府，叛国投敌，1946年6月3日，被国民政府以汉奸罪枪毙。
③ 《林北丽诗文集》，第102页。

日事起,他无数次进出南京,为民主革命和民族解放殚精竭虑。南京,是他生命中的悲欢地,这一别,竟然再也回不来了。

林北丽跟着林庚白一路辗转颠沛,迂回陇海线,北上徐州、开封、郑州、信阳等地,终于抵达汉口。林庚白有多首诗歌记录他们战乱中的一路颠沛,如《郑县旅夜同北丽》写道:

> 夜投无店去无车,面垢无汤发未梳。人满邦危雄镇沸,师行道阻仲冬初。置身晋楚真成郑,想象关张昨过徐。挈妇携囊来待旦,南征且食武昌鱼。①

经停武汉后,夫妇俩于1938年5月抵达重庆,在雾都重庆一住四年。1939年2月、1940年2月,林北丽先后生下二女,长女取名应抗,次女取名应胜。"应"是螺江"阙下林氏"(又称"双阙林氏")第二十六世的字辈。在战火纷飞的大西南,林庚白为两个女儿按家族字辈取名,表达了他对东海之滨遥远故乡的怀念,也表明了他抗战到底和抗战必胜的信念。

战时重庆生活极其艰苦。林庚白身为国府立法委员,一直处于无实际公干的闲居状态,这对一心想为抗日做点实际贡献的林庚白而言,非常痛苦和郁闷。他只能以写诗作文打发时光,与重庆文艺界的同道一起用文学作品来激发军民的抗日热情。林庚白整理过去五年来的诗稿,分别为《水上集》《吞日集》

---

① 《丽白楼遗集》(上卷),第410页。

《角声集》，留下了大量反映中国军民艰苦抗战的光辉诗篇，足作抗日史诗观。在炮火连天的日子里，林北丽一直陪伴在林庚白身边，是他最亲密的精神伴侣。1940年冬，他题诗《真成与北丽步至北碚购物三十余斤携归》，叙述了与林北丽携手共时艰的日常生活：

真成持重任劳人，健步坡行指臂亲。坚苦相偕能妇共，艰辛稍得与民均。中年气力犹堪信，卅里来回不厌频。举国为戎邻又迫，斧柯可假早锄秦！①

1941年底，林庚白赴香港拟创办一日报，并撰写《民国史》，团结在港文人筹组中国诗人协会。12月1日，林庚白夫妇飞抵香港，8日，太平洋战争爆发，香港沦陷，日寇搜捕借住在友人陈志皋、黄淑仪家的林庚白。19日，林庚白为不牵连同住的众人，外出寻找新的住处，结果被日本宪兵乱枪射杀在九龙巴利道天文台附近。林北丽同时受到枪击，被人救送医院，又被庸医所误，右手伤残。1942年8月，林北丽在香港生下林庚白的遗腹子林应同。她历经九死一生，在友人帮助下得以脱险。1942年底，北丽即将离开香港前，收到母亲徐蕴华来信，她写下《代缄四绝句（有序）》，以诗歌作复道：

---

① 《丽白楼遗集》（上卷），第677页。

壬午腊月，病腕新痊，风雨载途，行将离港，适得家慈来谕，述及故居遭劫，亭榭半沦，惟松菊犹存，寒梅无恙耳。情切倚闾，何以为慰！病中承诸父老姊妹弟兄垂念，拟一一裁笺致谢；腕弱难书，勉成四绝，聊志哀痛，不足云诗。

辛苦流离记六年，伤心往事散如烟。冤禽饮恨难填海，双手扶危要补天。

犹存松菊不如归，昨夜思乡入梦微。尝胆卧薪曾读史，余生涕泪敢轻挥。

遗孤三月托慈亲（遗腹子应同，乳名林林，生才三月，长途赘累，拟归家慈代抚），昂首天涯剩一人（抗女先在曲江，胜儿寄育香岛）。任尔严寒风雪紧，梅花无恙现精神。

鸳鸯折翼痛当时，家国千忧付独支。父老弟兄诸姊妹，高情遥谢勉成诗。①

庚白殉难，坚强的北丽擦干眼泪，前往桂林。桂林是抗战期间文人云集之地。离开香港前，林北丽到九龙林庚白墓前诀别，题诗《将离九龙吊庚白墓》：

一束鲜花供冷泉，吊君转羡得安勉。中原北去征人远，何日重来扫墓田！②

---

① 《林北丽诗文集》，第41—42页。
② 《林北丽诗文集》，第42页。

1943年4月,在林庚白殉国一年多后,林北丽辗转抵达桂林。在柳亚子的帮助下,林北丽在桂林倡议中国各界名流共同发起举办林庚白追悼会,国民党左中右各派要人、共产党在文艺界的要员以及中国文化界的名流高士如陈寅恪先生等参与,一起发起追悼林庚白。这一切与林北丽的努力紧密相关,从中也可看出林北丽对林庚白的炽诚之爱。

林庚白与林北丽育有二女一子。长女林应抗(1939—),生于重庆,其名字表达了林庚白、林北丽夫妇抗战到底的决心。次女林应胜(1940—),生于重庆,其名寓意抗战必胜。遗腹子林应同(1942—),生于香港。林庚白牺牲后,林北丽的母亲徐蕴华和北丽后来的伴侣高澹如先生一起帮助北丽,将三个儿女抚养成才。

四　知己红颜：过眼琼瑶只化烟

（一）林菊吟

林菊吟（1893—1976），是林庚白表叔林开䐇的次女，后嫁给沈葆桢的孙子沈成式。林菊吟大林庚白四岁，是林庚白的表姐。辛亥革命后，林庚白在北京、南京、上海、福州等地穿梭奔走，与林庚白亲情最深的同龄人是他的堂兄林炎南，表兄姐弟林志可、林叔永、林新猛、林菊吟等人。1912年初，林庚白从北京南下上海，与林开䐇在上海的几个儿女相聚，其诗《旧腊十二夕与志可、菊吟、叔永、新猛话旧作》云：

旧事从头待细论，春申江上月黄昏。儿时情绪浑无着，人世乱离强自存。红豆相思犹有泪，青灯如梦欲销魂。君家姊弟差知我,岁晚高楼笑语温。①

志可,即林是镇,是林开謩的次子,十七岁赴日本留学,攻读建筑专业,回国后在北平从事古建筑的保护修缮与城市规划,编著有《旧都文物略》。擅长围棋,解放后译著了《围棋名谱精选》,陈毅为之作序。

叔永,即林久都,是林开謩的第三子。1949年解放后任福州海关副关长、福建省政协委员等职。

新猛,即林是夔,林开謩第四子,王仁东的女婿。肄业于复旦大学,擅围棋,与吴清源有对局棋谱存世,惜英年早逝。

林庚白与这几个表亲兄姐弟感情深厚,他们年龄相仿,较为理解他的处事方式和情感。他对表姐林菊吟尤为依恋,有诗《怀人三绝》,其中第三首即是怀念林菊吟的:

容易思君鬓欲丝,纸窗欢笑忆儿时。便教泪化丁沽水,流到西江未有期。(长乐林菊吟)②

又有《海上晤菊吟喜赠》云:

别汝六年余,遭逢岁又除。频惊鹦鹉语,未寄鲤鱼书。

---

① 《丽白楼遗集》(上卷),第33页。
② 《丽白楼遗集》(上卷),第33页。

离绪诗能说,深情水不如。明朝淮海去,相忆更何如。①

《与菊吟夜话》云:

静话重君贤,深深语万千。幽琴怀古意,明镜惜华年。月色寒如此,灯花瘦可怜。还将无限思,写与衍波笺。②

上面三首诗都作于1912年初,林庚白在南京临时政府任职,时或往返于宁沪之间。

《将归闽留别志可、菊吟、叔永、新猛诸子》云:

芳草天涯怨路遥,寻常小别亦魂销。春风无限青青柳,不与行人斗舞腰。

衔泥海燕费经营,何日玳梁筑始成,莫向樽前歌水调,此行不为故园情。③

上述几首诗,足见林庚白对林菊吟依依不舍的深情。林庚白父母早亡,年少奔波革命,在京沪两地多与林开謩的儿女们互诉情怀,表姐林菊吟和表兄弟们给了他不少同情的理解,他们吟诗唱和,其乐融融,慰藉了他奔放又孤寂的心灵。

---

① 《丽白楼遗集》(上卷),第33页。
② 《丽白楼遗集》(上卷),第34页。
③ 《丽白楼遗集》(上卷),第47页。

林菊吟与沈成式结婚后,林庚白还时常怀念着他们。1933年初,他在《雪夜怀人绝句》中,赋诗题咏沈成式、林菊吟夫妇,其诗云:

□①无妄媵独能贤,玉雪趋庭意自便。历历儿嬉心上影,低徊哀乐渐中年。(闽沈成式、林菊吟、沈燕申)②

沈成式,字昆三,沈瑜庆之子,出生于上海,留学英国剑桥大学,与胡适、丁文江、章士钊等交谊颇好,为人博学多才,和蔼可亲,交游广大,于商业上颇有成就。沈成式四十岁生日,胡适有贺寿词,起句便道:"最羡无忧公子,生平豪气难除。"③沈成式深受英式文化影响,作为世家子弟,他只娶妻林菊吟,并无纳妾,两人生独女沈燕(字燕申),就他们所处的时代和家族背景而言,这是极其难得的。林庚白对表姐林菊吟一家三口美满的家庭生活由衷地赞美。反观自身,此时他正经历被其恋人张璧无情"抛弃"的窘境,所谓"低徊哀乐渐中年",道出他此时个人情感上的悲苦。

---

① 此字脱,疑为"君"字。
② 《丽白楼遗集》(上卷),第205页。
③ 转引自谢海潮:《沈成式"生平豪气难除"》,见《福建日报》东南网2023年4月11日。

（二）杨玉英

杨玉英（1901—1932），又作杨玉瑛，中共烈士，字石英、石癯、志漪，化名杨斯萍，无锡人。1926年加入国民党，1927年3月，任国民党无锡县特委妇女部长兼青年部长。1929年1月入上海大陆大学读书。1930年春，秘密加入中共，后奉命与从莫斯科归国的中共党员曾斯延结婚。1931年初，曾杨夫妇被中共派往河南开封工作，杨玉英仟中共河南省委秘书长兼妇女部长。1932年7月杨玉英在郑州被捕，8月20日凌晨遭杀害，时年三十一岁。

1930年春，林庚白有不少诗作与杨玉英有关。比如，1930年1月6日，他在南京写有诗歌《石癯以作〈妇女运动与国民革命〉一文见似，雪窗展读，慨然有感，奉寄二首》其二道：

> 横流随地蕙兰飘，意共瓜州一水遥。白日将斜情是血，黄金未尽世如潮。沉忧却为蛾眉奋，积愤难随马足销。何限玉珰缄札感，雪窗挥手送鹪鹩。[①]

1月14日，林庚白在南京又有诗《雪后晓起有怀志漪》：

[①] 《丽白楼遗集》（上卷），第128页。

南都一夕雪如绵，稍忧晨光及日边。遥夜钟随檐滴寂，半开瓶倚腊梅妍。寒生院落花香外，梦坠江春草色前。绝忆金焦奇女子，殷勤更与寄诗篇。(志漪即石癯)①

1月20日，一天之内，他写了多首诗歌，记录他和杨玉英之间的情感互动：《志漪约游金、焦，阻阴未果，仅登北固，游公园，赋诗见意》《与志漪同登北固》《过志漪夜话有作》《有怀》《书事》《将返秣陵，志漪送至站》《归途偶触》《废历除夕》等。从这些诗歌里，可以看出林庚白与杨玉英之间惺惺相惜、互相倾慕的情感。他在《有怀》中写道：

脉脉微波各自持，雪窗疑有绿涟漪。乱头粗服浑宜画，眼语眉言尽是诗。入座爪泥呼盏记，隔江魂梦付灯知。君心如电侬如线，百转千回总耐思。②

《书事》道：

吴语轻盈招我魂，围炉雪后掩重门。平生不爱矜眉样，一见无端惹梦痕。鬓影灯光如此夜，鞋尖泥泞可怜温。少陪自是寻常语，最有秋波易感恩。③

---

① 《丽白楼遗集》（上卷），第128页。
② 《丽白楼遗集》（上卷），第129页。
③ 《丽白楼遗集》（上卷），第130页。

《将返秣陵，志漪送至站》道：

执手无言若有思，含情自古在临歧。赠君肺腑无多语，休向金闺学画眉。①

1930年2月7日，林庚白有诗歌《得志漪书却寄》：

密意长笺累万言，关心宁止在爱喧？不私梅柳春常好，能美松萝树自温。遥夜浑疑声世界，新晴便是色乾坤。此情至上谁能喻？一纸琼瑶与细论。②

1930年2月22日，《志漪寄诗相戏却和》写道：

温馨休较短长笺！过眼琼瑶只化烟。吴下阿蒙非昔日，肯仍辛苦为花颠？

众浊谁能喻独醒？春兰秋菊各芳馨。人间爱恋寻常事，莫把长眉斗尹邢！③

国共两党关系破裂后，中国革命形势严峻，共产党人遭到

---

① 《丽白楼遗集》（上卷），第130页。
② 《丽白楼遗集》（上卷），第131页。
③ 《丽白楼遗集》（上卷），第133页。

清洗捕杀，国民党左派也陷入消沉悲观之中。作为国民党的妇女干部，杨玉英心向共产党。林庚白钦佩欣赏杨玉英的革命情怀，引为红颜知己，即便杨玉英"乱头粗服"，他也亲爱有加。他在诗中多处流露出自己不喜欢"金粉气"十足的女性，对"粗服"素面的女性反而充满爱敬。

无论是杨玉英还是张璧，都是林庚白在惨痛的政治现实中，努力寻找的精神安慰。在革命低潮中，杨玉英、张璧这类新女性，在精神上短暂抚慰了林庚白的内心创伤，但是，无论如何，他还是很难走出矛盾的现实，正如他在1930年1月20日除夕夜写的诗歌那样："随宜愧说新人物，矛盾难平最可嗟。"（《废历除夕》）一边厢他需要在除夕与许夫人和孩子们团聚，一边厢他思恋的是杨玉英、张璧这样的"新人物"。在矛盾的痛苦中，他甚至说出"此身早死疑犹幸，不遣情丝裹网虫"（《晚雨有触》）。

1933年，林庚白与张璧关系破裂后，写了《与张璧书》，这封信中的Y，就是杨玉英。在杨玉英奉中共党组织之命，离开上海后，林庚白与杨再无联系。杨牺牲后，1933年初，林庚白作《雪夜怀人绝句》，其中之一怀念孙曼若、孙翔凤和杨玉英：

绝艳惊才此左芬，阿兄文采亦超群。故知姓字关缘法，梦冷淞波一段云。①

诗中"梦冷淞波一段云",就是指当年杨玉英与林庚白之间的短暂情缘。

(三)谢冰莹

谢冰莹(1906—2000),湖南新化人,中国现代文学史上第一位女兵作家。1932年1月15日,林庚白移居霞飞坊33号,他有诗歌记之道:"四年逆旅作家居,今向淞滨赁此庐。"这房子是他租赁来的。在这儿,他成了著名战地女作家谢冰莹的房东,与谢冰莹结下了不一般的情谊。据谢冰莹后来撰写的回忆文字《林庚白》中说道:

> 在上海"一二八"抗战爆发不久,我们就搬到了他住的地——法租界霞飞坊三十三号的楼下。他做了我的二房东,我们每天至少要见一次面,谈起话来,上自世界国家大事,下至贩夫走卒,无所不谈。②

谢冰莹经过北伐战火的洗礼,成名作是《从军日记》,1927

---

① 《丽白楼遗集》(上卷),第209页。
② 转引自湛庐:《谢冰莹与林庚白的一段情缘》,《中华读书报》2022年11月2日第7版。

年5月14日至6月22日陆续发表于《中央日报》副刊。大革命失败后，北伐女生队解散，谢冰莹开始了漂泊坎坷的生活。据学者陈钘研究，自1928至1938年20年间，谢冰莹前后六到上海。1931年春，她到上海，7月去日本早稻田大学求学，因参加抗日活动，当年底被遣送回国，再到上海，1932年至1933年间在上海，"这时期，她邂逅了女作家白薇，也结识诗人林庚白和古典词曲研究家卢冀野，还一度搬到霞飞坊33号楼下，林庚白成了其二房东，并安排在一家咖啡馆介绍她会见徐志摩、陆小曼夫妇。"①

早在1932年4月14日，林庚白就为谢冰莹父母七十双寿题诗祝贺，其诗曰：

偕隐湘江七十翁，等身著述气如虹。生儿早擅三珠誉，有女能为一世雄。历劫田园惊老健，及门桃李喜和融。还乡刚值春归后，记取莱衣媚乃公！②

谢冰莹的父亲谢裔勋，辛卯科（1891）副贡，榜名玉芝，字锡林，又号石邻，老年自号"守拙老人"，喜欢宋儒之学，史地著述等身，在湖南多处书院任山长，后任新化县立中学校长，桃李遍湘中。谢冰莹母亲刘氏，精明能干，维护旧礼教，热心

---

① 陈钘：《谢冰莹漂泊上海记》，《中华读书报》2018年11月7日第7版。
② 《丽白楼遗集》（上卷），第171—172页。

地方公益。谢冰莹有三个哥哥和一个姐姐,皆受良好教育。赞簧是她的三哥,名承宓,曾任汉口和平日报主笔、第五战区司令长官秘书等职,与林庚白交情颇好。

谢冰莹1926年考入中央军校,加入北伐军,投笔从戎,从军报国,以图解除其母亲包办的婚约。但从军归来,依然被其母禁闭,逼她出嫁到萧家,与萧明结婚。新婚之夜,她和萧公子彻夜长谈,反复做其思想工作,萧公子终于同意和她解除婚约,让她逃离萧家。此后,她漂泊在北京、上海、日本等地,多外求学,以笔耕或口耕谋生。

谢冰莹性格自由独立,1929年5月与北伐战友、叫挺特务连的符号同居,育有一女。符号为了生计,到天津北方书店找工作。但才去数日,因为该书店是中共地下机构,符号被捕入狱。谢冰莹只好在上海卖文为生,生活所迫,与顾凤城同居。顾凤城,江苏无锡人,左翼作家,出版商,当时供职于上海中华书局。顾凤城对谢冰莹作品的出版以及所编文艺周刊《妇女之光》都有帮助。陈釭指出:"1932年1月,经亦师亦友的柳亚子先生撮合,谢冰莹与文人顾凤城开始了过山车般的短暂婚姻。这也是她的第二段婚姻。结婚那天,没有举行仪式,只是在他们的新居办了一桌酒,去吃喜酒的有柳亚子、高尔松、高尔柏兄弟、沈松泉及中华书局的几位同事。"①

谢冰莹与顾凤城婚后,立即陷入反复争吵之中。林庚白对

---

① 陈釭:《谢冰莹漂泊上海记》,《中华读书报》2018年11月7日第7版。

谢冰莹充满关心和同情，一直居中调停谢顾二人的关系，但最终无果。这期间，谢冰莹对林庚白也起了爱慕之心，但林庚白尚在追恋张璧，在南京的张璧风闻谢冰莹与林庚白之间的亲密关系也心存疑忌。

谢冰莹租住在林庚白处，经常和林庚白合伙吃中饭或晚饭，《子楼日记》中记载颇多。这一时期，林庚白与左翼文艺青年颇多往来，时常参与"青年文艺茶话会"，这个文学社团编有《文艺茶话》刊物。

在《子楼日记》中，林庚白较为详细记载了他与谢冰莹之间的关系。据林庚白1932年10月27日的日记记载：

> 中午B来谈，我忽地想起，她那天晚上问我："假使我写这样甜蜜的信给你怎么样？"我说："你是老顾的人啊！"她又说："人又不是件物品。"我不曾再说甚么，后来她又说："给你一个相片，放在书桌的玻璃板当中吧！"我也不曾说甚么，也许她会误解了而生气。但这几天我正想念着璧，又夹杂着旁的许多问题，精神很乱的，那里能够在意，只好对不住B了。①

这段日记中的B正是谢冰莹。可以看出，此时，谢冰莹对林庚白暗生情愫，但林庚白还是一心追求张璧。1932年10月31日

---

① 《丽白楼遗集》（下卷），第1172页。

早上七点多，与张璧关系陷入僵局的林庚白从南京坐夜车回到上海，谢冰莹和顾凤城安慰了他，谢冰莹还煮了鸡蛋请他吃。

张璧断绝与林庚白恋爱关系后，和顾凤城不停争吵中的谢冰莹有心与林庚白相爱。1932年11月2日，因失恋痛苦中的林庚白下楼看望病中的谢冰莹，两人"一迳谈到天黑，啊！为革命的利益，为解除我和她的痛苦，为找寻革命前程的一块基石，和我和她的幸福的光明，我决定这样做了"。① 所谓"这样做"，应该是林庚白同意了谢冰莹对他的追求，因为过两天即1932年11月4日，"午后和B、F谈了半晌，后来B走上楼来，很甜蜜地吻了我，这真使我感着说不出的愉快啊！"② 大约就在这天，谢冰莹与顾凤城提出分手，可见失恋中的林庚白与婚姻关系处于恶化中的谢冰莹迅速地陷入了情网。

但谢冰莹与顾凤城的分手并不顺利。第二天，林庚白下楼，"又遇着B、F的冲突。淑荣在慰贴着B，但B真是太苦了，这样一个的局势，还等待什么？小资产阶级的女性，本来是动摇的，尤其偏于感情的B，晚半天我去看她，谈到八点回来。"③ 接下来六日、七日两天，林庚白都与谢冰莹有长谈。八日下午，他约谢冰莹在巴黎大戏院看电影，久等谢未至，他忽然联想到张璧，以为谢"因受的欺骗太深了，故意也来玩一次手腕，哪知是误会，她雇了汽车赶来了，B真是可爱，她所给予我的安

---

① 《丽白楼遗集》（下卷），第1175页。
② 《丽白楼遗集》（下卷），第1175—1176页。
③ 《丽白楼遗集》（下卷），第1176页。

慰，使我太是愉快了，天啊！只不要再有变化，我曾经受着创伤的一颗心，还不曾补好呢！同到白宫饭馆吃饭，菜很好，布置得尤其美化，九点多回来"。①

次日早上，谢冰莹把顾凤城写给她的信给林庚白看，林庚白看后觉得"F太阴狠了，手腕太辣，但怎能瞒我呢？就把他的用心告诉了B，也十分相信。后来找亚、佩谈了半天，所见相同。出来发了信，赶紧到圣达里，和B谈到中午才回来。……后来B回来了，谈了半响。晚上F也到了家，不知他俩又要怎样，B真太苦了，恰如封建社会的农民，受地主的剥削一样"。②

由于谢冰莹与顾凤城之间欲断不断，令林庚白进退两难。他替谢冰莹担心，十日中午朋友独清来，帮谢冰莹与顾凤城公开谈判一个多小时，"后来独清上楼来，我把他俩决不应当再拖延下去的理由，很客观地告了他，他倒也了解"。③

就这样，整个十一月和十二月，因为谢冰莹的犹犹豫豫，与顾凤城之间似断未断的关系，让林庚白除了对谢冰莹同情爱怜有加外，也一筹莫展。到12月2日，谢冰莹希望林庚白找顾凤城谈话，林庚白于是约了顾凤城，次日两人"一径谈到午后二点。据他很诚恳似地表示，是完全接受了我的意见"。五日，

---

① 《丽白楼遗集》（下卷），第1176—1177页。
② 《丽白楼遗集》（下卷），第1177页。
③ 《丽白楼遗集》（下卷），第1177页。

林庚白"午后和F、B谈了半天"。①

这样,拖到1932年12月9日,在林庚白、柳亚子等朋友的鼓励帮助下,谢冰莹搬离了霞飞坊,与顾凤城彻底分手,开启自己独立自主的新生活。

林庚白与谢冰莹之间短暂的恋情,其实都是基于两人各自婚姻情感的不如意而一时同病相怜罢了。湛庐指出:林苦恼与张璧的恋爱,谢痛苦与顾凤城的结合,两位失意人相互倾诉、慰藉,在"理解的同情"基础上萌生了爱情;但两人皆非世俗男女,而是革命志士,他们也许不是简单的想追求个性解放,而是想克服自己小资产阶级式的个人情感痛苦,去追求更崇高的国家民族利益,最终走到一起。②

林庚白称誉谢冰莹是"一世雄",把谢冰莹和丁玲一样视作"金闺国士",说她们两个"齐名秭苑劫余身,燕瘦环肥各有神",可见他对谢的器重与赏识。1932年11月17日,林庚白有《再集定庵句赠冰莹》:

亦狂亦侠亦温文,窈窕秋星或是君?今日不挥闲涕泪,商量出处到红裙。③

---

① 《丽白楼遗集》(下卷),第1183—1184页。
② 湛庐:《谢冰莹与林庚白的一段情缘》,《中华读书报》2022年11月2日,第7版。
③ 《丽白楼遗集》(上卷),第182页。

谢冰莹对林庚白评价甚好，她回忆林庚白道："庚白是一个耿直忠诚的朋友。他一生坦白，对人赤裸裸毫无半点虚伪。"谢冰莹后来与福建人、东吴大学教授贾伊箴结婚，两人相守半个多世纪，晚年移居美国旧金山，并皈依佛教。2000年，谢冰莹病逝，遗嘱和已逝丈夫贾伊箴一样，将骨灰撒入太平洋。

（四）柳无垢

柳无垢（1914—1963），是柳亚子的次女。1927年9月随柳亚子流亡日本，1928年9月重返上海，就读大同大学附属中学，1932年9月入读清华大学社会系。1935年3月11日，被北平国民党市党部逮捕，后被营救回到上海。1935年9月，赴美留学，1937年卢沟桥事变前回国，在上海中华女子职业学校任教。1939年底赴香港任宋庆龄主持的保卫中国同盟秘书。1941年12月太平洋战争爆发，日军轰炸九龙，香港沦陷，柳无垢陪同柳亚子，化装撤离到广东农村，后由东江游击队护送，辗转抵达广西桂林。柳无垢与林庚白、宋庆龄等关系密切。1944年，柳无垢在重庆，奉中共之命，将毛泽东的《论持久战》翻译成英文。1949年"七一"前夕，宋庆龄将她的自由体英文诗交给柳无垢翻译成中文，诗名为《向中国共产党致敬》，作为庆祝中共建党二十八周年的颂词，由邓颖超在当年的"七一"晚会上代为朗诵。

林庚白1912年在上海与柳亚子订交，加入"南社"，两人成为诗友和革命的同道。1928年8月,避难日本的柳亚子携夫人郑佩宜等家眷回国,从此柳氏一门与林庚白过从甚密,时时诗词唱和,并讨论党治时政。在与柳亚子相唱和的诸多诗篇中,林庚白对活泼可爱的少女柳无垢赞美有加。一如当时的热血青年一样,柳无垢受其父辈影响,思想行为激进,积极投身于中国民主革命。林庚白称赞柳亚子父女道:"家风岂独羡班昭?要与罗兰燕妮僚。"他期待柳无垢成长为燕妮和罗兰夫人那样,作革命者的伴侣。

1932年8月25日,林庚白在日记中写道:"格外想着可恨的璧,而同时无垢的美丽活泼的影子,也仿佛在眼前似的,太矛盾了吧?"① 这时,张璧在南京,林庚白还苦追着她,但张璧拒之若有若无中。充满青春活力的柳无垢在上海,与林庚白常常见面,林庚白对无垢关爱有加,天真活泼、青春美丽的无垢,抚慰了林庚白失落的心境。

1932年8月30日,十八九岁的柳无垢北上清华园读书,林庚白写了一首白话语体诗《幸福的光明》赠别柳无垢:

> 这是你第一次的离开家庭。
> 也是你第一次的经验人生。
> 记着吧!别忘了家庭的慈爱,
> 也不要错过了人生的旅程。

---

① 《丽白楼遗集》(下卷),第1157页。

这是你第一次的离开家庭,
也是你第一次的经验人生。
我不知道应当怎样来祝祷你,
但永远记住你有革命的同情和少女的天真。

这是你第一次的离开家庭,
也是你第一次的经验人生。
记着吧!天才是不容易生长的,
她超过了情感的爱神。

这是你第一次的离开家庭,
也是你第一次的经验人生。
我不知应当怎样来祝祷你,
啊!那不是清华园天空的一颗星;
那不是这一颗星在放着幸福的光明。

　　无垢到清华大学去读书,亚子写了两首旧体诗送她,读了后"技痒",也想说几句话,因此随便凑成了这一首语体诗,写得不好,无垢别见笑!①

　　次日,林庚白和谢冰莹、顾凤城等去送无垢兄妹北上,但"跑了一趟空,并未见着他们","回到家,又写了一封信给璧,

---

① 《丽白楼遗集》(上卷),第 177—178 页。

她太不忠实了。晚上绍贤、名鸿、秋原、冰莹、凤城,还有密司张、倪们谈了很久。风雨依然,不知无垢走了没有。同时又是想念着璧。啊!太矛盾了吧?"①

林庚白在苦追张璧而前途不明的境遇下,对小他十七岁的柳无垢也充满了浪漫的遐想,他在日记中不停地记录自己矛盾的情感生活。但其实他对柳无垢更多的是充满兄长般的关爱。比如,1932年9月14日晚,林庚白回到家,"冰莹把无垢的信给我看,这位小姑娘的心底深处,大概孕育着不小的矛盾之核吧?就在冰莹复她的信里,随手写了几句,和她逗着玩,的确她也是很可爱的啊!"②

其时,柳无垢正和杨镇邦谈恋爱中。林庚白羡慕柳无垢有杨镇邦陪在身边,而他自己却依然形单影只。1933年新年伊始,他题诗《雪窗病后有怀亚子无垢》,说:"猛思贤父女,茗话正重年。"受柳无垢青春气息的影响,因失恋于张璧而致病的林庚白,从柳无垢那得到了些许的精神鼓励,他写道:

气旺病能胜,身闲意未沉。休宽吾党责,常葆少年心。魂梦飞扬甚,江山跌宕深。一楼相望处,吾土感登临。③

1932年"一·二八"淞沪抗战结束后,蔡廷锴、蒋光鼐率

---

① 《丽白楼遗集》(下卷),第1158页。
② 《丽白楼遗集》(下卷),第1161—1162页。
③ 《丽白楼遗集》(上卷),第202页。

十九路军进入福建，与李济深、陈铭枢联合反蒋。柳无垢等左翼青年也被吸引去福建。1933年7月4日，他有诗歌《送无垢游闽西》《圣爱娜舞场坐月同亚子无垢佩宜少屏洁梅，时无垢将行矣》《小暑夜望月怀无垢》等，抒发了他对无垢的柔情与关爱。

1933年8月，柳无垢到福建，林庚白写诗《寄无垢福州》：

福州随地见温泉，浴美偏宜六月天。闻汝间关来逭暑，尝新知有荔枝鲜。

龙岩山好厦门潮，相送鸥波无限娇。莫逐奔流东去水，心田莲叶两迢迢。①

1938年5月15日，林庚白、林北丽从武汉乘"民元轮"去重庆。在轮船上，他邂逅一女郎，"娇小玲珑酷似无垢"，为此他题诗怀念无垢：

天涯萍水若为邻，抬眼能生瑗礋春。曾向谢家庭馆见，眼中雏燕旧时人。

坐来尔雅笑时娇，冰雪容华不是妖。忽有温馨心上过，春寒絮语酒醒宵。②

---

① 《丽白楼遗集》（上卷），第266页。
② 《丽白楼遗集》（上卷），第426页。

柳无垢在林庚白心中，已然亲如自家小妹，她娇美的笑影掠过林庚白的心头，给烽火连天中西迁的林庚白平添了一丝暖意。

林庚白殉难后，林北丽得到柳亚子夫妇及其子女们真切的关照，林北丽也对柳亚子夫妇敬爱有加。柳亚子的外孙、柳无垢的儿子柳光辽撰文《往事钩沉》，回忆1944年日军逼近桂林，是林北丽把两张不易得到的机票赠送给柳亚子夫妇，让他们得以平安撤出桂林，到重庆与柳无忌、柳无垢团聚。

坊间盛传郑逸梅在《南社丛谈》中记载柳亚子杖逐林庚白的"八卦"。柳光辽文中回忆道：

> 我的母亲，一个隐身在"杖逐"事件后面的关键人物。阿爹（指柳亚子）希望她和林庚白的感情，止步在友谊，不要进一步发展。于是，"咯咯咯"，阿爹就像老母鸡那样，张开了双翅——这便是"操杖"的"细故"。一次，我到上海田林十村去看望北丽婆婆。北丽婆婆和我讲到，"杖逐林庚白"的起因是我的母亲——也许北丽婆婆认为，向公众的宣示要谨慎，里面隐私嘛，儿子还是应当了解实情的。我以为，林庚白是一位很真实的性情中人。……一个人能毫无顾忌地坦诚展示自己，不藏拙，不做秀，定然是一个真诚的人，值得信赖的人。柳亚子的操杖，林庚白的嚎啕，都是他们的真性情的流露，预言着他们有着真友谊。

柳亚子、郑佩宜一家和林庚白、林北丽一家，在曲折的20

世纪，一直保持着真挚的友谊。直到1980年代中国改革开放，柳亚子的长子、旅美的柳无忌，依然鼎力支持，出资出版林庚白的《丽白楼遗集》。从柳亚子、郑佩宜、柳无忌、柳无垢到柳光辽，柳氏一门三代与林庚白、林北丽一家通好，无论岁月如何动荡不堪，两家友情长在，这绝非庸俗的凡人所能做到，并能理解的。

五　兄姐戚属：孤露相依骨肉情

林庚白长兄林绍衡（？—1933），即林肇煌，毕业于京师大学堂，曾任河南上蔡、确山、正阳等地县长。林庚白有诗句"思兄使我肠先断（君与绍恒先兄于旧京共治官书）"，绍恒即绍衡。1936年，林庚白题诗《武汉至广州道中》十首，其六云：

孤露相依两姊兄，兄今客死姊南征。雁飞苦说衡阳近，触我东方骨肉情。①

1938年，在迂回西迁途中，林庚白经过童年生活的河南开封，不禁回忆道："兄死姊哀身亦悴，读书犹记少年踪。"② 1938年，他题诗《确山》道：

阿兄惜宰确山年，藩镇兵连豫独全。宦久只赢孤寡困，

---

① 《丽白楼遗集》（上卷），第325页。
② 《丽白楼遗集》（上卷），第410页。

北书路断一凄然。①

1940年，在长篇《自述》诗中，林庚白写道："有兄久宦晚穷困，仰药使我泪珠莹。嫂侄全家陷贼窟，世衰弱者皆牺牲。"② 林绍衡是在乱世中仰药自尽的。华北沦陷后，林绍衡妻儿在敌占区皆陷入贫困交加之中。其子林应谦，天津大学土木工程系毕业，上海华东电力设计院高级工程师。

林肇汾（1887—1940），是林庚白伯父林桂芳的儿子，毕业于京师大学堂，任职于国民政府财务部，抗战中随政府撤入西南病逝。林庚白称林肇汾为"仲兄"。1939年在重庆，林庚白有诗《送仲兄疏散隆昌二首》，其二云：

五十未云老，嗟兄滞宦游。官书从俯仰，行李困车舟。故里传烽急（敌扬言将大举入寇福州），邻封雪涕收（昨报克复潮安）。时危还惜别，弟妹各他州。③

1941年初，林肇汾病逝善后，林庚白无比悲痛，赋诗《仲兄之丧既殡两路口雨中晓发》，并题《仲兄挽诗四首》，其二、其四分别云：

---

① 《丽白楼遗集》（上卷），第411页。
② 《丽白楼遗集》（上卷），第624页。
③ 《丽白楼遗集》（上卷），第533页。

腊尾犹期能过我，地中尚记共埋忧。音书万里孤霜隔，豺虎殊方弟妹投。留作吾家沉痛忆，不辰身世厄儒流。

难制东方手足情，抚棺酸鼻感伤并。奋飞未尽平生意，急难空劳仓卒行。假我斧柯宁至此，与人家国竟何成?! 七年前事分明在，残暑江天殡叔兄。①

林炎南（1890—1951），即林肇烈，林庚白的嫡堂兄，是林庚白叔叔林为楷的儿子。林庚白称林炎南"四哥"。在几个嫡堂兄弟中，林炎南与林庚白年纪最接近，关系最密切，一起读书，一起追随孙中山革命。林庚白自述1917年因张勋拥戴"复辟"，"我带了我的炎南四哥，把国会的印章和重要文件，偷偷地搬到南方来"，"一起追随着我们的总理中山先生"，"成立了大元帅府，非常国会"。

1930年代，林炎南曾任上海市长吴铁城的秘书。在重庆，林庚白有诗《次和炎南兄"七七"纪念日见寄韵》云："举国方深兵燹感，殊乡渐白弟兄头。"其诗《寄炎南兄嫂大理二首》云：

远道危巢燕，天涯各险艰。巴为今洛邑，滇是古南蛮。兵久翻无苦，官贫转得闲。收京如可待，飞越万重山！

兄嫂平安否？兵间数口同。中年行役惯，故国梦魂通。乱始知柴米，邦今仗雨风。亲朋艰择食，歧路走西东！②

---

① 《丽白楼遗集》（上卷），第688页。
② 《丽白楼遗集》（上卷），第642页。

林炎南原配罗辉璆，是罗天禄之女，罗丰禄的侄女。抗战中随政府撤入西南，因家属未随迁，林炎南在西南又娶凌芝润。抗战胜利后，林炎南任中央政府财政部秘书，后任嘉兴市直接税局局长。据林炎南与罗辉璆的次子林应师口述："他（指林炎南）在抗战期间娶了他的手下也在上海市政府工作的凌芝润。也可能是抗战时远离家园，相互照顾的结果。1946年，他们从西南回到南京，他当时应该是在国府财政部工作。解放前外放到嘉兴任直接税局局长，后离任，在上海做寓公。1951年，脑溢血去世，葬于上海某墓地。还记得送葬时我和我哥一头一尾当孝子哭灵。但当时的安葬是由他当时的妻子凌芝润安排的。凌芝润与其前夫有两个儿子。老大刘自强，老二刘铁强。刘自强曾在捷克大使馆任职。刘铁强应该是在大连海运学院任教授。后来墓地要拆迁，时间不记得了，因当时的形势，家人不知墓被移去哪里。"（据林炎南的孙子林敬东博士[①]笔录）

---

① 林敬东，电子通信技术科学家，1983—1990年本硕毕业于清华大学电子工程系，美国东北大学博士，师从世界著名电子通信技术专家John Proakis教授，在国际一流杂志发表科技论文近20篇，拥有国际国内专利近50项，曾获上海市科学技术进步一等奖，创立上海搜林信息技术有限公司。2018年，林敬东博士联系上笔者，回到福州螺洲寻根，并联络分散在北京、上海、西安、银川、美国等地的林绍衡、林炎南、林庚白的后人林煌、林应师、林晟、邱昊、郎树人、汪延浩、汪洋、蔡晓蓉等共同捐资，支持族亲编撰刊印了《螺洲阙下林氏族谱》，在洲尾观澜学堂大门外院雕塑了林庚白的铜像，以示不忘先祖和热爱故园的桑梓之情。

林端仪，即林庚白的长姐，嫁给许贞干的儿子、供职于北洋政府外务部的许居廉。林庚白父母早亡，幼稚时得到胞姐端仪的照顾最多，姐弟情深。1914年，林庚白十八岁，奉姐命回福州，与许今心女士结婚。许今心是林端仪的小姑，许居廉的妹妹。1931年，这门亲上加亲的婚姻，以林庚白与许今心离异告终。1917年左右，许贞干、许居廉父子先后病逝，林端仪、许居廉无子，倾心照拂林庚白、许今心的孩子们。抗战中，林端仪移居香港。1938年，林庚白有诗《怀端仪姊香港》：

相望隔海渺烽烟，百粤云山断雁边。孤露多疏爷往事，中兴倘共姊余年。全家北地音书绝，一息东方骨肉牵。只有江海知我意，岁寒故放几枝梅。①

林庚白另有诗句云："弟兄姊妹各殊乡，风物重阳欠一觞。"并在《浦口澄平轮次视秀如、漪如两妹》中云："杜陵兄妹今何世？君未加笄我鬓华！"秀如、漪如是林庚白叔父林为桢的次女和三女。林漪如嫁给螺洲陈兆锵将军②的长子陈大韶，有儿女四个，长子林甄，过继给林为桢的长女林清如，以嗣林为桢。

---

① 《丽白楼遗集》（上卷），第420页。
② 陈兆锵（1862—1952），长期担任民国海军江南造船所所长、福州船政局局长，并于1917年创设海军飞潜学校，兼任校长，是中国现代海空军的重要奠基人。

董氏姨母,即福州三坊七巷南后街董执谊的胞姐,林庚白的姨妈。董执谊两个胞姐都嫁入螺洲林家,二姐嫁给林鉴波,即林庚白的母亲;长姐嫁给清末外交官、林庚白的嫡堂伯父林蔚华,既是林庚白的嫡堂伯母,又是其姨妈,内外两重亲。林董二家联姻,是因为林庚白的祖父林觐光与其外祖父董炳章是同治年间同科(1862)举人。林庚白有诗《梦董氏姨母》道:

母党凋零见亦稀,姨来入梦镇依依。南街一别情如昨,孤露相亲往已非。到眼临歧惟有泪,彻宵共话直无饥。两重血肉甥兼侄,生死沧桑万念违。①

因为林庚白家族与陈宝琛家族世代联姻,林庚白家与董执谊家联姻后,陈宝琛家与董执谊家亦成姻亲。陈宝琛把其收藏的《闽都别记》抄本交给董执谊出版,并为南后街董执谊家宅题"贞吉居"匾额,至今仍是三坊七巷南后街一景点。

---

① 《丽白楼遗集》(上卷),第488页。

六　朋友圈名人：朋交尽贵显

林庚白一生短暂，却朋友众多，他自道"四海朋交遍"，"朋交尽贵显"，绝非虚言。年少在天津、北京时，作为清廷要员之子弟，他随侍在樊曾祥、陈宝琛、王仁东、林纾、陈三立、严复、郭曾炘、陈衍、沈瑜庆、郑孝胥、林贻书、何振岱等遗老亲友身边，填词和诗，活脱脱"京中小名士"。他的身边，还集聚活跃着不少福州亲友名士，如沈赞清（演公）、何遂、吴石、陈懋豫（陈岱孙的父亲）、陈懋咸、黄曾樾等。另一方面，林庚白秘密与孙炳文、汪精卫、梁漱溟等人在天津组织华北同盟会，图谋推翻清廷。民国初立，他追随孙中山、黄兴、林森、宋教仁、于右任、廖仲恺、胡汉民、林之夏等人，年纪轻轻已名重政界。林庚白是20世纪初较早研究马克思主义者，他同情社会主义，服膺马列孙中山，认为在当时的历史条件下，要实现中国国家的统一和社会的现代转型，必须以马克思、列宁、孙中山为导师，以苏俄为师，所以他与中共高层如毛泽东、王明、林伯渠、邓颖超等人关系密切。在军界，他与陈炯明、唐继尧、张发奎、李济深、陈铭枢、何遂、吴石等武将交好。在文化界，他本身就是诗文名士，与姚鹓雏、汪辟疆、黄侃、胡小石、胡先骕、梁漱溟、汪东、柳亚子、章士钊、章伯钧等硕学名流交好。他曾经的同学诗友同道梁鸿志、黄秋岳、陈公博等先后投敌变节，林庚白与这些人割袍断义，说"晚节真为亲厚痛"。另外，他与徐志摩、章衣萍、郁达夫、丁玲、谢冰莹等现代文坛的著名文人也颇有交谊。对林庚白朋友圈详加研究，就是一幅 20 世纪上半叶中国社会波澜起伏的历史画卷，是很有意义的课题。限于篇幅，本书无法一一深入介绍其友朋，只能择要简单介绍如下。

（一）遗老诗友

樊增祥（1846—1931），字嘉父、樊山，号云门，晚号天琴老人，湖北恩施人。光绪三年（1877）进士，累官至江宁布政使、护理两江总督，是晚清名臣，著名诗人、文学家。清亡，任北京国民政府参政院参政。樊增祥是"同光体"著名诗人，且擅长骈文。林庚白年少便敬慕樊增祥，早年诗文受其骈丽文风的影响。1912 年，林庚白有诗《长堤寓楼即目因寄夷倏、完巢、樊山、散原诸丈》《柬樊山》等，自言："平生爱读樊山集，九死宁期竟见君。"1912 年，十六岁的林庚白写有四六骈文《戏与樊山沈涛园笺》。

陈宝琛（1848—1935），字伯潜，号弢庵、陶庵、听水老人、沧趣老人、橘叟等，清同治七年（1868）进士。陈宝琛是清中后叶名臣刑部尚书陈若霖的曾孙，末代皇帝溥仪的老师。陈宝琛既是清末重臣，也是"同光体"著名诗人、学者。至迟从陈若霖那一辈起，林庚白家族和陈宝琛家族便世代姻亲，且互为师徒。林庚白的大伯父林桂芳的妻子是陈若霖的曾孙女，亦即陈宝琛的从堂妹。陈宝琛与林庚白的岳父许贞干又情同手足。虽然林庚白是反清先锋，但对遗老亲故长辈陈宝琛还是礼敬之，在《孑楼随笔》《孑楼诗词话》《丽白楼诗话》中林庚白对陈宝琛的识见和诗文多有赞誉之处。他说："遗老陈宝琛，曩应溥仪之召，有所参与，'知难而退'，未尝复往。与交厚者，谓其识解，高郑孝胥一等"，"曩见陈弢庵之《春阴四首》辞极清丽"……

王仁东（1852—1918），字旭庄、刚侯，晚号完巢老人，福州人。清光绪二年（1876）举人，官内阁中书，有《完巢剩稿》；兄王仁堪，清光绪三年（1877）状元，授翰林院修撰；其姐王眉寿是陈宝琛的夫人，当代著名学者王世襄是王仁东的孙子。王仁东对后辈亲戚林庚白提携有加。1912年秋，林庚白在南京临时政府任职，有诗《检箧得旭庄丈赠诗却寄》云：

丈人念我居夷意，青眼相看正自惊。微尚爱名宁失俭，平情论事已难明。擘笺旧忆吴蚕薄,试酒新烦福橘清。难忘烟鬟螺黛外,江村风物美归耕。①

在这首诗中,林庚白对前辈亲故王仁东的垂青诚惶诚恐,并回忆家乡螺洲的福橘和山水风物之美。螺洲有王仁堪家眷居住的"状元府",紧邻陈宝琛的老宅"陈氏五楼",与林庚白的祖居相距也不远,乡情亲情跃然诗中。

陈三立(1853—1937),字伯严,号散原,江西义宁(今修水)人,晚清维新派名臣陈宝箴长子,协助其父在湖南变法维新,与谭嗣同等人被称为"维新四公子",戊戌变法失败后,与陈宝箴同被革职,慈禧下令陈氏父子永不被清廷起用。陈三立是近现代著名画家陈衡恪和当代著名历史学家陈寅恪的父亲。1912年,林庚白有诗《长堤寓楼即目因寄夷俶、完巢、樊山、散原诸丈》。陈三立八十大寿,林庚白题写组诗《花近楼主人八十寿诗次元韵》贺之。诗中夸誉陈三立"家有神驹不在鞍",指的就是陈寅恪兄弟。1937年9月14日,陈三立病逝于北平。林庚白有《陈散原挽诗》:

誉我眼中人,闻丧海几尘?苦吟余一者,不变是遗民。诗号空前手,生为望古身。世儿真好事,强与谥成仁!②

---

① 《丽白楼遗集》(上卷),第16页。
② 《丽白楼遗集》(上卷),第443页。

因为林庚白甚得陈三立的垂青，所以在林庚白殉国后，陈寅恪先生也列名在发起举行林庚白追悼会的名单中。

陈衍（1856—1937），字叔伊，号石遗、匹园，福州人，近代著名文学家，"同光体"著名诗人、诗评家，清光绪八年（1882）举人，精通财政学，曾在张之洞幕府供职。历任京师大学堂讲习，厦门大学、无锡国学专科学校教授等职。著有《石遗室诗集》《石遗室诗话》等。林庚白在京师大学堂时，常随侍陈衍，参加陈衍的诗会雅集。陈衍评价林庚白"众难早慧逸才，十余岁即奔走国事"，其诗句"抗手时贤，均无愧色"，"诗人喜铺张……又善于模山范水"。[1] 林庚白早年诗集《急就集》中，第一首即《秀野草堂小集呈石遗》，这首诗写于1910年，陈衍在京，招集朋友在小秀野堂雅聚。《侯官陈石遗先生年谱》卷五记载了此次雅集：是年秋，庐江布衣诗人陈子言到京，此人早年曾与陈衍"同度陇"，陈衍因此"招同苏戡丈饮小秀野草堂。草堂巨木既多，夜色极可喜。……是冬早寒。十月廿八日已大雪"。[2]

林庚白在1933年撰写的《孑楼诗词话》中说："陈石遗先

---

[1] 陈衍：《近代诗抄》（下），华东师范大学出版社，2016年，第2296页。

[2] 陈衍撰，陈步编：《陈石遗集》（下），福建人民出版社，2001年，第2013页。

生，著述等身，在老辈中，思想似较佳。其诗集早经行世，近作乃益精进，风格亦视往时略有异。"① 并记录了陈衍去世之前经过上海，其在沪的及门弟子为之设宴唱和，邀请了林庚白、李拔可、梁鸿志等人作陪的场面："今夏先生过沪，其及门弟子，觞之于康桥'夏氏别墅'，邀余与遹庵、众异、拔可、公渚、凫公诸人作陪，夷俶三叔、梦旦、子有丈，亦咸在座。"②

1937年8月，陈衍逝世，林庚白有《陈石遗挽诗》：

一别康桥死此翁，洪流合眼福无穷。诗篇老去才先尽，乡里生还数亦终。拟以龟堂真感逊，置诸长庆大年同。及门应上经师谥，论定千秋此最公。③

沈瑜庆（1858—1918），字志雨，号爱苍、涛园，福州人，沈葆桢第四子，林则徐的外孙，清光绪十一年（1885）举人，贵州最后一位巡抚。长女沈鹊应嫁林旭，林旭是"戊戌六君子"之一，因支持光绪皇帝变法而惨遭慈禧太后杀害。沈瑜庆擅诗文，有《涛园集》。林庚白家族与沈家亦是姻亲，林庚白与沈家子弟沈赞清、沈剑知等人多诗文唱和。

清廷海军甲申（1884）败于法国舰队、甲午（1894）败于日本舰队。中国新式水师海军是由沈瑜庆的父亲沈葆桢创办奠

---

① 《丽白楼遗集》（下卷），第904页。
② 《丽白楼遗集》（下卷），第904—905页。
③ 《丽白楼遗集》（上卷），第391页。

定的,福州马尾船政是中国海军的摇篮,海军将领多为闽人,两次海战失败,当局者称"闽将不可用,海军难办"。针对此非议,沈瑜庆题诗《哀余皇并引》,指出:清廷最高当局始终没有高度重视海军建设,沈葆桢临死还上疏清廷"促办海军"。"出使大臣李凤苞请废船政,谓制船不如买船,而己私其居间之利。后希中旨者,又挪海军款办颐和园工程。甲申一挫,甲午再挫,统帅不能军,闽子弟从之死亡殆尽。无更番之代、犄角之势、专一之权,以至于一蹶不可复振。淮楚贵人居恒轩眉扼腕曰:'闽将不可用,海军难办。'噫!真闽将之不可用耶?抑用闽将者之非其人耶?累累国殇,犹有鬼神,此焉可诬?而今日之淮楚陆军何如乎?是可哀矣!吴公子光曰:'丧先王之乘舟,岂惟光之罪?众亦有焉。'长歌当哭,遂以《哀余皇》名篇。"[1]沈瑜庆认为,清廷海军之败,不是海军自身造成的,而是清廷对建设海军认识不足且所用非人,并挪用海军款项修建颐和园等所致。

1937年8月16日至1937年12月2日,为了粉碎日寇沿长江快速西进的图谋,中国海军总司令陈绍宽和海军第一舰队司令陈季良,率海军在江阴与日军海空军决一死战,中国海军没有空中力量援助,依然以血肉之躯英勇抗敌,以全舰队覆没的悲壮代价,把日寇阻击在长江中下游。但因为此前有闽人黄浚父子出卖军事情报给日寇,故江阴海战我闽籍将士虽慷慨赴国

---

[1] **沈瑜庆**:《涛园集》,福建省文史馆整理,福建人民出版社,2010年,第12页。

难,却并没有得到当局和社会应有的公允评价。林庚白为此仿沈瑜庆诗歌例,题诗《广沈涛园〈哀余皇〉》道:

> 昔者涛园哀余皇,长歌当哭慨以慷。前人但骂福建子,今多汉贼增凄伤。古来忠奸何地无,岂宜随俗为否臧。神禹之父乃有鲧,那更举措观其乡。甲午舟师始挠败,谁欤致者丁汝昌。至今倭夷说闽将,吾宗争耳泰曾良。故知是非终不泯,论定何用相铺张。四十六年邦又蹙,沈江战舰皆国殇。江阴寇从间道入,死绥子弟谁能详。飞车螳臂猛搏击,马当杀敌犹相当。未闻一士矜勇鸷,未见一役腾报章。武夫例为社稷殉,馨香留取心肝强。我非持论袒乡里,史有功罪安可忘。海军革命从国父,先后亦奋林与黄。玉碎瓦全靡所计,要与日月同辉光!①

林庚白指出不能以偏概全,将福建人都视作投敌变节者。中国海军江阴一战,其英勇顽强为国牺牲的壮烈,竟然不见一人给予表彰,不见一报给予报道,这是非常不应该的。

郑孝胥(1860—1938),字苏戡,一字太夷,号海藏,"同光体"著名诗人、书法家,伪满洲国总理。林庚白家族与郑孝胥家族世有联姻。林庚白的父亲林鉴波,称呼郑世恭为"舅

---

① 《丽白楼遗集》(上卷),第515页

祖"，郑世恭又是郑孝胥极为敬重的叔祖，郑世恭是郑孝胥爷爷郑世光（馆）的幼弟。林鉴波的姐姐即林庚白的姑妈嫁给郑孝胥的嫡堂叔（或堂伯）郑守孟。林庚白的父亲林鉴波大郑孝胥一岁，且早有文名。郑孝胥极其敬重累世科甲的林家，为螺洲林氏祠堂题匾"双阙名宗"。

林庚白早年古体诗创作深受郑孝胥的影响。郑孝胥投靠日本人后，林庚白无比愤怒，与郑断绝往来，多次题诗批评郑声名俱毁。1933年7月1日，林庚白有诗《海藏楼主附伪得相，报载所作重阳一律，辞意殊狂谬，辄效其体，走笔次和》：

委蛇何若窜穷荒，四海交亲惜鬓霜。歇后一官甘汉贼，在东万里作重阳。天亡刘豫金终厌，梦误成都亮有桑。污却诗名医寂寞，只怜返照落苍苍！①

作为反清志士，林庚白岂能容忍郑孝胥复辟清廷的乖狂做法？郑不仅投靠日本人，在东三省整出个伪满洲国，在《九日文教部登高》诗中，还公然叫板东三省之外的"西南豪杰"，狂称有朝一日东三省之外的"遗民"会再见"后清"一统天下。如此人神共愤的狂悖之作，是可忍，孰不可忍？作为反对清廷的民主共和先驱，林庚白必得拍案而起，题诗针锋相对，斥责郑孝胥不甘寂寞，窜入穷荒当汉贼，其呓语般的狂想如无可挽

---

① 《丽白楼遗集》（上卷），第246页。

回的落日,他的题诗自污其名节而已。

1938年3月28日,郑孝胥病逝于长春。林庚白题诗《无题》,痛恨郑孝胥、梁鸿志、黄秋岳之流晚节不保,指斥变节投敌者如"粪壤"般遗臭于世。其诗云:

世限功名士,降胡老自伤。死哀余智尽,身与一官僵。遗臭能终始,论诗抗宋唐。貌翁梁众异,粪壤动蜣螂![1]

林开謩(1863—1937),字益苏、夷俶,号贻书,又号放庵,福州长乐人。其父林天龄,是同治皇帝的老师之一,与林庚白的祖父林觐光是联襟。林开謩光绪二十一年(1895)中进士,钦点翰林院庶吉士,授翰林院编修,民国初,被誉为"旧京九老"之一,他擅诗词、书法、围棋。林开謩是林庚白的表叔,林庚白在北京多得到林开謩的照拂。林开謩和他的诗友王仁东、樊增祥、陈三立、沈瑜庆等人雅集吟唱时,常把林庚白带在身边,少年林庚白耳濡目染这些晚清名流雅士的风雅,诗风颇受他们的影响。

1933年初,林庚白题诗《雪夜怀人绝句并序》,其中第八首就是怀念林开謩的。林开謩诸子女都与林庚白亲情甚浓。当代著名学者余英时的岳父陈雪屏,是国民党要员;岳母林美因

---

[1] 《丽白楼遗集》(上卷),第443页。

（即林敏），即林开謩的孙女。①

何振岱（1867—1952），字梅生，或作枚生，又字心与，号觉庐、悦明，晚号梅叟，福州人，居福州文儒坊三官堂（今大光里）。光绪二十三年（1897）何振岱中举，早年受知于名儒谢章铤，清末受聘为江西布政使沈瑜庆的幕僚文案，后往北京司笔墨并任教多年。何振岱擅诗词、古文、书画、古琴等，与邻居陈衍交好，同为在京的福州名士，弟子甚多，不少福州近现代才女皆出其门下。著有《心自在斋诗集》《我春室集》《觉庐诗稿》等，其诗风清逸隽永，是"同光体"的中坚。

1933年初，林庚白题诗《雪夜怀人绝句并序》，其九是怀念何振岱和陈衍的，诗云：

誉我神童少小时，梅生精绝画如诗。无端老去恓惶甚，渔火江枫伴石遗。②

在《子楼诗词话》中，林庚白赞誉何振岱云："先生诗，于各体皆工，《游西湖》有句云：'钟定声依无际水，诗成意在欲

---

① 林庚白在《雪夜怀人绝句并序》组诗第二十七首中提及林美因等人，其诗云："蛮驱相依世弟兄，雨家儿女亦关情。樊楼灯火横街雨，记否拈牌落了声？（闽林襄、林琦、林鲁、林诚、林彦京、林是镇、楚都……林美因、林挹英）"

② 《丽白楼遗集》（上卷），第204页。

开梅。'传诵海内。"①

沈赞清（1868—1943），字演公，号演庐居士，福州人。民国时，在广东任知事、道尹等职，曾任财政部印花印刷所所长。擅诗、古文辞、山水画等，著有《瘿楼集》。林庚白家族与陈宝琛家族、沈葆桢家族等交互联姻，都有姻亲关系。这些姻亲散居于福州、北京、上海、杭州、天津、广州等地，林庚白诗文集中多有与沈家、陈家等亲友唱和之作。沈赞清是沈玮庆的儿子，沈玮庆是沈葆桢与林普晴所生长子。1941年4月21日福州沦陷，远在重庆的林庚白挂念陷入敌手的家乡，6月3日，他有诗歌《次和演公丈闻福州陷贼韵》：

岂独中原见朔风，天涯等是转篷中。故乡寇逼终无悸，乱国兵连已两穷。袭远群酋方越货，持盈异族尚弯弓。诗翁莫漫多嗟叹，从古图存要自雄。②

这首诗是林庚白为故乡福州写下的最后一首诗篇。他以一贯的乐观豪情号召家乡人民"图存要自雄"。

李宣龚（1876—1952），字拔可，号观槿，又号墨巢，福州

---

① 《丽白楼遗集》（下卷），第893页。
② 林公武编：《二十世纪福州名人墨迹》，福建美术出版社，2002年，第93页。

人。光绪二十年（1894）中举人，官至江苏候补知府。民国后，供职上海商务印书馆，1941年，任合众图书馆董事，是中国现代著名的出版家、学者，和何振岱一样，是"同光体"的殿军诗人。因为都是姻亲，且又擅诗歌，林庚白与李宣龚交谊甚好。1933年初，林庚白在《雪夜怀人绝句并序》中写道：

> 百篇脱手独能工，此事千秋倘付公？老与王徐并书贾，兰成日暮小园同。（闽李宣龚、浙王云五、陕徐阆西）①

1941年，林庚白在重庆，与在上海的李宣龚有信函诗文往来，林庚白题诗《墨巢丈为觅〈箬石斋集〉展转寄达》云：

> 真见衡阳雁寄书，山斋到日绿扶疏。来从故土诗成史，乱甚前朝国可墟。溺古亲知纷作贼，剿民寇盗等为鱼。诗家善颂怜钱载，已是雍乾极盛余。②

此诗或是因为李宣龚为林庚白寄来清人钱载的诗集，林有感而作。

林步瀛（1878—1934），字鼎燮，又号燮甫，是林庚白的族叔。其父林光谱，和陈宝琛同受学于族亲林方蔼（举人）。林步

---

① 《丽白楼遗集》（上卷），第208页。
② 《丽白楼遗集》（上卷），第689页。

瀛少有诗名，清光绪二十八年（1902）中举，以盐官任职滇南、浙江等地。辛亥革命后，一度回乡，在福州女子师范学校授徒，冰心其时入学该校，她的作文老师便是林步瀛。林步瀛后又到浙江舟山、黄岩等地任职，与侨居杭州的宗亲、辛亥革命先驱林之夏最为亲近，他们俩多有诗歌唱和。著名诗人陈三立评林步瀛的诗歌"澄澈幽隽，不染荤血，诗境出入子苍唐卿间"。①

1927年，林步瀛从浙江回福州，居福州南禅山边，加入陈衍组织的"说诗社"，并参与陈衍等人主持编纂《福建通志》的工作，撰写了《续修宁德县志序》《宁德孝友独行志序》《宁德县名胜之序》《宁德县户口志序》《宁德职官志序》《宁德惠政志序》《宁德县艺文志序》《宁德列女志》《宁德方技传序》《宁德县志文徵序》等。林步瀛有多首诗歌叙述他入拜陈衍门庭，如《秋日入城谒陈石遗丈》《人日石遗老人召饮匹园》。1934年，林步瀛在福州贫病交加而卒。1935年夏，族弟林春丞出资刊印出版其诗文集《榕荫草堂集》，陈衍、林之夏为之作序。

1935年，林庚白题诗《书鼎燮族叔〈榕荫草堂诗〉后》：

饥驱到老竟无休，一卷遗诗豁我眸。失路犹能依栗里，之官数与作曹邱。湖西把盏浑成世，海上传书几换秋。后

---

① 林之夏《榕荫草堂集》序，见林步瀛：《榕荫草堂集》，福州南台隆平路大华印书局1935年印。福建美术出版社2023年11月再版经林怡郑超群整理的《榕荫草堂集》，林之夏此序见该书"序二"。

有名山疑未死，却辱断梦涕横流。①

这首诗概括了林步瀛作为小官吏辛苦谋生一辈子的艰辛。林庚白在南京、上海、杭州期间，与林步瀛时有诗歌酬唱，收入《丽白楼遗集》。因《榕荫草堂集》不易看到，兹摘录数首林步瀛给林庚白的诗如下：

得浚南侄金陵和诗后寄以肉绒两瓶并媵以诗

简斋昔寄钟山庐，烹调南食娱尚书。江南故自足鲑菜，食单不乏大官厨。念子十年别乡国，宁尤乡味思莼鲈。蚌螺石首难寄致，所寄乾肺徒区区。炮燔治火出城店，一餐佐粥清晨初。来诗骨玉神秋水，历历心迹照江湖（诗有"螺江暮桿十年心"之句）。青溪画舫落醉句，风便惠我篇琼琚。②

这首诗大约作于1930年，时林庚白供职于南京国民政府，离他上次于1920年回到福州，说服李厚基等人以武力支持孙中山、陈炯明重组军政府，已经整整十年。林步瀛从林庚白的来诗中，体会到他浓浓的相思，因此特意寄去两瓶福州肉松，以慰藉林庚白的乡思。

---

① 《丽白楼遗集》（上卷），第289页。
② 《榕荫草堂集》，第14页。

闻浚南侄寓沪集同人设命学苑得其寄诗一章赋此答之

公明旗鼓对琅琊，适意忘机歇浦涯。开遍林花仍闭户，料多诗草渐名家。归乡萧瑟谁相问，来札殷勤最拜嘉。多感齿牙惠余论，觅巢未定后栖鸦。①

这首诗歌说明林庚白曾在上海"设命学苑"，和同好研究命理之学。《榕荫草堂集》中还有《寄浚南笏曾二侄》《浚南侄来书言到苏沾病近愈回京》《端午节前三日雨中寄凉笙浚南》《秋日寄沪上浚南侄》《首夏藤山寓斋寄浚南侄金陵》等，颇见林步瀛对林庚白的关爱之亲情。

（二）同学诗友

汪辟疆（1887—1966），名国垣，字辟疆，一字笠云，晚号方湖，以字辟疆名世，江西彭泽人。汪辟疆是著名诗人，在京师大学堂与林庚白同学兼诗友，多有相互酬唱之作。《丽白楼遗集》中收有林庚白写给汪辟疆的诗多首，如《武昌变起余赴国难，别笠云于都门，嗣是不相见者一年余，时犹闻朋好述其近作，皆不愧名世，比读题壁，一时辄有所触，依韵奉寄》《和笠云学诗一首》《赠汪笠云》《雨后旅枕柬辟疆》等。在《雪夜怀人绝句并序》之十三中，林庚白写道：

---

① 《榕荫草堂集》，第41页。

226

> 诗篇太学忝齐名，三凤西江更有声。二十一年湖海客，一身新旧百忧萌。（苏姚鹓雏、赣胡先骕、黄有书、汪辟疆）①

在《子楼诗词话》中，林庚白写道："北大同学程家桐，下笔万言，才气磅礴，与余及汪辟疆友善。所作诗词，亦复不恶。"② 1938年，林庚白抵达重庆，题诗《雨后旅枕柬辟疆》，末句云："同学论诗味，年深未可忘。"

姚鹓雏（1892—1954），原名锡钧，字雄伯，笔名龙公，号鹓雏，以号名世。上海松江县人，近代著名文学家、诗人，文化名流。在京师大学堂与林庚白同学，师事林纾，擅古体诗词，与林庚白齐名，两人合刊诗文集《太学二子集》，后也加入"南社"。抗日战争中，西迁入蜀，任监察院主任秘书，并在高校讲学。1949年后，任上海文史馆馆员。林庚白在《子楼诗词话》中云："北大同学与余共负笈者，有姚鹓雏、胡步曾、黄有书、汪辟疆、王晓湘，皆工诗。前乎余者，则有梁众异、黄秋岳、朱芷青，后乎余者，则有俞平伯，而平伯又兼擅新旧体诗。鹓雏与余，号'太学二子'，其佳篇甚富。"③

1938年，在重庆，林庚白题诗《喜鹓雏至》：

---

① 《丽白楼遗集》（上卷），第204页。
② 《丽白楼遗集》（下卷），第915页。
③ 《丽白楼遗集》（下卷），第893页。

旧时学校地安门，闻道新来臬猇尊。却喜相逢非老大，谁怜一决杂蛟鼋。奔流到海终堪信，少日齐名未可论。世已推移诗欲灭，迟君拔帜与图存！①

《丽白楼遗集》中还收有《喜雄伯至》《本意赠鹓雏与楚伧联句》《雾夕对月次鹓雏听韵》等。

1942年，得知林庚白殉难后，姚鹓雏在重庆写下《林庚白挽章》，悲痛之情尽在挽章中：

入世异途辙，忘情断简书。谁知离乱际，未觉故人疏。狂奋谈天口，悲回穷路车。南飞遂不返，此恨定何如。

少小燕台路，空余二子名。卅年成老宿，再面尽平生。花鸟春犹到，干戈梦亦惊。巴山炊黍地，凄绝隔幽明。②

胡先骕（1894—1968），字步曾，号忏庵，江西新建人。1909—1911年和林庚白同学于京师大学堂预科，擅古体诗词。1912—1916年在美国加州伯克利大学农学院留学，获植物学学士学位；1923年再次赴美留学，1925年获得哈佛大学博士学位，是中国植物学的奠基人，又是诗人、教育家。林庚白与胡先骕交谊甚好，说："少年同学知谁健？良会还应念阿胡。（谓

---

① 《丽白楼遗集》（上卷），第461页。
② 《丽白楼遗集》（下卷），第1241页。

步曾在美洲）"另有诗歌《月夜怀仲通》《寄步曾》等也清新可人，《月夜怀仲通》写道："千里共明月，思君意未阑。寒梅花发好，莫作故园看。"《寄步曾》云："羡子山林隐，嗟余海国留。离心共春水，到处总悠悠。"

1941年，林庚白收到胡先骕来信，题诗《得胡步曾书》云：

> 兵间情重故人书，示我囊诗锦不如。同学燕云今陷敌，兴怀杜陆渺愁予。雄心肯逐中年尽，士气难追革命初。教养当为根本计，眼中蔓草要全锄。①

2008年，《胡先骕先生年谱长编》出版，收有胡先骕于1950年撰写的《京师大学堂师友记》，其中涉及林庚白者，摘录如下，以供参考：

> 预科同学中有一至奇特之人物，是为林庚白。庚白闽人，原名学衡，号浚南，后改为众难，与予为甲午同庚生，② 入京师大学堂预科时为宣统二年，③ 所习为法文，时年仅二十，已以骈丽文与诗鸣于时。在中学时，孙师郑为

---

① 《丽白楼遗集》（上卷），第690页。
② 林庚白出生年月据周永珍所编年表，当为1897年（光绪二十三年丁酉）4月21日（旧历三月二十）。因为林庚白年少参加社会政治活动，屡改其出生年月，故时人难明就里。
③ 应为宣统元年（1909）秋后考入京师大学堂预科。

监督，学衡即与之论文不相下，入太学后颇为闽中各诗老所青眼。早年即加入同盟会，故与汪兆铭、张继诸人均有渊源。辛亥后，异常活跃，时年尚少，乃书履历递增十年，以为易与记忆也。以大学预科生之学历太低，自称巴黎大学毕业，然美于言辞，豪于文笔，故人亦信之。所结交者皆国民党要人，一时颇自得。然亦屡经蹉跌。一次自称为唐继尧之代表，至南京游说齐燮元，为齐所识破，终善遣之。其诡诞有如此者。自负有相人术，曾著《人鉴》一书，以星命之说判人之休咎，据云曾预断廖仲恺之死，又曾断言汪兆铭必为"元首"。汪后任伪主席，其言似颇验。终以非蒋介石嫡系，不甚宦达。抗战时任立法委员，予于重庆晤见时，已不甚矜才使气矣。其诗亦有进境，而自视特高。中年与女诗人林北丽结婚，伉俪甚笃。居重庆时，推算己命以为该年将死于非命，而其夫人之命运则甚佳，故出入必紧相依倚，冀藉其夫人之庇以免于难；复以居重庆有生命危险，乃相偕赴香港。抵港未久，而日机偷袭珍珠港，继即占领香港。一日庚白偕其夫人出门，为日哨兵所击毙，其夫人亦受伤昏绝。庚白死后，至陈尸数日始能成殓。以避祸而遭祸，岂定数真不可逃耶？甚盼其夫人能整理其诗集行世也。①

---

① 胡宗刚：《胡先骕先生年谱长编》，江西教育出版社，2008年，第28—29页。

胡先骕的文化观政治观与林庚白不尽相同，他是"学衡派"的重要一员，主张持守中国文化本位；政治上，他一度深受蒋介石、蒋经国父子的信任，1940 年抗战期间，由陈立夫、朱家骅两人介绍加入国民党，并出任中正大学校长。但这不妨碍他与林庚白之间的同学情和诗友情。中华人民共和国甫成立，他就在上文中希望健在的林北丽能够把林庚白诗集整理出版。

黄曾樾（1898—1966），字荫亭，号慈竹居主人，福建永安人，诗人、史学家。1912 年，入读马尾船政学堂，1920 年赴法国留学，1925 年获法国里昂大学文学博士学位。抗战期间，在重庆交通部任职。1949 年福州解放后任福建师范大学中文系教授，"文革"中被迫害致死，著作多散佚，1978 年平反昭雪，恢复名誉。

黄曾樾与林庚白交情极好，两人多有诗词唱和，见于《丽白楼遗集》，林庚白在《孑楼诗词话》《丽白楼诗话》中多次提及黄曾樾。黄曾樾是陈衍的及门弟子，林庚白称赞他"擅法国语文，而旧学亦有根柢"，"荫亭所为古文，尤得老辈称赏"。黄曾樾著有《石遗先生谈艺录》，请林庚白作序。1933 年，林庚白为《晨报》撰《孑楼诗词话》，记载黄曾樾"今夏末伏过上海，至余孑楼，投诗甚美"。黄曾樾写给林庚白诗如下：

散策春申意转幽，侠肠英气自春秋。江南人物真才子，海内文章此孑楼。中岁情怀关党史，早年姓字动诸侯。只怜盖代虬髯意，红拂由来未易求。①

黄曾樾这首诗最能体现林庚白的英豪行迹和文才名望，难怪林庚白赞道此诗"甚美"。

1939年，黄曾樾来重庆看望林庚白，林庚白题诗《喜荫亭至》，足见二人惺惺相惜之情：

> 经岁兵间别，犹能饮啖同。艰危思好手，咏叹见初衷。
> 国蹙官逾好，师劳寇亦穷。寒梅出春意，先放几枝红。
> 子昔从陈衍，于诗用力勤。中年不得意，杯酒细论文。
> 勿用潜龙蛰，于飞幕燕纷。千官任蓬转，兵马夜深闻！②

曾克耑（1900—1975），字履川、伯子，号颂橘、橘翁，斋号有涵负楼、攫宁楼、颂橘庐等，福州人。曾克耑是近现代著名诗人、书法家，曾任民国交通部长叶恭绰的秘书、国史馆特约纂修，1949年后在香港新亚书院教授书法，与林庚白是乡亲友人，两人多有诗文唱和。1939年，林庚白题诗《涵负楼主人四十初度》，祝贺曾克耑四十岁生日：

> 君家大父我祖友，万里一官老郙叟。转徙东华及结交，
> 忘年许我以诗诱。新邦邂逅又见君，彩笔干云蛟螭走。胡

---

① 《丽白楼遗集》（下卷），第907页。
② 《丽白楼遗集》（上卷），第482页。

家菜园数相过,觞咏多谢梁孟厚。紫金旗盖青溪水,有蚊负山箕张口。江河每况举棋非,遂使辽沈陷贼手。依违为国更几迁,芦沟桥头风雷吼。一战再战失江淮,武汉广州亦不守。百官都邑皆西移,狼狈兵间动什九。饮酒谁哀北府兵,行吟莫问连昌柳。君今四十未为衰,稚子孺人况左右。古来忘忧仗此杯,且共流离亲故寿。劫灰堆眼那可道,留取心魂收京后![1]

《丽白楼遗集》中还收有诗歌《骤寒诣履川长谈,旋复遇雨,车夫催归甚急》《履川和诗,情辞斐然,雨窗无藉,再赓一首》《休沐日履川招饮暨南新村,酒阑调甫、植之诸君偕游张氏园,归就亚子、佩宜茗话,晚应少屏之席,即事感怀,为赋长句》《调甫偕诣履川小饮》《秋醒斋小集同履川、伯鹰》等。

(三)革命道友

孙中山(1866—1925),名文,字载之,号逸仙、日新,化名中山樵,广州香山县(今中山市)人。孙中山是中国民主革命的伟大先驱,领导中国人民推翻清廷的领军人物,辛亥革命后被推举为中华民国临时大总统,是中华民国和中国国民党的缔造者,三民主义的倡导者,创立了《五权宪法》,著有《建国

---

[1] 《丽白楼遗集》(上卷),第489页。

方略》《建国大纲》《三民主义》等。1925年3月12日，孙中山病逝于北京；1929年6月1日，国葬于南京紫金山中山陵。1940年抗战中，国民政府通令全国，尊称孙中山为"中华民国国父"。

1912年（民国元年）1月1日，孙中山在南京就任中华民国临时大总统，共和国宣告成立。2月12日，宣统皇帝退位，两千多年的君主专制政体被推翻。南京政府成立后，十六岁的林庚白出任内务部参事，他到南京与胡汉民、居正等人一起追随孙中山，有诗歌《即席赠中山先生并示汉民诸子》纪其事：

尝胆卧薪事可思，万方重见汉官仪。策勋已定平陈略，努力毋忘在莒时。稍喜民权今有主，大难国病孰能医。同舟共济群公在，更向先生乞导师。①

孙中山年长林庚白三十余岁，林庚白对孙中山充满由衷的敬意，将孙中山视作引领自己革命的导师。1912年4月1日，孙中山正式解职，林庚白也在这年春末去职并离开南京，他有诗歌《春尽日出金陵》云："转眼兵戈纷万变，疚心党籍要重编。揭来阅尽中原事，每过金陵一惘然。"诗中隐约反映出他对孙中山去职、袁世凯当轴后时局的担忧。

1917年1月，黎元洪在北京重新召集国会，二十一岁的林

---

① 《丽白楼遗集》（上卷），413页。

庚白被推举出任国会众议院秘书长。6月12日，段祺瑞为首的督军团胁迫黎元洪宣布解散国会；7月1日，张勋拥戴溥仪复辟；7月4日，孙中山与程璧光、唐绍仪等商议迎接黎元洪来上海设立政府并发表讨逆宣言；7月17日，孙中山抵达广州，筹组护法政府；7月21日，海军司令程璧光率舰南下，支持孙中山护法。在这令人眼花缭乱的动荡政局中，1917年8月，林庚白与其堂兄林炎南分别携国会印章、枢密文件和巨款等，秘密离开北京，南下广州，追随孙中山护法。由于程璧光和林庚白兄弟的鼎力相助，8月27日，国会非常会议得以在广州首次召开。8月31日，大会通过了《中华民国军政府组织大纲》，决定组织护法军政府；9月1日，国会非常会议选举孙中山为中华民国军政府海陆军大元帅，林庚白以众议院秘书长职兼任孙中山大元帅府秘书。

孙中山对年纪尚轻的林庚白奖掖有加。林庚白有诗句"虚怀爱士黯难忘"，自注云："庚申冬，余诣粤，以不慊于某钜公，将拂袖去，总理慰勉有加。"这说的是1917年底，因不满于国会内右倾分子联桂主张，林庚白与众议院议长吴景濂意见相左，离开广州回上海，临别，孙中山对他慰勉有加。

1918年至1925年孙中山病逝，林庚白多次奉孙中山之命，往返于昆明、北平、杭州、福州、上海、南昌、汉口、郑州、信阳、石家庄等地，游说接洽唐继尧、段祺瑞、王揖堂、卢永祥、李厚基、杜锡珪、黎元洪、靳云鹏、魏益三、田维勤等各路军头，或促成海军与滇粤军为一体，或促其归附国民革命军，助力孙中山重组军政府。

1929年5月28日,孙中山灵车从北京抵达南京;5月29日至31日,国民党中央党部举行三天公祭;6月1日,奉安大典结束。这段日子林庚白生病,且对国民党当权派大肆"清共"无法苟同,没有参加孙中山的迁葬奉安大典,但他于1929年6月13日在南京写了一首诗《中山先生之丧,归自北平,余以病未获躬与国葬,赋诗志哀》,表达自己对孙中山的怀念和对时局的失望与悲伤:

终见威灵动九夷,风车云马怆来迟。饰终岂复平生意?观政能深后死悲!一恸微言成附会,群飞屠国益支离。虚怀爱士今难觏,凄绝羊城执手时!①

此后,林庚白在南京经常去瞻仰中山陵,并多有诗歌纪念孙中山,如《孙陵吊中山先生》(1929年8月15日):

三百多层台阶,
表现出国父的尊严。
墓门一角的斜阳,
永护的山尖。
总理啊!只要您的精神不死,

---

① 《丽白楼遗集》(上卷),第76页。

政府自然会清廉。①

1940年，林庚白写有诗歌《总理诞辰志感》：

觊国先几独，怜才自古无。非徒排众议，亦颇择狂夫。党敝忘鸩毒，官邪到腐儒。贻谋知不再，莫更失联吴。②

这些诗歌反映了孙中山精神对林庚白长久深刻的影响。孙中山弥留之际，遗嘱"革命尚未成功，同志仍须努力"，但国民党内部派系林立，彼此拆台，且当轴者违背孙中山"联共""容共"的方针，国共分裂，内斗与内战频仍，这是林庚白深为忧虑的，他说："心伤一部中华史，留得亭台送角声。"林庚白在诗文中多次批评痛斥国民党，认为国民党之所以难以引领中国革命走上光明的前途，就是因为违背孙中山遗愿，内讧不断。

林森（1868—1943），原名林天波，字长仁，号子超，晚年自号青芝老人，别署百洞山人、啸余庐主人，福州人，近代著名政治家，国民革命的元老，国民政府主席。林森年长林庚白近三十岁。1912年，林庚白十六岁，这一年，林森和林庚白都回到福州选议员，林庚白有诗歌《溥泉约同子超、韵松游石鼓，

---

① 《丽白楼遗集》（上卷），第79页。
② 《丽白楼遗集》（上卷），第566页。

余以故未往》：

> 平生说鼓山，不识兹山面。万里客归来，驾海同请见。买棹弄江水，决去胡未便。巍峨疑可即，飞雨递隐见。一白荡虚空，寸碧射芳甸。安得穷壮观，揽胜细与辨。清游弃堪惜，光阴逼露电。云山自古今，人事有万变。临风相缱绻，念兹泪如霰。①

1933年初，林庚白在《雪夜怀人绝句并序》中怀念林森等人道：

> 黄花碧血邈山河，风义端应二叟多。誉我文章分我谤，吴蒙老去奈君何！（闽林森、浙张人杰、苏吴敬恒）②

1940年，林庚白在长诗《自述一百零二韵》中写道："既觏孙黄年十六，南社吟啸谁抗衡。吾宗执手来白下，论交才气惊恢宏。故人廿载今元首，更几不负黄花荣。"诗里的"吾宗""故人"即时任国府主席的林森。

林长民（1876—1925），字宗孟，号苣苣子、桂林一枝室主、双栝庐主人等，林徽因的父亲。林长民的父亲林孝恂，原

---

① 《丽白楼遗集》（上卷），第11页。
② 《丽白楼遗集》（上卷），第204页。

名孝恂，字伯颖，光绪十五年（1889）进士。林孝恂长期在浙江金华、衢州、杭州、嘉兴等地为行政长官，任浙江石门（今浙江桐乡）知县时间最长，前后达五年之久，林长民等子女随侍在石门。林孝恂为官清廉刚介，"勤政慎刑"，深得浙江绅庶各界的爱戴。①石门即崇德，是徐自华、徐蕴华的家乡，徐家与林家因此有通家之谊，林北丽写道："父亲的伯父（怡按：即林孝恂）是母亲家乡的父母官，所以父亲和母亲又多了一层家庭间的世交关系。"②石门也是徐志摩的家乡，徐志摩家与林孝恂一家也是世交。明乎此，方可知林孝恂、林长民、林徽因一家在浙江杭嘉湖一带的影响力。

林长民文章、书法俱佳，林庚白说："林宗孟与余先后为众议院秘书长，论政每相左，而私交颇不恶。""宗孟诗才书法两擅场，惜所作不多见。"《丽白楼遗集》中有多处忆及林长民的文字。1929年10月29日，林庚白在南京题诗《过李相府内务部旧址，有悼宗孟》四首，林庚白自注四首诗歌云：

---

① 可参看林长民手书《先严哀启》，参见林怡著：《渐不惑文存》，西泠印社出版社，2006年，第441—443页。林孝恂卒年据1914年底严复诗《题林畏庐晋安耆年会图》云"一已墓门将宿草"，严复自注云："林君伯颖已于七月化去。"怡案：1914年，林长民任北京政府政事堂参议，全家自上海迁居北京。这年六月，林长民弟弟林天民送病中的林孝恂入京到林长民家养病。林孝恂初到北京，病情有好转。不意不到三个月，即因肝病发作而逝世。严复诗中所作"七月化去"，有误，据《哀启》，林孝恂应在八月底九月初病逝。

② 《徐蕴华林寒碧诗文合集》，第310页。

余辛亥始识宗孟，时君以遁初（怡按：宋教仁）荐，余以精卫荐，同官内务部参事，共一室，倾谈无虚夕。诗文之余，间或臧否当代人物。君数称遁初、济武（怡按：汤化龙），余则推崇中山先生。君固立宪党中人，故持论每与吾党相左。郭松龄倡讨奉，其总参议萧叔宣，介余与宗孟，余逊谢，宗孟既往，又欲引去，逡巡未果，卒及于难，骸骨俱烬。记甲子（怡按：1924年）三月，君自沈阳寄诗似余，有"欲从负贩求遗世"之句，今竟羽化矣，诗谶有验，往往若此。丁巳（怡按：1917年）督军团发乱，君与任公、齐（怡按：当作济）武，阴实主持其事，冯国璋、倪嗣冲文电，闻多出自君手笔，事成酬司法总长，居官三月，犹赤贫。郭松龄之变，盖挟私隙，非革命。君与郭初无深交，乃以身殉，书生弄兵，亦重可哀已。君弟寒碧，丙辰（怡按：1916年）秋间，触汽车死，朋侪惜之。君善书，所居北平雪池，榜曰双栝庐，有女徽音，美而能文，尝留学海外，诗中并及焉。①

林庚白在诗中怀念林长民、林寒碧兄弟，并赞誉才和梁思成一起回国近一年的林徽因"蔡琰真家学"，"美而能文"，寄望林徽因能够像汉代才女蔡文姬那样传承好林长民的家学门风。

　　蔡登山说："林庚白追求的名女人不少，前有林长民的女儿

---

① 《丽白楼遗集》（上卷），第102页。

才女林徽因，林庚白在北平追之甚力，但终无结果。"①蔡登山此说毫无根据。1912年冬至1913年，林庚白在北京政府与林长民、林寒碧共事，此时林徽因才九岁十岁，并住在上海读书。这时，林庚白十六七八岁，他单相思的是表姐林菊吟。1914年中秋，十八岁的林庚白回到福州，与许今心女士结婚。直到1914年秋，林徽因才随全家人迁到北京与林长民团聚。1920年，林徽因跟随林长民赴英国，1921年底回到北京，仍回培华女子中学就读。1922年，梁启超、林长民已经宣布林徽因与梁思成的婚事"已有成言"；1924年6月，林徽因、梁思成同赴美国留学，直到1928年3月梁林结婚，并于是年8月回到国内。这期间，在1925年12月24日林长民遇难之前，林庚白或与林长民有往来，但与林徽因几无交集。因为自1915年起迄1928年，林庚白一直忙于革命，他甘当孙中山的马前卒，先是暗中反对袁世凯称帝，于1917年秘密南下广州，追随孙中山召开非常国会。后又东奔西跑，南下北上，说服各路军阀支持国民革命和国共合作北伐。林庚白一生坦荡，并不讳言自己的情感经历，绝无蔡登山所言他追求林徽因之事。

林长民遇难后，福州乡亲、著名报人林白水撰有《哀林长民君》，内云：林长民临去东北前，忽以电话告其戚"某君"，

---

① 蔡登山：《奇人奇书：林庚白和〈子楼随笔〉》，见《子楼随笔庚甲散记》，第3页。

"某君""婉辞劝阻,而林已决计。"① "某君"疑即林庚白。据林庚白日记等资料,林庚白、林长民、林白水在京乡亲有时聚在一起或高谈阔论或打麻将消遣。直到1937年,林庚白犹有诗歌《梦双栖庐主人》:

寄诗昔岁自辽阳,城郭全非骨亦荒。一掷兵间犹此土,群飞关外是何乡。魂来应有中兴感,臣壮能为少日狂。余智收边吾欲试,尽驱夜气变东方。②

同年,林北丽有诗《敬和家慈题吕晚村先生遗像原韵》:

湖山举目意常嗔,荆棘铜驼剩此身。扑地胡尘怜故园,盈天笳鼓痛斯人。锉尸毁墓苍生恸,飞剑寻仇女侠神。相对同情挥涕泪,一门忠义得天真。(北丽自注:余家伯叔长民、觉民、尹民诸公及先考亮奇公均为革命,以身殉国)③

林北丽题此诗时,已经与林庚白结婚,她如何能想到四年后,林庚白也和林长民、林觉民、林尹民等父辈一样,为国殉难了呢?

---

① 福建省新闻学会,福建省林白水研究会编:《林白水文集》,福建人民出版社,2016年,第336页。
② 《丽白楼遗集》(上卷),第347页。
③ 周永珍编:《徐蕴华林寒碧诗文合集》,第295页。

林之夏（1878—1947），原名知夏，字凉生，号秋叶、亮生，福州人，光绪二十二年（1896）秀才，福建武备学堂第一期学生，光绪三十一年（1905）毕业，任江宁（南京）新军第九镇参谋，升任第三十四标标统，加入"旅沪福建学生会"、同盟会。辛亥革命后，随林述庆发动镇江起义，任江浙革命联军副总参谋长，亲临前线，激战七昼夜，攻占紫金山制高点，攻克江宁，任中央第一师师长，被授予陆军中将加上将衔。民国三年（1914），出任浙江督军府顾问兼军事编译馆馆长，编译《军事杂法》。民国二十一年（1932）、二十九年（1940），两次应蒋介石的聘请，参加编修国民革命军军史和抗战军史。福州沦陷后，坚辞不任伪职，以卖字为生。后病逝于福州。著有《玉箫山馆诗集》《画眉禅外集》等。

林父林崧祁，清光绪十一年（1885）举人，与林纾和林庚白的父亲林鉴波一起负才任气，当时被称为"三狂"。林之夏对林庚白推爱有加。1912年，林之夏和陈子范介绍林庚白与柳亚子订交，加入南社。林庚白与林之夏多有诗歌唱和。林庚白写给林之夏的诗歌，见于《丽白楼遗集》的有《书愤一首示秋叶兼柬仲挺》：

歌哭中原苦未休，九京无地与埋忧。微闻东海争秦帝，多事新亭泣楚囚。把酒有时销块垒，磨刀何日快恩仇。只今世变虚相问，竖子成名貉一邱。①

陈炯明（1878—1933），幼名捷，字赞三，又字月楼、竞存，广东海丰人，近代政治家、军事家，中华民国粤系将领。思想积极，敢做敢当。1911年武昌起义爆发后，陈炯明在香港组织同志准备东江起义，任起义军总司令。1916年，在惠州成立了广东共和军总司令部，任总司令，参加护国运动。袁世凯死后，交出兵权。1917年，随孙中山南下护法，率亲兵组成援闽粤军。林庚白此时以众议院秘书长身份兼孙中山秘书，有诗歌《黄花冈同陈竞存都督》：

揽辔出东门，展眺怀我友。千夫竞前导，一将更赳赳。望坟径致酹，西日黯林表。黄花已化碧，冈名自不朽。永遗荐馨香，真成重山斗。民命托共和，世儿苦未晓。复仇春秋义，会此亦已鲜。吾侪惭后死，得鹿究谁手。菹醢诚可伤，彼哉众功狗。②

陈炯明1918年1月率部入闽，兼任惠潮梅军务督办。1919年10月任国民党广东支部长，鼓吹联省自治，反对孙中山学习苏俄的集权领导，反对北伐，被免去内政部部长、广东省省长和粤军总司令等职，保留陆军部长。1922年，陈炯明指使部属

---

① 《丽白楼遗集》（上卷），第33页。
② 《丽白楼遗集》（上卷），第12页。

炮轰孙中山驻地，叛变孙中山的革命。1924年1月，孙中山通电讨伐陈炯明，陈炯明下野，退居香港。1925年10月10日，美洲致公党改组为中国致公党，陈炯明被推举为该党总理。

胡汉民（1879—1936），字展堂，晚号不匮室主。中国国民党早期领导人之一，中国近代民主革命家，早年支持孙中山反清革命，是国民党前期右派代表人物，与早期国民党左倾代表人物汪精卫针锋相对。1936年春，林庚白南下广东，拜访早年的革命同道，与胡汉民聚晤，互有诗歌唱和。胡汉民曾推崇马恩的唯物史观，并颇有研究，著有《唯物史观批评之批评》。林庚白与胡汉民在民国初年即已相交，两人是多年的战友和诗友。北伐后国共分裂，胡汉民一度反共，但他也反蒋，在反共这一立场上，林庚白与胡汉民相左，但因为都不看好蒋介石，且又是诗友，友情仍深。林庚白南下广州回到上海不久，胡汉民因为内忧外患的时局和下棋用脑太过，脑溢血而卒。林庚白闻讯后，写下《不匮室主人挽诗四首》，表达了深切的哀悼：

举国从人独不佯，寇深党敝重君忧。横流剩与搜遗稿，多故犹能正首邱。小聚论诗知我至（主人盛推余诗，以为情感与才力皆有独至云），平生起早念民偷。归来海外余霜鬓，岂谓焦劳自此休！

刚介微生略似公，却虞姜桂老犹同。廿年长我论交早，余事惊人叠韵工。撒手危棋怜急劫（主人以临弈苦构思，遂昏厥不起），伤心行楣踵春风（春间先后游从化，宿于区方浦别墅，主人既行，余迟半日留，竟下主人之楣）。大星自陨光芒在，吾党中兴正未穷。

怆绝遗言不及私，中原未定欲何之。死嬴一事诗长健，生见群飞党益歧。晚节犹堪动夷夏，哲人所履有安危。楼头却忆临分语，道我能持美好姿。

左右微怜所徇殊，但论风义有千吁。连横曾共庚申岁，孤愤先穷督亢图。四海亲知感存殁，一星涕泣照江湖。时流错比王安石，南渡文山世恐无。①

1933年，林庚白在《孑楼诗词话》中对国民党元老擅长诗歌者，特别是胡汉民评论道：

旧国民党人，有左右倾之争，谭组庵、廖仲恺、汪精卫、于右任、柳亚子，似皆左倾，胡展堂则始终右倾。此数君者，咸耽吟讽，辄复连类及之。余曩于展堂诗，唯唯而已，近睹其《不匮室诗钞》，则日益孟晋，一蹴而几于作者之林矣。②

林述庆（1881—1913），字颂亭，福州人，中华民国总统府顾问、北洋陆军中将加上将衔，近代民主革命家。林庚白有诗

---

① 《丽白楼遗集》（上卷），第305页。
② 《丽白楼遗集》（下卷），第890页。

《颂亭都督索诗为赠》：

> 一战坚城拔，将军信有真。凭谁开铁锁，竟欲锡银麟。功罪天难问，春秋义自申。边氛闻正急，仗汝绝胡尘。①

辛亥革命军起，林述庆率部攻占镇江、南京，被孙中山誉为"光复南京第一功"，后因革命军内部矛盾，林述庆解甲归田。南北议和后，林述庆到北京，袁世凯先笼络他，授他陆军中将加上将衔，后因宋教仁被暗杀，林述庆拟南下召集旧部反袁，而遭袁下毒酒致死。

马君武（1881—1940），字厚山，号君武，祖籍湖北，出生于广西，近代政治活动家、教育家，大夏大学、广西大学的创办者。1902年，留日期间结识孙中山，参与组建中国同盟会。1911年辛亥革命成功后，和林庚白等人一起参与起草《中华民国临时约法》等，任中华民国临时政府实业部次长，后又担任孙中山革命政府秘书长、广西省省长、北洋政府司法总长、教育总长等，是国民党元老之一。1924年后淡出政坛，投入教育，先后担任大夏大学、北京工业大学、中国公学、广西大学等校校长。林庚白有诗歌《濒行，君武、菊士先后送至舟次》《赠马君武》等。

---

① 《丽白楼遗集》（上卷），第14页。

章士钊（1881—1973），字行严，笔名秋桐、青桐等，湖南人。著名民主人士、政治活动家、学者、诗人。曾任北洋政府段祺瑞内阁司法总长兼教育总长。1949年后任中华人民共和国全国人大常委会委员、全国政协常委，中央文史研究馆馆长。民国初年，林庚白与章士钊都在广州军政府任职，两人交情颇好，《丽白楼遗集》中收有不少林庚白酬和章士钊的诗歌可参看。

宋教仁（1882—1913），字得尊，号遁初，又作钝初、遯初、敦初，别号渔父，湖南常德人，中国近代民主革命的先驱之一，被称作"中国宪政之父"，致力于建设现代民主共和政权。1912年，中华民国成立，宋教仁任法制院院长，将中国同盟会改组为中国国民党，是国民党当之无愧的杰出领导人，为国民党争取到多数席位。1913年2月，国会选举接近尾声，国民党取得重大胜利。1913年3月20日，宋教仁在上海火车站遭暗杀，3月22日不治身亡，年仅三十一岁。林庚白非常敬重宋教仁，宋教仁遇刺，他黯然神伤，有诗歌《哭遁初》二首：

相从患难恸余生，气类凋伤黯自惊。一逝倘闻关大计，九幽终觉惜微名。已危国事凭谁挽，未死人心有不平。荐孔辟荀吾不分，却持热泪慰泉明。

平情功罪足千秋，霾耗遥传泪忍收。兰忌富门宁不尔，鼠惊凭社果谁尤。芳菲乱眼春无主，政变寒心死倘休。说与九原应一恸,倚间白发正添愁。①

宋教仁死后两天,林庚白经过康熙第三子三贝子的花园,回忆起他和宋教仁同在此园共事,惺惺相惜的友情,不禁泪下不已,有诗《遁初死二日矣,过三贝子花园怅然有作》:

> 风叶翻飞似早秋,寻常华屋忽山邱。一春孤负园林好,独往真成寂寞游。云黯车尘迷处所,露零鳞瓦与迟留。不须更听山阳笛,望远凭高已泪流。②

汪精卫(1883—1944),又名汪兆铭,中国近现代著名政治人物,中国国民党党魁之一。早年投身反清革命,与梁漱溟、孙炳文、林庚白等一起组建华北同盟会,追随孙中山革命。1910年,十四岁的林庚白与汪精卫订交,并由汪精卫介绍加入中国同盟会,至1938年在汪精卫叛国之前,林庚白与汪精卫的革命友谊长达二十八年,最终因汪精卫投敌,林庚白与他割袍断义。作为长达近三十年的革命友人,林汪二人有不少诗文往来。如《少年一首寄精卫巴黎》:

> 少年揽辔澄清意,微觉时危道益孤。好事真成人欲杀,矜才直与世相须。情深儿女终吾累,游倦朋交近渐疏。为

---

① 《丽白楼遗集》(上卷),第17页。
② 《丽白楼遗集》(上卷),第17页。

语居夷汪学士,新从碧海掣鲸无。①

1933年,林庚白题诗《书党人诗后》,点评国民党人廖仲恺、谭延闿、汪精卫、胡汉民、于右任、柳亚子、叶楚伧、邵元冲等八人其诗其人,堪称精到,其中题汪精卫道:

少年万口说椎秦,秀句能摹玉立人。倘为昌诗开一局,天留南渡与呻吟。(汪精卫)②

1933年夏,汪精卫出版《双照楼诗词稿》二卷,赠书给林庚白,林庚白题诗回赠汪道:

赠我渊渊两卷诗,吐辞亦似美丰姿。故人略迹谁知子,一士逢辰各有宜。能以今情通古意,直镌秀骨入清词。避嚣倘及溪山共,欲发前贤未尽奇。③

1938年12月18日,汪精卫离开重庆,擅自出走;1938年12月29日发表投日艳电。汪出走重庆前不久,还去拜谒黄兴墓并有题诗,林庚白题《次和双照楼主人谒黄克强先生墓韵》:

---

① 《丽白楼遗集》(上卷),第18页。
② 《丽白楼遗集》(上卷),第242页。
③ 《丽白楼遗集》(上卷),第252页。

> 故人得句极缠绵，使我思量百惘然。论定孙黄有霄壤，肠回党国几烽烟。无言上帝天沉醉，穷变全球日左旋。此意堂堂终可信，迷离覆辙莫仍前。①

此时，林庚白并不知道汪精卫即将变节投敌。汪精卫叛变后，林庚白于1938年底1939年元旦前后，题诗《三逆诗评》和《歧路》：

> 精卫诗如人，秀外少力气。伤哉椎秦者，竟坐功名累。始出犹左顾，路歧夺其志。屡变逐愈下，不辞以身试。所处非寂寞，决去必从伪。国蹙求为伥，终遭豺虎弃。古来热中士，患在不知退。刘豫张邦昌，易地即秦桧。峨峨双照楼，中有古今泪。吾哀郑孝胥，垂死动愧悔。②

> 王莽谦恭负盛名，会之罪案亦分明。古人往矣吾何诅，少日全非事可惊。卖国只为亲厚痛，椎秦尚记慷慨声。中风自昔怜狂走，歧路忠奸两不成！③

对汪精卫像郑孝胥、梁鸿志那样投敌变节，林庚白痛心疾首，以诗言志，与这些"佳人作贼者"划清界限。

---

① 《丽白楼遗集》（上卷），第437页。
② 《丽白楼遗集》（上卷），第480页。
③ 《丽白楼遗集》（上卷），第481页

孙炳文（1885—1927），字浚明，四川宜宾人。1910年，孙炳文与汪精卫、梁漱溟、林庚白、王法勤等人，创建华北同盟会京津支部，任文事部长，林庚白任文事部副部长。1922年，孙炳文加入中国共产党，国共第一次合作，任黄埔军校和广东大学教授。北伐期间，于1926年6月任国民革命军总政治部秘书长、总政治部后方留守处主任等职。1927年4月16日，孙炳文在取道上海前往武汉时，被褚民谊出卖，遭上海警备司令部司令杨虎逮捕；4月20日，在上海龙华被杀害。

1929年11月2日，林庚白在南京题诗《哭孙浚明并引》，详细叙述了他和孙炳文惺惺相惜的真挚友情和志同道合的革命友谊，表达了对孙炳文被害的愤慨之情，认为孙炳文被杀，是国民党的重大损失，兹将此诗并引全文摘录如下：

浚明与余，同北京大学，交甚挚，每纵论时事，间及诗文，弥相沆瀣。余尝有杂稿一卷，浚明题云："高文典册，飞书羽檄，兼擅其长，那得不令人五体投地"云云，其倾倒如此。庚戌（怡按：1910年）余始入党籍贯，浚明实为之介。寻与精卫、励斋诸君，创设京津同盟会支部，以君领文事部，余佐之，所为文字，君尤叹赏。建国以来，音问久疏。癸亥（怡按：1923年）余移家北平，酒楼邂逅，欢若平生。时君新自柏林归国，无荷应党中之招，间关入粤，丙寅（怡按：1926年）北伐，君主总政治部后方事宜。清党变起，方欲就泽生（怡按：即邓演达）汉皋，道出沪上，宵人（怡按：指褚民谊，汪精卫的联襟，国民党元老）得君，辄指为共党论死。余早思以诗哭之，久久未果。秣陵旅夜，抚时感事，率成四律，泉路有知，可以破涕。

党国论交遍，相知几死生？斋钟喧断梦，匣剑负深盟。一恸人琴绝，千哀梦寐倾。吴淞呜咽水，迸入不平鸣。

典册飞书语，浑疑隔世人。廿年赢一面，杯酒更相亲。失悔疏音问，堪嗟乱性真。眼中狐鼠剩，却羡早成仁。

消息孤孀断，危邦苦忆君。归装柏林雨，残墨大沽云。兵火催离索，朋尊付纠纷。苟全惭死后，痛定欲何云？

抉眼钟山血，惊心汉水秋。冥行哀老宿，横议误清流。天意戕吾党，人才惜故侯。西斋灯影间，怅望泪难收。[①]

林寒碧（1886—1916），原名昶，字亮奇，出身于福州官宦世家，与林觉民同一个祖父林彦起，与林长民同一个曾祖父林振高，而林长民又与林尹民同一个祖父林起苍，林尹民与林肇民又是亲兄弟。林彦起是林振高的长子，林起苍是林振高的幼子。林振高的五个曾孙林寒碧、林觉民、林长民、林尹民、林肇民都是中国民主革命的先驱。林振高也是林徽因和林北丽共同的高祖父。林寒碧二十岁赴日，进入日本帝大学习法政；二十一岁回国，在上海认识了徐蕴华。1909年，林寒碧与徐蕴华恋爱并结婚，共同参加反清的革命活动。林寒碧是宋教仁的左膀右臂，由宋教仁荐举到北京政府任职。1915年，林寒碧因发表激烈反对袁世凯的言论，被当局迫害，远赴辽东本溪湖避难，

---

① 《丽白楼遗集》（上卷），第103页。

徐蕴华随行。

徐蕴华（1884—1962），字小淑，号双韵，浙江石门语溪（今桐乡崇福镇）人，七岁能作诗，十岁受学于胞姐徐自华，也是秋瑾的学生。其姐姐徐自华与秋瑾义结金兰，姐妹俩资助秋瑾不少革命经费。秋瑾牺牲后，徐蕴华协助姐姐徐自华与吴芝瑛女士，一起为秋瑾选购墓地、安葬秋瑾。林寒碧、徐蕴华育有二女。1916年，林寒碧车祸遇难后，徐蕴华回到家乡崇德，自办县立女子学校，任校长，独立谋生，抚养女儿林惠和林北丽。

林庚白与林寒碧、徐蕴华都是革命同道。辛亥革命后，林庚白与林寒碧一度同在北京政府任职，两人是同僚兼革命道友。1913—1914年间，林庚白有诗歌《亮奇语余有以暴民相称者漫为赋此》《江亭瞑眺和亮奇韵》等，林寒碧存诗中有《江亭瞑过偕浚南》，皆可证他们的深厚友情。

1938年11月在西迁途中，林庚白题诗《旧历重阳雨中追忆岁甲寅九日寒碧先生偕游江亭时先生犹未有北丽》，回忆1914年他和林寒碧同在北京一起出游的时光，抚今思昔，感慨万千：

丈人骸骨已山丘，巴县江亭隔几州。二十五年重九又，万千亿劫大夫犹。昔犹无汝今吾妇，国尚能谋世孰忧。风雨危楼朝气在，不须对菊黯惊秋！①

林庚白对徐蕴华礼敬尊重有加，有诗《小淑岳母见似青阳桥踏月之作敬呈一首》：

秀句如闻子野歌，霜花时节晚香多。重来甥馆盘桓地，秋意如春语笑和。②

1937年12月南京沦陷前，林北丽在崇德陪伴徐蕴华，林庚白题诗《次韵奉和小淑岳母寄北丽之作》：

昨到平安信，知为避地游。村居飞贼远，霜讯语溪秋。母女新睽隔，亲朋暂唱酬。婿乡松竹好，倘作岁寒谋。③

徐蕴华对林庚白的革命豪气及诗才人格也甚为敬重。林庚白、林北丽结婚半个月后，就因卢沟桥事变而随政府西迁，离开上海，徐蕴华题诗《寄庚白北丽》。烽火连天，女儿林北丽随女婿林庚白远赴重庆，共同抗战，徐蕴华忍住儿女情长，祝福庚白北丽"夫唱妇能酬""鸳鸯战地谋"，可见她同为革命者的英豪气概。

---

① 《丽白楼遗集》（上卷），第466页。
② 《丽白楼遗集》（上卷），第398页。
③ 《丽白楼遗集》（上卷），第407页。

林庚白、林北丽在港，一殉国，一重伤住院，在故乡沦陷区的徐蕴华悲痛欲绝，题诗《感怀十首聊以代哭即寄北丽》《读淞儿家报和泪赋此寄之》《寄淞一律聊以代哭不足云诗》等，感叹"世间何者最伤心，死别生离疾病侵。地老天荒成此恨，毕生称意事难寻"。她一度万念俱灰，欲从友人任心白先生赴虞山白莲庵修持，后被友人及时劝阻。此后，她茹苦含辛，帮助林北丽把林庚白的儿女们抚养成人。

柳亚子（1887—1958），原名慰高，号安如，改名人权，号亚卢；再改名弃疾，号亚子，后以亚子名世。江苏吴江黎里镇人，中国近现代民主革命的先驱，社会活动家，著名诗人，反清革命文学团体"南社"创立者之一。柳亚子与林庚白政治立场相近，性情皆豪直，彼此最相亲善。1912年，林庚白加入"南社"，与柳亚子订交，此后两人彼此酬唱，并保持通家之好。林庚白殉难后，柳亚子与夫人郑佩宜及子女对林北丽一家关照礼敬有加。1943年在桂林与林北丽一起发起林庚白追悼会，并撰写了《林庚白家传》。新中国成立后，柳亚子立即亲自着手辑录整理林庚白作于1928至1936年间的信札和诗歌，定名为《庚白诗札》，此稿藏于中国革命博物馆。

在林庚白的《丽白楼遗集》和柳亚子的《磨剑室诗词集》中，收有许多两人唱和之作。《丽白楼遗集》中收有《书信集》，其中绝大部分是写给柳亚子的书信，尤多其情感经历和文学观、社会观、政治观的真实流露。1932年腊月岁末，即1933年初，

1946年由柳亚子、林北丽整理，开明书店印行的《丽白楼自选诗》

林庚白有《雪夜怀人绝句并序》，第一首就是怀念柳亚子一家的，足见林庚白与柳亚子夫妇及其子女的深切友谊，诗云：

> 萍踪海角数相邀，时有谈言破寂寥。绝羡君家仙眷属，才华燕婉更超超。（苏柳亚子、郑佩宜、柳无忌、高蔼鸿、柳无非、柳无垢）①

1929年11月，林庚白题诗《亲故一首寄亚子》：

---

① 《丽白楼遗集》（上卷），第203页。

亲故罕相契，吾犹号广交。得君余一慰，闻道共千嘲。①

1930年，林庚白题诗《感事，用亚子四月十二日韵》，感怀"四一二"反革命政变三年后与柳亚子在上海再聚首：

残劫相持又一杯，死生契阔总关情。急功竟遣仇为友，变节犹矜纵与横。痛定三年怜此日，冤沉四海惜倾城。故人岭表端堪念，孤注休教出处轻。②

1933年，林庚白有诗《书党人诗后》，称道柳亚子：

剑气平生壮定庵，哀时词客在江南。名高不遣西风污，事去犹能左顾酣。③

林庚白遇难后，林北丽在柳亚子、郑佩宜的关心帮助下，重操妙笔，为报刊撰写了不少文章，以纪念林庚白。林北丽也极其珍视与柳亚子的友谊，撰写有《柳亚子先生的为人比他的诗文更值得珍贵的一面》（1944）、《年谊世好忆亚老》（1987）、

---

① 《丽白楼遗集》（上卷），第104页。
② 《丽白楼遗集》（上卷），第139页。
③ 《丽白楼遗集》（上卷），第242页。

《风风雨雨五十年》(1991)、《跋〈柳亚子诗词选于寓真书法专集〉》(1996)等。

陈铭枢（1889—1965），字真如，广东合浦（今属广西）人，北伐将领，抗日名将，从军但信佛，一度担任代理国民政府行政院院长、国民革命军总政治部主任，创办十九路军，任十九路军司令。1932年"一·二八事变"，陈铭枢与蒋光鼐命令第十九路军奋起抗击日寇，反对对日妥协。1933年，与李济深、蒋光鼐（字憬然）一起发动"福建事变"，被蒋介石中央军弹压，失败后失去军权。抗日战争期间，任国民政府军事委员会高级参议等职，从事抗日民主活动。林庚白与陈铭枢交谊甚好，极为赞赏陈铭枢、蒋光鼐等武将坚决抗日的精神，有诗歌《别真如将军五稔相见京师感赠兼似憬然将军》：

偏师破房记相看，争说神州有范韩。再见江山犹似昨，无愁璧幸尽能官。联吴拒魏中兴始，舍卫存邢此局难。但使危邦终左顾，岂忧敌骑渡桑干。①

《真如见似湖游之作奉和二首》之二云：

南来岂意以诗昌，眼倦残荷占水光。要共江山留正气，

---

① 《丽白楼遗集》(上卷)，第400页。

沙场不死死何乡？[1]

梁漱溟（1893—1988），原名焕鼎，字寿铭，笔名寿名、瘦民、漱溟，后以漱溟行世，原籍广西，生于北京，著名的思想家、哲学家、教育家、社会活动家，爱国民主人士。清末，梁漱溟与汪精卫、孙炳文、林庚白等一起组建华北同盟会，图谋推翻清廷。1940年，他参加发起组建"中国民主同盟"，是民盟重要领导者之一。代表作有《东西文化及其哲学》《人心与人生》《乡村建设理论》等。林庚白与梁漱溟的革命友情从清末一直延续到他命丧香港之时。1941年12月1日，林庚白抵达香港后，梁漱溟来访，林庚白留有诗歌《漱溟过谈》：

北平三十五年人，同学俄看清社沦。竞渡中流成左右，论交四海杂新陈。君犹作健谈民治，且共趋喧狎市尘。岛屿行藏身世感，梅边渐又两京春。[2]

吴石（1894—1950），字虞薰，福州螺洲人，国民党高级将领，军事理论家，革命烈士。与张治中、李宗仁、白崇禧、吴国桢等同为保定陆军军官学校第三期学生，1929年留学日本炮兵专门学校和陆军大学，1934年毕业回国，1936年被授予少将

---

[1] 《丽白楼遗集》（上卷），第401页。
[2] 《丽白楼遗集》（上卷），第701页。

军衔。全面抗战爆发，负责对日情报工作，并积极与中共合作，与周恩来、叶剑英等往来密切。

林庚白与吴石是同乡姻亲，吴石诗文受学于何振岱，故林庚白与吴石情谊颇深。1939年，在重庆的林庚白题诗《岁暮怀虚谷上海遂寄虞薰桂林》：

螺女江头松参天，我家江沿君殿前。乡间三姓无他族，陈林踵起吴最先。但向前朝数门阀，尚书甲第年复年。我家所守但青毡，贡举知县入官便。延陵之裔亦中落，筹笔今见虞薰贤。我别故园二十稔，骨肉流转家无田。有兄久宦只客死，嫂侄十口羁幽燕。兵间道阻不得出，寡姊海角持斋偏。孤露相依惊长大，同怀四人惟两全。亦有叔伯兄姊妹，南投吴越西滇川。平生家乡那挂眼，坐哀世事诗如泉。东来海贼觊我国，乡人纵贼纷求迁。志丧岂徒吾辈耻，直使子弟皆呜咽。虞薰料敌我所善，愿与虚谷为夔蝯。岁尽春风行且至，雪霜松柏弥贞坚。东方穷变必有待，倭贼终自张空拳。短视群儿鲜足道，此语安得贼中传。桂林山水闻天下，我于上海曾结缘。贼平他日恣游赏，共君更奋诗百篇。①

吴石于1937年出任桂林行营参谋处长，策划指导长沙、湘桂、

---

① 《丽白楼遗集》（上卷），第489—490页。

桂南、昆仑关、桂柳等战役，此诗林庚白既陈述了身世乡情，又批评了福州一些投敌变节的亲友，还坚持抗日必胜的信念，与吴石共勉抗日御敌。

林庚白在香港牺牲后，林北丽回到桂林，与柳亚子等人发起林庚白追思会，吴石也列名其中。1945年，吴石题诗《贺林北丽三十岁初度》：

四海滔滔者，斯人气独奇。不求甘淡泊，自得固融怡。世俗那经眼，冲怀只寄诗。智符原在握，底事苦伤时。[1]

郁达夫（1896—1945），原名郁文，字达夫，浙江富阳人，中国现代著名作家，革命烈士。郁达夫是新文学团体"创造社"的发起人之一，也是1930年在上海成立的中国左翼作家联盟发起人之一，不久后就退出。1933年，郁达夫加入宋庆龄、何香凝等人组建的中国民权保障同盟。1936年2月，应时任国民政府福建省主席陈仪之邀，到福州出任福建省参议兼公报室主任，在福建积极开展抗日救亡活动。

1930年代初，林庚白的霞飞坊居所是当时左翼作家经常聚会沙龙之处。郁达夫也擅长古典诗词，林庚白对现代左翼作家擅长古典诗词者颇为推崇，他在《子楼诗词话》中写道：

---

[1] 郑立辉，福建省文史研究馆整理：《吴石诗文集》，福建省新闻出版局（闽）新出（2012）内书第1号，第50页。

晚近文人，以左倾称者，余所知有鲁迅、郁达夫、郭沫若、田汉、黄素，皆能为旧体诗词。录鲁迅、达夫各一律。①

1933年，林庚白与张璧恋爱失败，此时郁达夫和王映霞已经同居生活，林庚白过访郁达夫寓所，吃了王映霞做的猪油糕，感慨万分，题诗《过达夫寓斋吃映霞所作猪油糕感赋》：

猪油糕自细君煎，欲雪炉边款客便。一样彷徨吾自失，如山忧患世谁贤?! 妇人醇酒怜迟暮，明镜朱颜负少年。况有恓惶阶级感，独携热泪向吴天。（余旧有"销魂却忆龙华路，一样彷徨郁达夫"之句）②

在《雪夜怀人绝句并序》之八十中，林庚白题诗怀念郁达夫、王映霞道：

笔底庄谐一纸俱，史家原不废虞初。先生自有如花眷，抵得金貂扑酒无?!（浙郁达夫、王映霞）③

陈志皋（1910—1988），浙江海宁人，与林庚白一样，都是

---

① 《丽白楼遗集》（下卷），第889页。
② 《丽白楼遗集》（上卷），第211页。
③ 《丽白楼遗集》（上卷），第209页。

清朝名门之后。据黄慕兰回忆：陈志皋的七世祖是康熙雍正年间著名的太子太傅、文渊阁大学士陈元龙，世称陈阁老、海宁相国等。陈志皋的父亲陈其寿，号介卿，曾是清廷二品大员，后在上海法租界做过十八年的会审公堂刑庭庭长，有恩于上海滩的黄金荣，陈家在上海滩和租界影响力巨大。陈志皋是陈家的二少爷，早年入读上海震旦大学和上海法学院，受其表兄沈钧儒先生影响，陈志皋思想左倾，大学未毕业，就主动请其父保释被捕的同学共青团员施蛰存、戴望舒和杜衡。1930年大学毕业后，陈志皋挂牌当律师，因其父在律法界的影响力，他义务帮上海法商电车公司的罢工工人打官司，控告巡捕房打伤工友，为工人打赢了官司，所以初出道，就名震上海滩，被称为"大律师"。林庚白本擅法务，与陈志皋早有交情，陈志皋喜欢林庚白的诗歌，非常敬重林庚白，以兄礼兼师礼尊之。陈志皋还是1930年代初进步团体"世界与中国社"学习小组的成员，这个团体接受中共中央宣传部的领导，还出版有刊物《世界与中国》，为"九·一八"事变出过特大专号，在当时是非常有影响力的刊物，编辑部就设在陈志皋家三楼他的书房里。因为陈志皋的著名律师身份和左翼倾向，以及其家庭在上海的影响力，周恩来等中共高层有意识地与他建立了密切的关系，而这个紧密关系的确立，与黄淑仪直接相关。

黄淑仪（1907—2017），湖南浏阳人，原名黄彰定，字淑仪，后改名定慧。她作为中共高级特工，在中共内部用名为黄慕兰。黄慕兰的父亲黄徵，字颖初，和谭嗣同、唐才常同窗，思想开明，在粤汉铁路局工作。黄慕兰早年入读著名的周南女校，并有过包办婚姻，其夫是个瘾君子，她在父亲帮助下，逃离夫家，参加国共合作的北伐革命。1926年，黄慕兰在汉口加入共产党，并在1927年三八节那天与中共黄梅地方组织创始人、时任武汉特别市党部宣传部长的宛希俨结婚，宛希俨还是《民国日报》的总编，该报的社长是董必武，董必武时任中共驻武汉国民党中央的代表。黄慕兰这时担任武汉市特别市党部的执委和妇女部长，也兼《民国日报》副刊的编辑、妇女协会的筹备主任、女子放足运动委员会的主任委员，并在济难会、红十字会里兼职，追随在宋庆龄、何香凝等国民党左派的身边。此时，林庚白不时也在汉口，他穿梭在南昌、汉口、郑州、信阳、石家庄，先后运动靳云鹏、魏益三、田维勤的军队归附国民革命军。但武汉时期，林庚白与黄慕兰并未有直接交往。

黄慕兰因其天赋和才干，深得董必武、瞿秋白、周恩来等中共领导人的赏识与器重。1926年12月，国共两党在汉口的临时中央决定派她和袁溥之等妇女干部到苏联学习，才从武汉出发到上海，就被董必武电告瞿秋白说服她返回武汉组织妇女运动。她回到武汉，宋庆龄开办中央妇女干部培训班，指定黄慕兰兼任这个培训班的筹备主任。

1928年，宛希俨牺牲后，黄慕兰奉命到上海中共中央书记处工作，中央政治局开会时，她担任记录秘书，同时兼任党中央机关的机要交通员，从此成为周恩来同志直接领导的部下。在这期间，经周恩来批准，黄慕兰与中共六大中央委员贺昌结婚。1929年秋至1930年春,贺昌任中共南方局书记,南方局军委负责人是聂荣臻。黄慕兰随贺昌也到香港,在南方局任秘书兼机要交通员,在此期间,他们与经香港去广西领导百色起义的邓小平会面多次。1930年3月,黄慕兰又随贺昌到天津,仍是秘书兼机要交通员。此时,周恩来去苏联向共产国际报告工作,李立三实际主持中央工作。贺昌执行"立三路线",北方局遭受重大损失,许多领导如天津市委书记彭真、北平市委书记薄一波等先后被捕。受此影响,贺昌等人被下放到江西苏区后牺牲。

  贺昌离开上海前,向中央推荐黄慕兰和潘汉年,留在上海从事营救难友的地下工作。经陈赓和贺昌共同提名,周恩来批准,任命黄慕兰为互济总会的营救部长,并将黄慕兰、潘汉年的组织关系定为单线联系,由黄慕兰负责对外联络,潘汉年负责对内联系。黄慕兰出任营救部长后接受的第一个任务,就是营救贺昌的好友、因叛徒顾顺章出卖而被捕的关向应。为此,组织上安排她与辩护律师陈志皋联络。黄慕兰从此频繁出入陈志皋家,其端庄大方的上流女性的教养立即赢得陈志皋父亲的赏识,不仅和陈志皋一起设法营救关向应,还把黄慕兰认作"义女"。陈志皋对黄慕兰也是一见倾心,但他是一个真正能以礼待人的世家公子,对黄慕兰信任有加,关照备至,却从不打探她的真实身份,也不强求她任何事,只是对她有求必应。黄慕兰从陈志皋处,很快又得知时任中共总书记向忠发叛变的消息,第一时间通过潘汉年通知康生,及时转移了周恩来、邓颖超、李富春等中央领导。从此,周恩来嘱咐黄慕兰设法隐藏在陈志皋幕后,一切公开的营救活动都由律师陈志皋出面,黄慕兰在幕后参谋,做好相关工作。

1932年3月,陈志皋父亲病重,陈志皋母亲和陈志皋本人也在病中,陈家弟妹尚小,无法照顾服侍病人。黄慕兰以义女的身份服侍陈老太爷,为其送终、办丧事。陈老太爷去世后没几天,《世界与中国》编辑部成员陈高佣等人被捕,黄慕兰只好暂时离开上海,避隐杭州西湖孤山附近的俞楼。俞楼此时的主人是清代著名学者俞樾的孙子俞陛云,他是光绪二十四年(1898)戊戌科的探花,家学渊源,精通诗词书法,其子即后来的著名红学家俞平伯。在俞楼,经陈志皋引荐,俞陛云欣然收黄慕兰为徒,教她诗词格律。

1933年,黄慕兰从杭州回到上海,和陈志皋一起去林庚白所居的"孑楼"拜访林庚白。她在为林庚白的诗集《水上集》作序时说:"岁癸酉,余因志皋得识庚白于所居'孑楼',数数过从,辄上下今古外,抵掌以为笑乐,谈言所及,自世界、社会、国家诸端,以迄诗文、艺术,罔有获遗。"[①] 因为陈志皋与林庚白本就交情甚深,黄慕兰与林庚白也一见如故。这一次陈志皋偕黄慕兰到孑楼拜访林庚白,林庚白有诗歌一首《志皋过孑楼乞诗赋此相赠》,诗云:

---

① 《丽白楼遗集》(下卷),第1242页。

申韩一脉佳公子，绝学能探马克思。麟凤非时生亦仅，缙绅之裔见尤奇。不飞休与群儿溷，此意还应我辈知。身共浙中山水秀，后凋松柏要深期。①

　　黄慕兰与陈志皋一直以姐弟名义配合营救工作，陈志皋全家都喜欢黄慕兰。1934年，陈志皋的母亲出面托黄慕兰的战友赵畹华向黄母提亲。黄慕兰的老上级和老战友刘伯垂赵畹华极力玉成陈、黄二人的特殊婚事，目的是为了让黄慕兰在上海长期潜伏，做好营救工作。黄慕兰对这桩婚事也无怨无悔。1935年5月，陈志皋、黄慕兰在上海举行盛大的婚礼，证婚人是蔡元培和沈钧儒。

　　陈志皋、黄慕兰夫妇与林庚白、林北丽伉俪有通家之好。1937年3月7日，林庚白、林北丽在上海国际饭店（黄慕兰误记成华侨饭店）举行隆重的订婚仪式，北丽的母亲徐蕴华主持典礼，介绍人是柳亚子。黄慕兰回忆道："柳亚子夫妇和我，以及陈母潘太夫人率志皋全家都参加了婚礼，志皋之弟陈石君还做了林庚白的男傧相。两院院长覃振、张知本任介绍人。当时留有合影纪念。1993年，北丽和我在沪重逢时，我捡出这张珍贵的有纪念意义的照片交与北丽自己珍存。这是接受审查、避免了红卫兵之灾的劫余珍品，而且还附有几首庚白和亚子先生的遗墨。北丽将庚白遗墨及我写的回忆文章均发表于亚子先生

---

① 《丽白楼遗集》（上卷），第253页。

哲嗣主持的《南社研究》第六期。友谊珍贵深厚，至今我与北丽是时常通信的。人们误以为我是救国会员或南社社员，亦弥深荣幸。"①

林庚白有不少诗歌是为陈志皋、黄慕兰而作的，在他的笔下，黄慕兰有时写作"黄淑懿"。陈、黄婚后不久拜访林庚白，林有诗歌《喜志皋、淑懿见过》道：

多故身成世，吾生四十年。相过贤夫妇，能共语缠绵。千劫春常好，幽香晚自妍。还将无限意，护惜及梅边。②

在《夜起寄淑懿、志皋》中，林庚白写道：

人生亦何有，譬彼双轮驰。循环复循环，行行无止时。又若水与云，奔流无定姿。忧患纷来袭，俄见老丑随。年少志四海，身经千艰危。中年飘然至，抚髀靡所之。颇欲奋一臂，樽俎张拔奇。曼惊鬓边雪，朱颜犹我私。朋交尽贵显，国命乃如丝。即此持残劫，胜算非无棋。金闺有俊侣，夫妇皆相知。曾几亲杯酒，小别时萦思。世儿畏岁暮，冬者春之遗。鸡声起中夜，及共春风嬉。③

---

① 《黄慕兰自传》，第155页。
② 《丽白楼遗集》（上卷），第290页。
③ 《丽白楼遗集》（上卷），第330页。

林庚白还作有《夜起绝句五首寄淑懿、北丽》,其中一首给黄慕兰的写道:

> 书来白话亦如珠,始信天才百巧俱。各有人间迟暮感,君犹胜我领檀奴。(志皋不乐为"檀奴",而余必欲使之居此也)①

1938年6月14日,宋庆龄在香港发起成立"保卫中国大同盟","以她和何香凝在海外的巨大影响,使'保盟'能广泛地联络世界各国进步人士,其中包括许多港英政府官员、银行家、工商界、文化界的著名人士"。为开通"保盟"抗战所需的物资人员通道,何香凝通过刘少文捎来一封信,请陈志皋去香港想办法,把这些支援前线抗日的物资运送出去。"这条交通线打通以后不久,刘少文又向志皋传达了周恩来同志的建议,要他接受重庆国民政府的聘书,到广东曲江(今韶关市。广州沦陷后,国民党广东省政府的所在地)去做中央赈济委员会第九战区的特派委员,管辖广东、福建两省的赈济工作。"②黄慕兰也奉命以赈济委员会"顾问"的头衔,去香港支领薪水,内外兼顾。正是因为上述宋庆龄、何香凝、陈志皋、黄慕兰的关系,1941年冬太平洋战争爆发前,林庚白和夫人林北丽从重庆飞到香港,准备利用与海外华侨的广泛联系,在香港创办一份支持

---

① 《丽白楼遗集》(上卷),第331页。
② 《黄慕兰自传》,第200页。

爱国抗日的《华侨日报》。听到日本人发动太平洋战争的消息，来不及撤回重庆，就搬迁到九龙巴利道黄慕兰家住。黄慕兰因身份暴露，在中共地下党安排下，由杜月笙手下安排，迅速逃离香港，回到内地。林庚白、林北丽夫妇因来不及撤退，又不想连累同住在黄慕兰家里的人，罹难在九龙街头。

陈志皋于1950年离沪赴港，后到美国，1988年9月在台北病逝，为促进两岸和平统一做了许多有益的工作。陈志皋始终是爱国的无党派人士，得到国共两党高层的礼遇。他病逝后，两岸高层都对陈志皋家属慰问有加。1998年，黄慕兰为纪念陈志皋逝世十周年，赋五言长诗《志皋仙逝十周年纪念抒怀》，其中还回忆志皋与柳亚子、林庚白的深厚友谊道："缔交多国士，柳林正义情。出奇能制胜，高风感德深。"

1955年起，黄慕兰就因潘汉年案而接受内部审查，并于1960年后两度被捕入秦城监狱，直到1975年，在邓颖超的过问下，才被释放出狱。1980年代，邓颖超、罗青长等多次接见黄慕兰，为黄慕兰的冤案平反。1993年，黄慕兰由上海移居杭州，1994年离休，1995年荣获抗日战争胜利五十周年纪念章。在人生的暮年，林北丽和黄慕兰在上海、杭州多有往来，重温友情。如今，林北丽、黄慕兰都已作古，她们与林庚白、陈志皋、柳亚子等人相聚在天堂，一定还是彼此情深意重的传奇"国士"。

附录 "诗怪"与"诗狂":文学名士林庚白

(一) 林庚白的古典诗词观与代表作品举隅

林庚白的诗词观主要见述于他在1933年7月6日至11月23日所撰写的《子楼诗词话》、1940年撰写的《丽白楼诗话》、1940年3月15日林庚白为自选诗集《吞日集》作的自序、同年10月10日林庚白为自选诗集《角声集》作的自序中。两篇自序是林庚白阐述其诗学观最为重要的代表作品。在《吞日集》自序里,他详细叙述了自己年少学诗,囿于"同光体"之流风,故深得陈三立、陈衍、郑孝胥等前辈的激赏。但他自觉不应限于做"同光体"之附骥,力图突破"同光体"的范围。为此,他一度"废诗不作",转而"始治社会主义之学,旁及欧美文学,于中国古人之诗,则上溯三百篇、离骚,下取曹植、阮籍、陶潜、谢朓与杜甫、韩愈、白居易、李贺、李商隐、韩偓、王安石、黄庭坚、陈无已、苏轼、欧阳修、梅圣俞、陆游、杨万里、刘克庄十余家之诗而一一日夕讽诵之，遂尽发古人之奥。民国十七年，余之诗一变而为熔经铸史，兼擅魏晋唐宋人之长矣。不但此也，余以今之意境与情绪入诗，亦莫不如古人诗之能贯通经史诸子，而变化尤多古人所无。且古人诗虽杜韩荆公，亦间或不免空泛与堆砌之失，余诗则无一字无著落，此又足以自豪，更以傲古人者。抑余诗之用意，与以意驱辞，什九求之于古人诗中而不可得，此固时世之厚余，非必余之才力突过古人。然综此数者，益知余诗非惟远胜郑孝胥，直与杜甫争席可也"。①

在《丽白楼诗话》中，林庚白自称道：

> 囊余尝语人，十年前郑孝胥诗今人第一，余居第二，若近数年，则尚论今古之诗，当推余第一，杜甫第二，孝胥不足道矣。浅薄少年，哗以为夸，不知余诗实"尽得古今之体势，兼人人之所独专。"如元稹之誉杜甫。而余之处境，杜甫所无，时与世皆为余所独擅，杜甫不可得而见也。余之胜杜甫以此，非必才力凌轹之也。余五七言古体诗，奄有三百篇、魏晋唐宋人之长；五七言绝句，则古今惟余可与荆公抗手；五七言律诗，则古今惟余可与子美齐肩，盖皆以方面多，才气与功力，又能并行，故涵盖一切。世

---

① 《丽白楼遗集》（上卷），第384页。

有知诗者乎，当信余之所言非妄矣。①

学界论及林庚白者，多对他"上述与杜甫争席"或自称超越杜甫者不以为然。如果不是刻意断章取义，而是平心论之，林庚白上述文字表明：他对杜甫等古典诗歌名家是充满敬意的，他说自己的诗歌之所以取得可以傲视前人的成就，是因为自己博采众长，并学习了欧美文学和社会主义的文学观念，"以今之意境与情绪入诗"，这个"今"，就是他所处的"时世"，这个"时世"是杜甫等古人没有身处其中的，所以，他的创作是在这个层面上超越了杜甫等人，这是"时世"厚赠于他的。凡持平之人，都会客观公允地不以林庚白上述之论为浮夸之词。

事实上，林庚白在他的诗歌创作中深为推崇杜甫的"诗史"之作，他自己也努力将诗歌创作成"诗史"。他说："李杜光芒在，身世一漂泊。""千篇杜陵史，望古耐人思！""帝王陵寝今桑田，一艺争宝杜韩篇。""振翼输人聊奋笔，杜陵诗史莫轻猜。""子美诗篇诸葛表，蹉跎能换集思么？""两开杜甫长为客，三径陶潜哪是家。"

林庚白对庾信、徐陵、阴铿等六朝作家也极为推重。他说："身世更崔庆，文章说庾徐。""贾谊空流涕，阴铿苦用心。"尤其当日寇入侵，面对可能的亡国之境地，他在诗歌中多次引用庾信的典故。

---

① 《丽白楼遗集》（下卷），第983页。

林庚白强调诗词要以"情之真"的"意境"胜。他在《论诗》中写道：

> 论诗不我宗，诗亡在旦夕。古人善为诗，非但拘一格。作者同其人，意境有什百。翙乃今异古，人事穷变革。空前成兹世，矛盾供刻划。古人之所有，今人尽已获。今人之所有，古人不可得。意境到情辞，一一换颜色。岂徒物非古，杂出千智识。古亦一仁义，今亦一道德。闭关古中华，互市今万国。墨守一家言，于古已耳食。今情作古语，虚伪无气力。浅者况空疏，古籍纷作贼。又不解经史，诸子亦莫悉。勤取古诗词，句摹而字勒。譬彼黄口儿，背书或写默。门户傍老辈，标榜号法则。呜呼邦之耻，安得浊流塞！[1]

他批评沿袭古人、无法自出真情境的创作，说："时世终多囿古人，空前要识世翻新。但从朽骨勤求似，直使常情尽失真。""意境犹思今是古，诗词恐与国同亡。""以诗言志莫求名，要见平生真性情。""先求意境诗能好，貌取雕镌古已违。"

林庚白追求诗歌的意境和情怀都要体现出"今人""今世"之"真"，诗歌语言应该清新自然、流丽畅达。他认为："意境情怀两逼真，君诗我自爱清新"。他指出：

---

[1] 《丽白楼遗集》（上卷），第459页。

> 诗要有意境与才力，意与境又自不同；而才力则所以运用意境者，此不可不知也。……境不极则情不真，纵或能工，抑末也；……境之极而意于是乎出，其诗始工，亦由其情之真也。若乃所处非古人之身世，但薪其貌似古人，非仅丧真，且并失古人之真，其所得止于古人面目之伪而已，此宋以后诗之所以日衰也。①

林庚白重视"意境"之真，主要指诗境应该反映作者自身鲜活的"身世"处境，而不是无病呻吟或一味效仿古人之旧境。只有"境真"，才能"意真"以至"情真"，否则作品则失之"伪"。他非常强调诗歌建构的"意境"应该新鲜、丰富和深刻，反对"有辞无意"，认为诗歌如果不能反映作者自身所处时世的"意境"，而只是仿效模写前朝的情感、意境，则"其本已拔，纵令为之而尽工，亦不外魏晋人之于三百篇……可一笑也。"他说："吾侪处今之世，意境广而见闻新，矛盾杂陈，故新并蓄，但论读书，亦已视古人为多，奈何犹摹仿古人，虽发为百千万言，而颠之倒之，无一非古人之言，如此为诗，诗可不作。"

林庚白主张"诗有三要"：

> 诗有三要，要深入浅出，要举重若轻，要大处能细。三者备可以为诗圣矣。深入浅出者，意欲其深，而语欲其

---

① 《丽白楼遗集》（下卷），第 975—976 页。

浅；举重若轻者，句欲其重，而字欲其轻；大处能细者，格欲其大，而律欲其细。此等处要能以技巧运用其才思与工力于句意中。古今诗人臻此者，李、杜诗中，十居其六七，乐天亦庶几，前乎此者，则有陶潜，后乎此者，则有欧阳修、陆游，而清代之江湜，直与李、杜埒。自余诸家，多为爱好之结习所累，惟昌黎、荆公，有时能兼此三要。①

林庚白所倡导的"三要"，是对诗歌语言表达风格、遣词造句和韵律格调的考究。他极其反对堆积词藻和滥用典故，认为："诗词中用字造句，不畏其平凡，而病在意境之狭、技巧之疏。余屡告朋侪以字句无所谓雅俗，仅有生熟之分，善为诗词者，生而熟之，则虽俗而亦雅。"

林庚白的这些诗歌创作观，是沈约、庾信等六朝文人倡导平易自然、清新流丽的诗歌观的现代延续。

林庚白还别出心裁地区分了诗人中的"大家"和"名家"：

凡大家诗，必有多方面，千篇一致，仅是名家，故义山、放翁，造诣更在王、孟、韦、柳之上，其得于杜独多也。白香山之《长恨歌》、《霓裳羽衣舞歌》、《琵琶行》与其他七言古体，截然俩人所作；而少陵五七言律与荆公七言绝句，又皆千声万态，绝不类出于一家之手，此其所以

---

① 《丽白楼遗集》（下卷），第979页。

为大也。①

在林庚白看来,"大家"者,其诗歌创作内容题材不可狭隘单一,风格也不可单调如一,无论题材体裁风格情感等都应该丰富多元,甚至矛盾对立,不似出自同一人之手笔,惟其如此,方可称之为"大家",否则,其至上者也只能目为"名家"。

鉴于上述诗歌观,林庚白评价自己的诗歌创作说:"余诗无他长,读余诗者,知其为今人之诗,而又'尽得古今之体势,兼人人之所独专'。"也就是说,他认为自己的诗歌创作努力做到了"意境"的新和真——反映了当世的社会新面貌、新世态、新情怀,所以是"今人之诗",而非"古人之诗"。另外,他的创作在题材、体裁甚至风格、情感诸方面都体现了多样性、丰富性甚至矛盾冲突性,他不仅创作各体旧体诗和近体诗,甚至创作了白话语体诗,这些在《丽白楼遗集》上卷所收录的诗文中都可以得到印证。也正是在这样的意义上,他才自视甚高,当仁不让地认为自己可称得上是民国诗歌创作的"大家"。

不仅如此,林庚白强调"今人之诗"可以胜过"古人之诗",其用意还在于以此改变国人厚古薄今、因袭效仿、不求创新的陋习。他说:

> 吾侪生今日,诗材盖多于古人,古人之意境,吾侪有

---

① 《丽白楼遗集》(下卷),第978页。

之，而吾侪之意境，古人不得而有也，时世固已驱吾侪以与古人竞旗鼓，何妄自菲薄之甚耶！欧美风气，于古人与今人，未尝谬为轩轾，而今人必不古人若，更无是矣。中国则否，四千余年来，学术之日敝，文明之衰，过于尊古者，实尸其咎，岂独于诗为然哉！①

这段文字，足可见林庚白强调诗歌创作应与作者所处时世"意境"一起新变的苦心所在。

林庚白也擅长词的创作。他的诗学观同样贯彻在他的词创作中。他坚持词和诗一样，内容上都必须反映新生活，而形式上必须保有诗词的艺术特质：

词之以白描胜，乃至不论阴、阳、平、上、去、入，而只须协律，在唐、五代、北宋词人中，故是寻常事，沾沾然于四声者，南渡以后词匠所为尔！此说胡适之、柳亚子与余，夙皆演绎之。……尝睹坊间选本，颇有摈斥雄浑与奇丽之词，以为是粗豪也，淫亵也，抑知词以"回肠荡气"为主，以"铁板钢琶"为变，二者咸不可少，诋为粗豪、淫亵，则何必填词，读《礼记》、《语录》，宁不甚佳？②

凡诗、词，皆以意深而语浅、辞美而旨明者，为上上乘，于文亦然。试读李、杜之诗，二主之词，便知此中之

---

① 《丽白楼遗集》（上卷），第384—385页。
② 《丽白楼遗集》（下卷），第788页。

真谛。①

林庚白的诗学观还集中体现在如下一些诗篇中,如《戏为十绝句》《再论诗》等。

林庚白追求诗词创作须能逼真反映作家自身所亲历的社会历史。他说:

> 直使南唐北宋摧,空前奇气挟风雷。此身应是中华史,唤作词人已不才!②

因此,无论其诗其词,都有反映中国甚至世界现代重要事件与人物者,这些诗词皆逼真再现历史面貌,可作珍贵史料视之,读者检阅《丽白楼遗集》,对此自有深刻印象。

林庚白诗歌众体皆备,因《丽白楼遗集》市面上已经难以读到,兹摘录若干其代表作品如下,以飨读者:

(一)五绝

望 夕

举头不见月,院小两墙高。遥念清光畔,黄河血战劳!③

---

① 《丽白楼遗集》(下卷),第814页。
② 《丽白楼遗集》(上卷),第450页。
③ 《丽白楼遗集》(上卷),第443页。

夜　半

夜半光明入，开门月满山。不知身是客，犹梦两京还！①

(二) 五律

得味辛书及近诗

千树武昌柳，春归独忆君。诗将巴雨至，梦与楚江分。前敌飞书急，西邻遣使纷。远交情已见，中国自能军！②

闻角晓起

晓角频惊梦，开窗数点星。无风千树直，吞日一天青。物态新鲜出，诗功险阻经。平生忧乐意，众醉独能醒。③

(三) 五言排律

纕蘅将入藏，乞诗以壮其行，为赋五言十四韵，余生平不作排律，重以君意，一破例

安息通初汉，吐蕃本附唐。尽为邻所觊，早使国无防。

---

① 《丽白楼遗集》(上卷)，第571页。
② 《丽白楼遗集》(上卷)，第435页。
③ 《丽白楼遗集》(上卷)，第501页。

一老新持节,闻君共束装。言寻西藏俗,领取外藩常。册立沿清典,羁縻到佛光。客行秋浩荡,兵动世张皇。渡海飞空远,忧时惜别长。计程经万里,假道出诸羌。试访牟尼迹,当思印度亡。书来知意重,诏我以诗张。两载同羁旅,前驱愧国殇。邦危刑赏贱,士奋肺肝强。念此神逾王,看渠寇自戕。明年巴县见,饮至更浮觞!①

(四) 七绝

首都饭店见荷花

芰荷红白傍楼开,禁受西风点污来。烟柳斜阳衣带水,野花零乱亦呈才。②

题伍蠡甫画碉堡

曾见神州万骨枯,至今留眼阅东胡。四郊多垒君能说,濡笔苍茫胆气粗。③

报载意大利以兵劫阿尔巴尼亚

又见烽烟沸一洲,扬波怒气不能柔。黑衣赤血春如火,河海争看奋细流!(报载阿兵争血战,河水尽赤)

---

① 《丽白楼遗集》(上卷),第555页。
② 《丽白楼遗集》(上卷),第318页。
③ 《丽白楼遗集》(上卷),第492页。

干戈玉帛两无休，误尽全盘是白头。莫道春秋非义战，霸图至竟古人优！①

(五) 七律

梦回有忆

一楼月色起沉冥，隔水灯繁走乱星。晓角催人头欲白，好山向我眼先青。才多苦似春蚕缚，情尽真如宿酒醒。破梦纷来千美忆，碧梧人影共亭亭。②

秋晴独游炮台触绪感赋

沙砾犹含战血殷，人家夕照有无间。奔流入海终难尽，五气沉江竟不还。城下谁怜枯万骨，天涯独叹负朱颜。千哀迸作芳时恨，并臂惊鸿羡尔闲。（冬郎诗"身闲易有芳时恨"）

一九三二年九月廿九日于吴淞③

粤汉路雪中

雪满人家岁又深，已寒物候未灰心。阻兵再踏湖湘路，吹角如闻杀伐音。世为吾侪开一局，山浮暝色过千林。长

---

① 《丽白楼遗集》（上卷），第503页。
② 《丽白楼遗集》（上卷），第330页。
③ 《丽白楼遗集》（上卷），第178页。

江落日烽烟急，不废先生变雅吟。①

用前韵再似遐庵

一成岂少少康人，入郢包胥誓此身。任是飞花浮别涧，不教芳草委胡尘。歌残陌上留芳迹，红缀枝头表好春。穷变驱除终古在，缨冠我欲用凡民！②

1940年底，在敌机狂轰滥炸的炮火声中，林庚白题写了长篇七言古体诗《自述一百零二韵》。此诗共202句，凡1414字，一韵到底，详细叙述了自己的出身、家庭和生平行迹。诗人在诗题后道："王闿运尝叹古人无百韵七言古，亟称汤海秋之作，顾汤诗未佳，偶有所触，遂赋此。"他还有乐府古体诗如《难民来》《姚营长歌》等，皆可作"诗史"观。

林庚白还仿《楚辞》体写了长篇诗歌《呜呼，吾安往兮和礼锡》。③ 所有这些诗歌创作，都体现了林庚白善于综合前人之成就，又能结合"新时世""今意境"进行创新突破的成就。

---

① 《丽白楼遗集》（上卷），第420页。
② 《丽白楼遗集》（上卷），第441页。
③ 王礼锡（1901—1939），即王庶三，江西人，诗人，社会活动家，1924年任国民党江西省农民部长。1926年奉广州革命政府之命，和毛泽东一起在武汉创办农民讲习所。1929年在上海创办"神州国光社"，翻译出版共产主义典籍和世界进步文学，1930年赴日，1931年回到上海。1933年因抨击国民党当局，流亡欧洲，有诗集《去国草》。1938年携夫人陆晶清回国抗战，1938年8月在中条山战地访问时病发，病逝在洛阳。

林庚白也擅长填词，其代表作如：

双双燕·"一二八"纪念日感赋

日光乍减，更天际阴阴，隔墙云树。倭氛正恶，扑面春寒如许。长是吹愁不去。一二八，年时情绪。江南自古堪哀，况是招魂吴语。　　羁旅。芳菲又误。念过尽欢场，倦飞何处？黄金青史，莫再等闲孤负。三十头颅记取。算窥镜，朱颜能驻。垆边领略余温，镇把泪痕唤住。

一九三三年一月廿八日作①

菩萨蛮·送别

芙蓉半是离人泪，红痕染就秋江水。哀雁一声声，可怜长短亭。　　垂杨江上树，解系人愁住。残照挂西山，何时君复还。②

《全闽词》收入林庚白的词八十余首，兼有婉约和豪放之风格，多有精品，同样体现了他的诗学观，亦可作"词史"看。再举数首如下：

满江红·秣陵感怀

水剩山残，伤心地、南都似弈。看几许、乱烟残照，

---

① 《丽白楼遗集》（上卷），第215页。
② 《丽白楼遗集》（上卷），第24页。

旌旗如织。金粉池台虚点缀，管弦巷陌闲抛掷。又神鸦、社鼓赛新祠，江流急。　　人事换，今非昔。英雄梦，谁能觅。只东风铜雀，小乔颜色。瀚海飞书犹作健，晴川战血空凝碧。猛思量、陇亩一戎衣，销兵革。①

水调歌头·闻近事有感

河北不堪问，日骑又纵横。强颜犹说和战，处士盗虚声。拼却金瓯破碎，长葆功名富贵，草草失承平。岂独岳韩少，秦桧亦难能。　　尊国联，亲北美，总求成。横磨十万城下，依旧小朝廷。古有卧薪尝胆，今有金迷纸醉，上下尚交征。安得倚长剑，一蹴奠幽并。②

满江红·读报有感欧洲事

一发全身，风欲起、全欧如沸。谁更念、神州无霸、但贪功利。朋党只为怜国祸，将军故作弯弓势。看工农、余力换豪华，今何世。　　纵英法，横德意。苏联出，多猜忌。况波兰捷克，实阶之厉。猿鹤沙虫终不免，渔人鹬蚌群知畏。叹兼并、中古到而今，邦将溃。③

---

① 刘荣平编：《全闽词》广陵书社，2016年，第2205页。
② 《全闽词》第2210页。
③ 《全闽词》第2215页。

扬州慢·香港湾仔楼望

表海全非,殖民犹是,倚楼信美山川。共风帆过鸟,绿净远浮天。念文物中原渐尽,丧邦无日,互市何年。看奔流东下,只应留命桑田。　　用夷变夏,更偏安、江左堪怜。算素月流辉,黄花竞爽,知为谁妍。向晚万家灯火,纵横处、岚影如眠。剩雄心难遣,排愁还擘吴笺。①

凤凰台上忆吹箫·海行夜起

海色明楼,天风催晓,隔灯新月如杯。甚欲眠还起,思与肠回。尤数涛声拍枕,人世事、流水潆洄。休惆怅,秋光负尽,尚有春来。　　低徊。抚今念往,曾出塞投荒,百不能才。揽镜朱颜在,堪掣风雷。依旧江山南渡,歌舞地、金粉成堆。横流急,狂澜砥柱,舍我谁哉。②

(二) 林庚白的白话语体诗创作与代表作品举隅

20世纪初,中国各界精英都在寻找中国的出路,马克思主义和列宁主义成了对中国社会影响深刻的新思潮。林庚白早年习法语,并追随孙中山革命,深受法国大革命思想和马克思列

---

① 《全闽词》第2213页。
② 《全闽词》第2213—2214页。

宁主义的影响，他早在1918年二十二岁时，就开始研究社会主义。他说："世无孙列行安适。"他的诗文创作是他政治信条的反映。1919年前后"新文化运动"兴起，白话语体文创作勃兴，都是社会革新的一部分。擅长古典诗词创作的林庚白不得不寻求对传统创作路径的突围与超越。如何突围与超越呢？除了前述他以"今境界"的诗词观引领其古典诗词创作外，他也积极进行白话语体文的创作，通过对古典文言和白话语体的双栖创作实践，他深入领略个中三昧，比较二者的长短优劣，从而扬长避短，为两种语体的创作发展做出了自己独特的贡献。他在《孑楼随笔》中叙述道：

> 同、光以来旧诗人，大都"食古不化"，所为诗虽佳，勘以经历之生活，则远不相符，且于新事物，坚不愿入诗。余知李、杜、苏、黄生于今日，见之必将齿冷，盖谚所谓"活人面前说鬼话"也。然新诗则又往往剽窃欧、美诗人之唾余，务求其貌似，而不顾及中国社会之生活，有未尽吻合者。余曩有关于黄包车夫之七律一首，又语体诗《上海车夫三部曲》三首，颇自以为"鞭辟入里"之作。录之以质读者：

途次人力车夫就余乞钱买烧饼

劳力方隅自万千，凄辛最此损天年。忍饥到晚将求饼，几我停车暂乞钱。流俗锱铢微近刻，匹夫道路倘能贤。国贫世乱交亲戚麽，端有无穷八口怜。

上海车夫三部曲

黄包车

黄包车，顶着风；
车夫使劲往前奔。
衣衫前后是窟窿，
浑身淌汗眼发昏，
水米不曾进喉咙。
车上客人脸红红，
嘴边衔着白金龙。
斜披大氅猞猁狲，
饭馆出来去办公。
半天才到老西门，
大骂猪猡猪祖宗。
车夫使劲往前奔，
水米不曾进喉咙！

包车夫（略）

汽车夫

呜，呜，呜，汽车回，
大小车夫坐并排，

>奴才还要使奴才,
>闯祸只要有钱赔;
>主人的油随便揩,
>姨太,小姐,身边挨。
>漂亮西装高身材,
>走到旁处像小开。
>眼看下工奔春回,
>满满一车用手推,
>比起我来太吃亏。
>大小车夫坐并排,
>奴才还要使奴才!①

林庚白如此关注劳工阶层众生相,反映了深受社会主义思潮影响的他,对"矛盾""新时世"所做出的思考。即便写白话诗,他的诗词观与前文所述并无二致,讲究意境与句调韵律语言之美。他指出:

>译欧、美诗为中文诗,其事至不易,盖作者之意境与句调,既求其吻合,复格于中西之韵律,苦难尽善,倘遂以己意为之,则非译述矣。余曩译法人卫廉士诗,颇自矜许,盖先是余译原作为语体,讽诵久,觉其不甚佳,改译

---

① 《丽白楼遗集》(下卷),第760—762页。

为《浣溪纱》词,乃大妙。兹录于左(下):

(一)语体译文

秋之歌(译法国诗人 Paut Vailne 作)

秋天的梵亚林里面,
拖长了哀音。
这唯一凄寂的声调,
真叫我伤心!
当着晚钟的时候,
充满了悲哀同抑郁。
我只有哭了,
回想起旧日。
去吧!
无情的秋风。
它带着我往这儿,那儿;
仿佛是枯叶在空中。

(二)文言译文

浣溪纱·秋辞

凄厉秋音去未穷,伤心不待梵琴终,黯然只在此声中!

> 往日思量空溅泪，满怀悲悒怯闻钟。身如枯叶不胜风。①

林庚白将法国诗人写秋天的一首诗，分别用上述中文白话新诗和古典词调翻译出来，各有千秋，足见他的才情。

林庚白不仅对"同光体"等古典诗文创作做出深刻的反思，对新兴的白话语体创作也做出了深刻的批评，他说：

> 五四运动以来，中国之文化，一新壁垒，自是而语体诗及散文、小说，日益不胫而走，然浸淫十余年，旧派章回体之小说，犹屹然不为少拔，此其症结所在，实与整个的社会，相为联系。盖中国之新教育，初未尝普及，而受新教育之"洗礼"者，又显然分为左右二派，左派文艺不仅"推陈出新"，且一蹴而自蒙"普罗文学"之皮；其停滞于右派者，则并语体而排斥之。②

他指出：

> 余遍览坊间印行之语体诗，其全不押韵而取径于欧、美"自由诗"者，什居其七八，其效法欧、美诗人之用韵造句者，什或二三，前者直是一篇散文，其后者虽间亦不

---

① 《丽白楼遗集》（下卷），第778—779页。
② 《丽白楼遗集》（下卷），第770页。

乏哲理与辞藻，然酷似欧、美人之意境，不仅与中国社会之现实生活，颇有出入，抑绝不类东方民族心灵上之自然流露，一言以蔽之，则富于"摹仿性"，而缺少所谓创作之天才而已。朋侪盛称余所作旧体诗词，谓能以旧式之格调，写新辟之意境，而又兼有真、善、美之长，顾未知余于语体诗，尤能戛戛独造，别开意境，堪于语体诗中，辟一新纪元。兹录近作二首，质诸同好，此仅为余所作新诗格调之一种，差信近于自然耳。其一为《我怀疑》，诗如左：

闪动在马路旁的影子，
我怀疑，我怀疑你在陪着我走。
树枝儿被风吹得发抖。
我怀疑，我怀疑你在抱着我腰。
冷清清地，冷清清地，
只有一颗心向我微笑。①

林庚白认为，无论古典诗词还是白话诗歌，内容上都必须反映新生活，形式上必须保有诗词的艺术特质，他说：

> 凡诗、词，皆以意深而语浅、辞美而旨明者，为上上乘，于文亦然。试读李、杜之诗，二主之词，便知此中之真谛。②

---

① 《丽白楼遗集》（下卷），第775页。
② 《丽白楼遗集》（下卷），第814页。

林庚白强调区别诗与散文，认为诗的要点在"有韵"，提倡"有律现代诗"。大约在1929年，在《给勺水》诗中，他写道：

> 我十分赞成你的意见，
> 我早觉着现代中国诗的离奇。
> 虽然也有诗才很好的，
> 可写出来总只是散文而不是诗。
> 诗的要点在有韵，
> 有了韵才能够充分的表现出快乐伤悲。①

1928年至1933年间，是林庚白较积极创作白话语体诗的时期，这大约与"新月社"于1927年春从北京迁到上海有关。胡适、徐志摩等人组成的"新月社"在上海的活动于1933年结束。林庚白似乎没有加入"新月社"，因为他似乎也不完全喜欢或认同"新月社"不少成员诗歌语言西化的现象。从古典诗词创作转向白话语体诗创作，这本身就是"革命"的行为之一。以林庚白的个性和诗学观，他试图通过自己的创作实践，来纠正"新月社"中某些"摹仿"欧美语体、"与中国社会之现实生活颇有出入"的倾向。

与他的古典诗词创作一样，除了反映所思、所行、所爱、

---

① 《丽白楼遗集》（上卷），第90—91页。

所恨、所悲、所喜等真性情外，林庚白也致力于通过白话诗创作以存史，其白话诗除了描摹劳工阶层生存状况外，还反映了抗日救亡的历史真实。这些白话语体诗的代表作如《给亚子佩宜》《新乐府》《浦口轮船上所见》《给勺水》《啊！南京路》《新世界饭店》《秋思》《秋思之二》《别忘了"九一八"》《中途》《表现了当时的惠州》《记得》《我怀疑》《水面的月亮》《关不住寂寞的心》等。林庚白的白话语体诗创作也颇具特色，为新兴的中国现代汉语诗歌创作提供了经验样本。摘录数首如下：

后湖看花

四面的荷花，
把整个后湖围住。
眼瞧着红红绿绿，
认不清那一条是出路。

一颗颗荷叶里边的水珠儿，
满带了昨晚上的风露。
船在山色湖光的中间，
不断地有清香拥护。

刚出来半弓的月亮，
斜照着苍茫云树。
还有那城墙上的一抹残霞，

渐渐盖上了墨灰色的烟雾。

这是一幅天然的图画,
只少了诗人题句。
隔几年后这时候再来。
可能够风景如故?

　　　　　　八月十五日,南京①

表现了当时的惠州

这眼面前的惠州,
牺牲了多少骨头。
民族意识的觉醒,
阶级情绪的交流,
换来了这个惠州。

在血光中的士兵,
本来就永远不朽。
瞧!这些残烟落日,
瞧!这样孤城缺口。

在血光中的士兵,

---

① 《丽白楼遗集》(上卷),第81页。

本来就永远不朽。

一幅革命的图画，

表现了当时的惠州！

一九三二年十二月十八日于参观梁鼎铭的"惠州革命纪念画"后作①

（三）学界研究与评价

林庚白年少即以革命党人著称，其革命胆识及行动力与其诗文才华一起名噪京沪宁等地。他虽为政界名重一时的"党人"，但终究还是历史长河中熠熠生辉的"诗人""文人"。据周永珍编《林庚白著作系年》，其最早的文章是作于1907年十一岁时的骈丽文《城南雅集记》。此后，他的诗文或散见于京沪等地的报刊，或收入《南社丛刊》。1923年，陈衍出版他选编的《近代诗抄》，1930年代又出版他的《石遗室诗话》，都盛赞林庚白其人其诗。1936年，黄淑仪为林庚白新成的诗集《水上集》作序，谓她和陈志皋"余二人夙好读庚白诗，深佩其新旧体皆极工，兼能自运其心思以出之，并世殆无与比。……凡一伟大诗人，必自有其时代与社会，自汉魏至晚清，莫不皆然。……苟不能表白其时代与社会者，必非伟大之诗人。粤五口通商，亘

---

① 《丽白楼遗集》（上卷），第184—185页。

今百年，一变中国之时代与社会，举事物、情感、思维，类非前代所有，间则前代之文物典章，亦或并存，如此矛盾之时代与社会，古人直未曾梦见，取以为诗，宜有独至。……庚白诗独能以李、杜、韩、苏之才力，与庚白前进之心思，杂糅为一，此其诗之所以屹立不同凡响，为旧体诗坛开一新纪元矣。……余窃以为庚白诗，方之李、杜、韩、苏，易地则皆然，且不仅善以意驱辞，其以社会主义者之身世，描写今之时代与社会，庚白之所以为划时代之诗人，其在斯乎，然而庚白又宁自限于诗人已也"。①

黄淑仪大概是最早以社会主义的立场来评价林庚白诗歌创作的时代价值，她说林庚白的诗歌"直以诗史兼政治史、社会史，又岂他人所能为者哉"?

1946年，上海开明书店出版了林庚白生前自选的《丽白楼自选诗》。此后，一直到1996年人民大学出版社出版《丽白楼遗集》，其间整整半个世纪，林庚白几乎湮没在历史的烟尘中。虽然进入1980年代后，还健在的与林庚白同时代的文人郑逸梅先生、陈声聪先生等，在他们忆旧文字中皆提及林庚白，但多属于"八卦"性质的遗闻轶事。

1996年，《丽白楼遗集》出版，为学界关注研究林庚白提供了基础资料。1998年，中国南社与柳亚子研究会理事郭隽杰先生发表《时代诗人林庚白》，指出1940年林庚白选编《今诗

---

① 《丽白楼遗集》（下卷），第1244页。

选》，毅然选入毛泽东的诗歌。林庚白是"最早誉毛泽东为诗人者"，"当时毛泽东诗词只有少量传抄！林庚白仅据'见闻所及'，便感受到了毛诗'一新耳目与精神'深刻时代内涵，毅然将其列入诗人之林，与众多职业诗歌选手相抗衡，确系独具慧眼。作为国民党的要员，林庚白不带政治偏见，在一片反共声中，竟敢入选共产党领袖的诗，可谓不但有识，而且有胆，令人不得不由衷地钦敬。"①

2000年，山东大学教授孙之梅完成博士学位论文《南社研究》，对林庚白有所关注，并在2003年指导其研究生庞承强完成了硕士学位论文《丽白楼诗歌研究》。

2005年，钱理群和袁本良编撰《二十世纪诗词注评》，选入林庚白诗《感怀》和《登陶然亭》二首，点评前者"感怆之句，郁勃之情"，后者"古绝古风，语浅意长"。②

2014年，邱睿的《南社诗人群体研究》出版，他指出：

> 在一个白话诗歌兴起的时代，古典诗歌如何突围？旧南社社员们依旧在用创作继续一个古典的梦想，其中林庚白是一个独立特行的人，他不仅创作了大量的抗战诗歌，而且以一种惊世骇俗的自信宣告古典诗歌生命的延续。

---

① 郭隽杰：《时代诗人林庚白》，《南京理工大学学报（哲学社会科学版）》，第11卷第3期，1998年。
② 钱理群、袁本良：《二十世纪诗词注评》，广西师范大学出版社，2005年，第199—200页。

林庚白在抗战期间出版了《水上集》《吞日集》《角声集》《虎尾集》，诗歌记载了他在抗战期间的见闻所感，可作诗史观。

从林庚白的诗歌题目中我们已经感觉到其创作的一种姿态，他力图把这个时代都能用其古典诗歌来表达：《闻八路军平型关告捷》、《书中国共产党宣言后》、《报载北平城里伪中华民国临时政府》、《中国空军袭台北告捷喜赋》、《台儿庄告捷四首》、《与客谈芦沟桥事》、《闻日苏交恶》等等，而且林庚白还有大量关于个人在战争中的迁徙与生活的诗歌，从这个角度讲，林庚白的诗史和杜甫的诗史各有千秋。虽然我们客观上并不能认同林庚白对自己古今第一的评价，但是其诗歌创作和理论价值却不容抹杀。其实林庚白的古典诗歌"时世论"，并非新创论，从诗界革命派开始便已经有这样的突围思路，就是将新的思想和事物写入诗歌之中，让古典诗歌具有一种合乎时世的精神。……林庚白的意义就在于，他从理论上肯定了这样的创作，并且在一个白话诗歌创作繁荣，而古典诗歌创作缺乏自信的时期，用一种令世俗或感突兀的方式，宣称古典诗歌创作的价值。①

2015年，林怡发表论文《一代诗豪南社健将林庚白其诗其

---

① 邱睿：《南社诗人群体研究》，中国社会科学出版社，2014年，第317—302页。

人》,指出林庚白的诗歌观主要有三:其一,强调诗要以"情之真"的"意境"胜;其二,"诗有三要,要深入浅出,要举重若轻,要大处能细";其三,诗之"大家"与"名家"有别。深入研究林庚白其人其诗其文,对深化研究近现代中国社会与文学的变迁及其相互作用都有极大的学术价值。①

2016年,林怡在《略论文人日记随笔的文学史料价值——以〈郑孝胥日记〉和林庚白〈孑楼随笔〉为例》一文中指出:

> 林庚白《孑楼随笔》的记载,使我们看到,在一个世纪前文言白话之争的风潮中,有一部分七子学人努力包容古今中外,努力推陈出新,既保存古典诗词的生命力,又积极探索新兴的白话语体文如何不失汉语固有的美。长期以来,我们多将那个时代的文人截然分为非旧即新两相对立的两派,忽视了像林庚白这样亦旧亦新的文人的存在。《孑楼随笔》提醒我们对文学史中文学现象兴衰衍变的研究还有值得更为深入细致考察的对象和空间。②

2019年,林怡发表《林庚白与中国革命》一文,指出:林庚白革命的一生可以分为三个阶段。

---

① 林怡:《一代诗豪南社健将林庚白其诗其人》,刊于《福建论坛》(人文社会科学版)2015年第11期,第114—119页。
② 林怡:《略论文人日记随笔的文学史料价值——以〈郑孝胥日记〉和林庚白〈孑楼随笔〉为例》,刊于《中共福建省委党校学报》2016年第6期,第103—109页。

1911年至1928年,是他以少年"超人"的心志,积极拥戴孙中山领导的国民革命,投身社会变革的洪流之中。1927年北伐成功、国共分裂后,至1937年卢沟桥事变之前,林庚白处于彷徨奋进时期,这一时期,他热心于学习马克思的著作,同情社会主义的主张,对国民党内部"党敝"有所批评,并同情"左翼"文学,与左翼作家交往频繁。他既擅长古典诗词创作,又不排斥白话文创作,在自身的创作实践中提出有独到见解的"文学革命"的主张。1937年7月7日卢沟桥事变后,至1941年12月19日,林庚白积极投身抗战,号召全民坚定抗日,并对在陕北的毛泽东等共产党人给予厚望。太平洋战争爆发后,林庚白被日本宪兵枪杀在香港九龙,以身殉国。林庚白短暂而又雄奇的一生,反映了中国近现代波澜壮阔的社会变革。对他的深入研究,不仅有助于研究辛亥革命史,也有助于推动对中共党史的深入研究,有助于深刻理解中国革命的艰巨性和近现代社会转型的复杂性。[①]

新版《中国大百科全书》将林庚白列为"中条目"收入,由林怡撰稿。

台湾学界也不乏关注林庚白者。林香伶教授致力于南社文

[①] 林怡:《林庚白与中国革命》,刊于《党史研究与教学》2019年第1期,第99—107页。

学研究，2009年10月，她出版了专著《南社文学综论》，把林庚白归为"政界"中的南社诗人。① 2013年，林香伶又出版了《南社诗话考述》，专章介绍了《子楼诗词话》和《丽白楼诗话》。② 另外，2011年，台北秀威资讯科技出版了林庚白的《子楼随笔》。

2018年4月，浙江大学出版社将林庚白著的《子楼随笔》和《庚甲散记》合为一书出版，台湾著名传媒人兼现代文学研究者蔡登山先生为该书写了"导读"。蔡赞誉林庚白为奇人、才子、名士。他在"导读"中说："林庚白是位奇人，《子楼随笔》是本奇书。""林庚白所作诗词，具有盛唐遗风，又有时代特色。闻一多、章士钊评其诗词'以精深见长'，柳亚子评价他'典册高文一代才'。陈石遗的《近代诗抄》选有他的诗，且称其'早慧逸才，足与当代诸家抗手'。"蔡登山指出：《子楼随笔》的内容确实如作者所言"包罗万有"，"可视为珍贵之革命史料也"，"可为治现代史者提供珍贵的史料"。"他对北洋军阀也有其精辟的看法"。"林庚白因交游广阔，诗人、文士、政客等皆有交往，同时也有他独到的观察。……其见解言论的确不同于流俗"。"林庚白恃才自傲，目中无人，不可一世，自称'诗狂'。……由于他是一位杰出的诗人，对于诗的见解自然高妙"。③

---

① 林香伶：《南社文学综论》，里仁书局，2009年，第197—198页。
② 林香伶：《南社诗话考述》，里仁书局，2013年，第87—93页。
③ 蔡登山：《奇人奇书：林庚白和〈子楼随笔〉》，见《子楼随笔 庚甲散记》，第1—13页。

出生于香港的台湾青年学者江晓辉在《中国韵文学刊》2022年第1期发表长篇论文《林庚白的"矛盾"诗学及其意境论的时代意义》，指出："矛盾"是林庚白诗学的重心，并在其创作中全方位表达"矛盾"的世情，林庚白因此在诗歌创作中构建了"今意境"。"今意境"有别于诗界革命以来梁启超等人提出的"新意境"。"林庚白的意境是梁氏这一脉络的发展，同样重视内容、事物，然而却更紧扣当下的社会、时代和境遇。""林氏多次强调此意境之特点在于'今'：'余以今之意境与情绪入诗，亦莫不如古人诗之能贯通经史诸子，而变化犹多古人所无。'""林氏发觉泥古与背古两者之失乃是过犹不及，对'今'的强调不但能使诗人回到当下的社会实况，亦解决了梁启超提出的旧意境已被写尽的问题。""林氏诗中主要表现了三种矛盾，第一种是传统生活/现代生活、农业文明/工业文明间的矛盾。""林庚白诗中另一种矛盾是新旧观念的矛盾。""林庚白在诸多观念的矛盾中，对男女平等观念特别看重，他反对传统重男轻女、忽视女权，支持西方男女平等的现代观念。""林庚白服膺的马克思主义，更重视另一种矛盾，就是阶级矛盾。""除了上述三个主要的分类，林氏亦表达了其他的矛盾，如《愤言》感慨科技的发展……科技本为方便生活，但发展至极，却变成杀人武器；号称文明的社会却不断发生杀戮；器物越新颖越充裕，国家反而越乱，岂不令人矛盾不解？"梁启超等提倡的"新意境""大多不是中国社会生成的，而是透过书刊闻知的科学知识和西方历史、风俗，'新意境'既非此时此地之物，往往成为空中楼阁，因而很多作品都欠缺生活感，仿佛作者不是生活于诗中情境。……强调'新意境'的诗歌出现这些情况，主要是因为这些意境乃欧洲所输入，是异时异地之意境，故难以表达出切身感受和生活感"。"'新意境'理论发展到了林庚白，他透过对马克思主义的研究及'中国社会性质论战'的影响，以新的视角检视中国社会的性质和问题的症结。……林庚白的诗论较能兼及社会的各方面，相较而言，'今意境'比'新意境'更能表达社会实况。""林庚白的诗学和创作，都强调表现今时今地的社会性质；'今意境'调整了'新意境'侧重向异时异地异质的西方寻求诗学资源的倾向，将诗歌拉回到现实社会的处境中。""将林庚白'矛盾'诗学置于近代以来追求新变的诗歌史脉络中，可以发现梁启超'新意境'发展到林庚白'今意境'，是诗学应时代思潮做出的调整。'新意境'追求的西方意境，固然有启蒙的动机和作用，然而忽略了中西社会的差异，难以切合实际的社会状况。……林庚白诗同样有使用西方素材，但他不是以启蒙或输入西方文明为目的，因而其诗对城市的现代生活表现力强，描写真实可感，充满生活气息。林庚白的诗与诗学，将向'新'倾斜的西方意境，拉回到表现中西交杂、矛盾纷呈的'今意境'，使幻想抽象的题目内容回归到日常生活。'旧体诗如何反映新时代？如何表现现代社会？'这是研究现代旧体诗难以回避的问题。对此，林庚白的诗学无疑具有启发性；而就近现代旧体诗新变的脉络来说，从梁启超到林庚白，从'新意境'到'今意境'的发展，亦有着特殊的研究意义。"①

江氏此文，是迄今最系统从中国社会思潮和诗学观念变迁史的角度，高屋建瓴来阐述林庚白在中国诗歌史上的重要地位。可以说，林庚白至今依然是中国近现代文学研究不可回避的一个重要的有影响力的人物。

2024年，北京大学中文系教授张剑发表长篇论文《爱是一种文学塑造吗？——林庚白与张璧情感分析报告》，刊于《中山大学学报》（社科科学版）2024年第1期，对林张的情感纠葛作了较为全面细致公允的梳理和评判，兹不赘述。

---

① 江晓辉：《林庚白的"矛盾"诗学及其意境论的时代意义》，刊于《中国韵文学刊》2022年第1期，第15—23页。

主要参考文献

1. 林庚白著,周永珍编:《丽白楼遗集》(上下),中国人民大学出版社1996年7月版。

2. 林北丽著,周继烈编:《林北丽诗文集》,京社出版,2005年7月版。

3. 柳亚子著:《磨剑室诗词集》(上下),上海人民出版社1985年1月版。

4. 徐蕴华、林寒碧著,周永珍编:《徐蕴华林寒碧诗文合集》,社会科学文献出版社1999年9月版。

5. 徐自华著,郭延礼辑校:《徐自华诗文集》,中华书局1990年5月版。

6. 陈衍编,冯永军等点校:《近代诗钞》(上中下),华东师范大学出版社2016年5月版。

7. [清]林雨化撰,林怡点校,福建省文史研究馆编:《林雨化诗文集》,福建人民出版社2009年6月版。

8. 陈衍撰，陈步编：《陈石遗集》（上中下），福建人民出版社2001年6月版。

9. 沈瑜庆著，福建省文史研究馆整理：《涛园集》，福建人民出版社2010年4月版。

10. 郑孝胥著，黄坤、杨晓波校点：《海藏楼诗集》，上海古籍出版社2003年8月版。

11. 沈瑜庆、陈衍等纂，福建省地方志编纂委员会整理：《福建通志》，方志出版社2016年9月版。

12. ［明］陈润编纂，［清］白花洲渔增修，福州市地方志编纂委员会整理：《螺江志》，海风出版社2001年版。

13. 林香伶著：《南社文学综论》，里仁书局2009年10月版。

14. 卢文芸著：《中国近代文化变革与南社》，社会科学文献出版社2008年8月版。

15. 张剑著：《爱是一种文学塑造吗？——林庚白与张璧情感分析报告》，《中山大学学报》（社会科学版），2024年第1期。

后　记

  2021年3月19日，德高望重的福建师范大学陈祥耀先生以100岁高龄在泉州家中安详辞世。在去泉州送祥老最后一程的大巴上，我和祥老的高足、福建教育出版社的孙汉生总编辑同座，聊到祥老曾在不久前的某个春节给我来电，专门谈他对"钱学森之问"的思考，以及对古典文学专业师资队伍培养发展的看法。祥老曾主持编辑《清诗选》，他在电话里对我说：清末民初擅长古典诗词创作的福州籍文人名士不少，在全国是有影响力的，在文学史上也是有地位的，可惜现在福建本土学者对这个领域的研究还是很不够的。他期待今后本土能有学者深耕这个领域。这让我想起1995年我博士论文开题结束后，邓绍基先生和曹道衡先生也对我如是说。这些年，我对福建近现代名人及其诗文集有一些关注，业师张可礼教授和陈庆元教授并没有因为我游离开魏晋南北朝文学方向而责备我，相反，张先生和陈老师还不时鼓励我，这让我颇感安慰。祥老来电也是为了鼓励我。孙汉生总编辑听后，当即邀请我写林庚白与林长民两人的小传，因为这两人诗词文皆擅长，且在民初政坛文坛都有相当的影响力。

民国新闻人往往把林庚白塑造成张狂、怪异者，这样的形象并非林庚白的全部。林庚白的性格是矛盾多方面的，因为他所处的时代正充斥着多方面的矛盾，他以敏感之心、敏锐之思、敏捷之笔，展现了多种矛盾之真实。他对不入其眼者则恃才傲视之，对革命道友、诗友、文友则敬重亲爱有加，并对社会底层民众常怀悲悯之心，对自己的过错也能坦荡承认并修正，比如他曾经题诗讥讽比他年长的"某君"，后来见此君"晚近颇自珍惜毛羽"，就重新写诗向此君道歉，并"兼以自励"，诗云"头白诸郎竞美新，先生晚节独能贞。狂言骂座吾兹愧，惜取江南日暮身"。从这儿，我们可以看出林庚白坦荡的襟怀。林庚白年少即以诸葛亮安邦济世为榜样，且在时代的大浪淘沙中，终生以名节自励，其诗文俱在，尽显书生本色和豪直肝胆，他有诗歌自道："寸心自有文章在，不废江河共此身！"相信读者能从《丽白楼遗集》和本书中观其为人为文并立身行事的风格特征。

本书的撰写，得到福建教育出版社孙汉生总编辑和责任编辑郭佳博士的大力支持与帮助。在长达两年多时断时续的写作过程中，我的同事刘耘老师和林星老师给予我极大的帮助，多次陪同我回到故乡螺洲实地调研，刘耘老师负责拍照，为本书配图提供所需照片，并帮助我线上检索近年学界研究林庚白的相关论文资料。外子陈川平对我时不时熬夜码字深表同情与宽容。在此一并致以衷心的感谢！

本书在撰写过程中，得到北京大学中文系教授张剑先生的大力支持和鼓励。张剑先生多次及时向我分享他的新近研究成果，提供他所掌握的最新研究资讯，他对学术研究的专注和为了学术研究的深入而慷慨相助的精神令我铭感在心，特此致谢并致敬！

本书初稿完成后，按照出版社的要求，为了增强可读性，我特请友人作家陈碧女士操刀，她补充了一些20世纪初与林庚白相关的趣闻轶事，并将拙稿部分章节删繁就简，重新编辑归类，将本书分为上下两辑和附录部分，加上一些可读性强的小标题，使得全稿主题更集中鲜明，条理更清晰。

20世纪90年代初，我从杭州大学毕业，入职于福建师范大学《周易》研究所。当时，福建师大学术氛围并不浓厚。为了打发闲暇，我考上福建师范大学夜大专升本英语专业，每天晚间上英语课，有幸认识了与我同班且同座的才女陈碧。她活泼开朗、时尚大气。后来，我半途辍学，与她没有再交集。不意时光流逝，三十年后，我们因为文字缘，又不时见面。再见时，她已经是兼擅书法的著名散文家、作家和资深编辑。由她润色全文，是我的荣幸。我们共同合作完成此书稿，以纪念我们曾经拥有的色彩斑斓的青春。

限于学识和水平，行文不当之处，敬请读者诸君批评指正。

林 怡

2023年8月31日初稿

2023年12月11日修订稿

"叙旧文丛"书目

《缘来如此:胡兰成、张爱玲、苏青及其他》　　　　　　黄　恽
《风雨飘渺独自在:民国文人旧事》　　　　　　　　　　姚一鸣
《闲读林语堂》　　　　　　　　　　　　　　　　　　　黄荣才
《旧时文事:民国文学旧刊寻踪》　　　　　　　　　　　何宝民
《杂拌儿民国》　　　　　　　　　　　　　　　　　　　王学斌
《临水照花人:〈色·戒〉中的郑苹如与张爱玲》　　　　蔡登山
《风起青萍:近代中国都市文化圈》　　　　　　　　　　张　伟
《左右手:百年中国的东西潮痕》　　　　　　　　　　　肖伊绯
《苦雨斋鳞爪:周作人新探》　　　　　　　　　　　　　肖伊绯
《胡适的背影》　　　　　　　　　　　　　　　　　　　肖伊绯
《民国遗脉》　　　　　　　　　　　　　　萧三匝　陈曦等
《大时代的小爱情:民国闽都名媛》　　　　　　　　　　陈　碧
《炉边絮语话文坛》　　　　　　　　　　　　　　　　　陈漱渝
《帝王学的迷津:杨度与近代中国》　　　　　　　　　　羽　戈
《一代文宗　刹那锦云:也是鲁迅,也是胡适》　　　　　姜异新

《纸江湖：1898—1958 书影旁白》	肖伊绯
《苏雪林和她的邻居们：一条街道的抗战记忆》	张在军
《君子儒梅光迪》	书　同
《汉学家的中国碎影》	叶　隽
《旧时书影：风物人情两相宜》	吴　霖
《入世才人檾若花》	王炳根
《思我往昔》	陈衍德
《漂泊东南山海间》	张在军
《此岸彼岸的背影》	钟兆云
《寿香社：中国最后的传统才女群》	卢　和
《聂绀弩的朋友圈》	张在军
《冰心书话》	王炳根
《狂者林庚白》	林　怡　陈　碧
《朗山轩读书记》（待出版）	梅　杰
《聂绀弩文学地图》（待出版）	张在军